JILL

JILL IRELAND

JILL

FRANCE LOISIRS
123, Boulevard de Grenelle, Paris

Titre original :
Life Wish

Traduit de l'anglais par
Catherine Pageard et Anita Portier

Edition du Club France Loisirs, Paris
avec l'autorisation des Presses de la Cité

ISBN 2-7242-4458-3

1

Cancéreux! Le mot m'atteignit avec la violence d'un coup de poing.

Je venais de subir une biopsie du sein droit, et on m'avait ramenée dans ma chambre d'hôpital. Les effets de l'anesthésie se faisaient encore sentir, j'avais des nausées et des étourdissements. Pourtant, je réussis à demander à mon mari :

– As-tu vu le docteur?

– Oui.

– Qu'a-t-il dit?

La réponse tenait en peu de mots :

– C'est cancéreux. Ils vont procéder demain à l'ablation du sein.

Le cancer! Sous l'effet de la panique, je sentis mes entrailles se nouer.

– Pourquoi ne m'a-t-on pas opérée pendant que j'étais encore endormie? demandai-je en repoussant d'un geste brusque la cuvette placée à mon chevet. J'ai très mal supporté l'anesthésie et pour rien au monde je ne retournerai dans cette salle de réanimation!

Cet accès de colère provoqua un nouveau vomissement et je dus me pencher sur la cuvette. Quel cauchemar!

Mon sein droit était extrêmement douloureux et je ne pouvais m'empêcher de penser que demain, après l'opération, ce serait bien pis encore... J'éclatai en sanglots.

Charlie eut un regard bouleversé. Jamais je n'avais vu une telle expression sur son visage.

– Je leur ai demandé de t'opérer, dit-il. Mais ils m'ont répondu qu'ils devaient d'abord t'en parler...

A l'époque, je ne savais pas ce que c'était que le cancer, et j'ignorais tout des conséquences. La seule chose tangible pour moi, c'était ma souffrance. J'avais l'impression qu'elle n'aurait pas de fin, que j'allais désormais souffrir, et souffrir encore, jusqu'à l'issue fatale.

Avant de descendre dans la salle d'opération, j'étais une femme comblée, mariée à un homme que j'aimais et entourée de sept enfants... Ce bonheur, le scalpel du chirurgien venait de le réduire à néant. Ma plus jeune fille n'avait que douze ans. J'étais horrifiée : comment une chose pareille pouvait-elle m'arriver?

Ce n'est que plusieurs mois plus tard que je décidai de trouver une réponse à cette question.

Et ce fut mon heure de vérité.

2

Je suis née en Angleterre. Mes parents, John et Dorothy Ireland, mon jeune frère John et moi habitions au bord d'une charmante avenue située dans la banlieue de Londres. Notre maison en briques rouges, entourée d'une haie parfaitement taillée, possédait un jardin rempli de fleurs. Toutes les maisons de l'avenue se ressemblaient, mais sur le fronton de la nôtre était inscrit : *Chersty*. Je n'ai jamais su ce que ce nom signifiait mais, à mes yeux d'enfant, il donnait à notre maison un charme particulier.

Mon père, un très bel homme aux traits réguliers, avait le teint hâlé sous une épaisse chevelure noire, et de grands yeux bruns aux longs cils. Il possédait un esprit vif, une belle voix chaude et faisait preuve d'un net penchant pour la conversation. Pour rien au monde, le soir, il n'aurait manqué d'aller rencontrer ses amis, autour d'un demi de bière.

Physiquement, ma mère, elle, incarnait le type même de l'Anglo-Saxonne : yeux bleus, cheveux blonds, peau claire, et un visage aux traits féminins et doux. D'une grande intelligence, l'esprit caustique et la repartie facile, elle était brillante, excellente en arithmétique et capable de résoudre, de tête et en quelques secondes, des problèmes longs et compliqués. A mon grand étonnement, elle était également capable de jongler avec trois oranges. Toujours prête à rire, elle adorait la vie. Et ce qui ne gâchait rien, elle tenait parfaitement son intérieur : dans la maison toujours impeccable, elle ne laissait à personne le soin de s'occuper du ménage. « Si tu veux que quelque chose soit bien fait, fais-le toi-même », disait-elle en refusant mon aide.

Mes parents sortaient souvent le soir pour aller danser et j'aimais les regarder partir : ma mère vêtue de sa longue robe scintillante, et mon père imposant dans son costume ou son smoking. Ils formaient un couple enthousiaste qui aimait, vivait et luttait avec passion.

Mon grand-père maternel faisait partie de la police montée et appartenait à une famille de propriétaires terriens du Dorset où on était cavalier de père en fils. Mon grand-père paternel, lui, était cocher, et dès l'enfance mon père avait travaillé dans un haras avant de devenir directeur d'une chaîne d'épiceries. Il adorait les chevaux. J'ai d'ailleurs dû hériter de cet attachement car, dès mon plus jeune âge, j'ai été attirée par les chevaux et l'équitation.

Et pourtant, Dieu sait si mon enfance a été consacrée à une activité bien différente...

Je devais avoir quatre ans quand ma mère m'emmena pour la première fois dans un quartier que je ne connaissais pas. On était en automne, le trottoir était jonché de feuilles mortes et j'étais presque obligée de courir pour la suivre. Ce n'était pas un jour comme les autres : nous avions laissé mon jeune frère à la maison et je sentais que ma mère avait une idée bien précise derrière la tête.

– Où allons-nous, maman? lui demandai-je, intriguée.

– Tu verras quand nous serons arrivées... me répondit-elle.

Après avoir emprunté un passage couvert, nous nous sommes retrouvées en face d'un bâtiment qui ressemblait à une église. Ma mère a poussé la porte et nous sommes entrées. Le pas était franchi, ma vie commençait...

La première chose que j'entendis fut le son d'un piano. Aujourd'hui, je sais qu'il s'agissait de musique classique, d'un morceau de Delibes, pour être exacte. Mais à l'époque, cette musique dont les accords résonnaient dans les couloirs que nous traversions était tout simplement magique.

Je suivis ma mère dans une grande salle où se tenaient, en rang, des petites filles vêtues de tuniques rose pâle, serrées à la taille par un ruban de satin. La chevelure également retenue par un ruban, elles portaient des chaussons roses et brillants.

A notre entrée, une grande femme brune frappa dans ses mains et le piano se tut. Elle s'approcha de nous. Si je ne me souviens pas de ce qu'elle dit à ma mère, en revanche je me rappelle fort bien avoir rejoint les autres enfants pour danser avec eux sur cette merveilleuse musique.

Ma mère s'était assise avec les autres « mamans », sur des chaises le long du mur, et elle souriait de plaisir en contemplant mes premiers entrechats.

C'est ainsi que j'entrai au cours Stella où l'on enseignait la danse classique, les claquettes et la diction.

Je serais encore capable aujourd'hui d'esquisser les premiers pas de *Coppélia*, un ballet-pantomime où, lors d'un récital, j'ai dansé pour la première fois en soliste. Je revois, comme si c'était hier, mes chaussons de danse et mes pauvres orteils gonflés d'ampoules malgré la bande de coton qui les protégeait. Je me souviens aussi de mon exemplaire du *First Step* de William Franch, la bible des danseurs de ballet... D'après ma mère peu encline à s'enorgueillir de sa progéniture, j'avais fait preuve d'un si réel talent dès la première séance que Mademoiselle Stella, notre professeur, lui avait demandé si je n'avais pas déjà pris des leçons.

Quand Mademoiselle Stella se maria et quitta l'Angleterre pour la lointaine Amérique, j'entrai dans le cours de danse de Gladys Harmer où régnait une tout autre ambiance. J'avais dix ans et il me fallait soudain dire adieu au simple plaisir de danser. Chez Gladys Harmer, seul importait de réussir à tout prix, d'être la meilleure. Les autres filles étaient très fortes : l'une avait de grandes chances de décrocher une médaille lors des éliminatoires du prestigieux festival de danse national, l'autre avait passé brillamment toutes les épreuves d'un examen organisé en français! Leur présence dans le cours entretenait une compétition constante. Inquiète et toujours sous pression, je m'étais mise à renifler nerveusement, même pendant mon sommeil. « Jill! criait ma mère au milieu de la nuit. Arrête de renifler! »

Après deux ans chez Gladys Harmer, j'entrai à l'Académie Corona, une école de danse et d'art dramatique située dans le quartier de Chiswick, ce qui m'obligeait à prendre le bus, puis le train. La prestigieuse Académie était réputée pour trouver à ses jeunes élèves des engagements au cinéma et au théâtre, et était fréquentée par des enfants d'acteurs en vogue.

Je dois reconnaître qu'à cette époque de ma vie, mon père comptait bien peu pour moi. Seule ma mère, énergique et décidée, avait de l'importance. Tantôt exigeante, tantôt cajoleuse, elle me stimulait sans cesse. Bien des années plus tard, elle m'a avoué que, grâce à moi, elle avait pu ainsi s'épanouir sur le plan social et personnel. D'ailleurs, elle achetait chaque semaine l'hebdomadaire *Stage* et parcourait les annonces d'auditions d'enfants. C'est ainsi qu'à douze ans, j'ai joué dans une pantomime, puis dansé dans *Cendrillon,* un ballet pour enfants. Une fois par semaine, le jeudi, je quittais l'école avant les autres enfants pour jouer en matinée.

A quatorze ans, je faisais partie du trio des *3J* constitué de Jean, Jeanette et Jill. Nous dansions, chantions, faisions des numéros acrobatiques dans des bals, des repas organisés par différentes associations ou encore dans des ventes de charité.

Un an et demi plus tard, je décrochai un contrat de *girl* au Palladium de Londres. Chaque soir, après le spectacle, je rentrais seule chez moi. A minuit passé, les rues étaient vides et il me fallait marcher trois quarts d'heure dans le noir avant d'introduire enfin, d'une main tremblante, la clé dans la serrure de notre maison. J'allais me coucher aussitôt, reniflant plus que jamais dans mon sommeil. Le contrat dura cinq mois et fut suivi de deux engagements dans des comédies musicales.

A seize ans, mes parents me donnèrent la permission d'habiter à Londres, où je pouvais partager un appartement avec une amie. Ainsi se terminaient mes courses contre la frayeur dans la banlieue de Londres.

Un an plus tard, je commençai à voyager. Engagée comme

danseuse dans la troupe de ballet Anita Avila, je passai le printemps à Paris. Pendant l'été, je dansai au Sporting Club de Monte Carlo. Le clou de cette saison fut une invitation au grand bal annuel de la Croix-Rouge organisé par le prince Rainier de Monaco. Aucun des danseurs de la troupe n'avait de tenue de soirée. Je choisis dans ma garde-robe une jupe en taffetas et un maillot de bain une pièce, sans bretelles, qui me servit de bustier et, pour compléter ma tenue, j'attachai une boucle d'oreille sur chacune de mes chaussures... Quelle soirée magnifique! Pour la première fois de ma vie, je pénétrais dans une société composée d'hommes riches et de femmes sensationnelles où le luxe était de rigueur.

J'avais dix-huit ans quand, après m'avoir vue danser dans le film *Oh, Rosalinda,* la J. Arthur Rank Organization prit contact avec moi. Je signai aussitôt un contrat avec cette grande firme et les films se succédèrent.

L'année de mes vingt ans, j'épousai un jeune et bel acteur, David McCallum. Treize mois plus tard, je mettais au monde mon premier fils, Paul. Tous ces événements s'étaient succédé à la vitesse de l'éclair sans que j'aie eu l'impression d'intervenir personnellement dans leur déroulement.

Quand j'appris que j'étais enceinte, je cachai mon état à la Rank Organization car je savais qu'ils suspendraient mon contrat.

Un soir pourtant, l'inévitable arriva. David et moi devions assister à une première à Leicester Square, obligation mondaine qui faisait partie de nos engagements vis-à-vis de la firme. Comme d'habitude, la limousine du studio arriva chez nous un peu en avance pour me permettre de m'habiller. A l'arrière de la voiture, se trouvait une robe du soir en soie grège que la Rank Organization avait fait spécialement dessiner pour moi et une étole de fourrure. La Rank n'était pas une entreprise philanthropique : quand la soirée était terminée, robe et fourrure repartaient en direction du studio et moi, telle une moderne Cendrillon, je rentrais à la maison vêtue d'un simple peignoir en coton.

Ce soir-là, catastrophe! Malgré l'aide de David, impossible de remonter la fermeture Éclair de la fameuse robe du soir. Que faire? Il fallait absolument que j'assiste à cette première car, à plusieurs reprises déjà, je n'avais pas tenu mes engagements. La seule solution était de choisir une tenue dans ma propre garde-robe, quitte à encourir les foudres de la direction. Par goût, je portais plutôt des vêtements décontractés, et pantalons, chemisiers et sandales ne convenaient guère à une première. Finalement, j'optai pour une robe toute simple en soie grise que je venais d'acheter dans une boutique de Bond Street. Jolie, mais rien à voir avec la robe époustouflante fournie par la Rank, au reste très attachée à la présentation des gens qu'elle employait. Nous formions ce qu'elle appelait ses « troupes de charme », étions censées faire partie de la meilleure société londonienne et pratiquer le métier d'acteur comme un simple passe-temps. Ma robe grise, sans prétention, ne correspondait décidément pas à cette image. David, qui craignait que ma tenue n'entraîne la résiliation de son propre contrat, réussit à faire contre mauvaise fortune bon cœur et me dit que j'étais ravissante. Je jetai l'étole sur mes épaules et nous partîmes. Arrivée dans la salle, je compris aux regards désapprobateurs que ma robe ne passait pas inaperçue. Le lendemain, je fus convoquée par la direction, je dus tout avouer et mon contrat fut aussitôt suspendu.

Heureusement, tous les gens du spectacle n'avaient pas les mêmes exigences que M. Arthur Rank. Durant ma grossesse, je travaillais le jour dans un studio et au théâtre le soir. Sur scène, il suffisait que je joue de face, en regardant le public, afin que personne dans la salle ne s'aperçoive de mon état. Je tenais le rôle de Margot, la sœur d'Anne Frank, dans la pièce *Le journal d'Anne Frank*. Le texte exigeait que les acteurs restent en scène pendant toute la durée de la représentation. Heureusement pour moi, Margot était souvent malade et je passais une partie de la soirée allongée sur un lit. Je reconnais d'ailleurs que, plus d'une fois, Margot-Jill s'est endormie pendant le spectacle.

Après la naissance de Paul, la Rank Organization mesura mon tour de taille et, s'étant assurée que je n'avais pas pris un centimètre, renouvela mon contrat.

Travailler, apprendre mon métier et garder la forme : voilà quels étaient mes impératifs à cette époque. J'acceptais tous les contrats qu'on me proposait, entretenais méticuleusement ma garde-robe (une actrice doit toujours être impeccable), économisais sur ce que je gagnais (dans ce métier, on ne sait jamais ce que demain vous réserve), prenais soin de ma personne, et, pour finir, me débarrassais de mon habitude de renifler nerveusement.

David, de son côté, avait du travail et, aux yeux des autres, nous formions le parfait jeune couple à qui tout réussit. De fait, tout allait pour le mieux, et notre mariage se portait bien. Quant à mon métier d'actrice, je l'aimais beaucoup, même si j'étais rarement satisfaite de mes interprétations.

J'avais vingt-huit ans quand, suivant l'exemple de Mademoiselle Stella, je partis avec David pour la lointaine Amérique.

3

Ce jour-là, je me trouvais chez moi, allongée sur une table de massage, mon corps nu abandonné aux mains expertes de Jana, ma masseuse.

Du bout des doigts, Jana pétrissait mes cuisses, faisant la chasse à la moindre trace de cellulite qui aurait pu enlaidir mes jambes. Nous bavardions à bâtons rompus, de choses sans importance, comme aiment le faire les femmes dès qu'elles se retrouvent entre elles, chez le coiffeur ou l'esthéticienne, uniquement préoccupées de leur beauté.

J'avais commencé à me faire masser un mois plus tôt, espérant ainsi retrouver ma forme après m'être cassé la jambe. Emprisonnée de longs mois dans le plâtre, ma jambe droite s'était atrophiée et mes muscles n'avaient pas retrouvé leur tonus. Les séances de rééducation s'étaient révélées insuffisantes. On m'avait assuré que les massages étaient excellents pour la circulation du sang, et j'avais fait appel à Jana, une masseuse-esthéticienne d'origine russe. Avec elle, un massage thérapeutique devenait une véritable cure de jouvence. Non seulement j'allais guérir, mais mes jambes allaient retrouver leur beauté! C'était important pour moi – et aussi vis-à-vis de Charlie.

Car bien des années avaient passé depuis mon départ d'Angleterre, ma vie avait été bien remplie. Non seulement j'avais divorcé de David, mais je m'étais remariée avec Charlie. J'avais élevé six enfants et tourné de nombreux films.

Charlie... C'est en 1962, en Bavière, pendant le tournage de *La grande évasion*, que je suis tombée amoureuse de lui, de Charles Bronson. Je venais de faire une fausse couche et sortais de l'hôpital. Je lui fus présentée en même temps que d'autres acteurs et membres de l'équipe de tournage, lors de la projection des scènes tournées la semaine précédente. Il pleuvait à torrents ce jour-là et David m'attendait, assis dans notre voiture. J'aurais été trempée jusqu'aux os si Charlie ne m'avait galamment abritée sous son parapluie. Au moment où nous nous étions quittés, il m'avait adressé un sourire de petit garçon qui, même pour moi qui ne le connaissais pas, semblait tout à fait déplacé, compte tenu des circonstances.

Alors âgé de trente-neuf ans, Charlie était très attirant physiquement : un regard inoubliable, de longs cheveux noirs, un corps magnifique. Dans tout son maintien éclatait une inébranlable confiance en soi. Il ne ressemblait à aucun des hommes que j'avais rencontrés jusqu'alors, tant existait en lui ce curieux mélange de paix intérieure et de violence prête à exploser. Aux yeux de M. Bronson, moi aussi j'étais quelqu'un de totalement différent... et comme les contraires s'attirent parfois, ce qui devait arriver arriva. En dépit du fait que nous étions mariés l'un et l'autre, nous sommes tombés fous amoureux dès notre première rencontre.

Neuvième enfant (et septième fils) de Walter et Mary Buchinsky, Charlie est né à Ehrenfeld, une petite ville minière de Pennsylvanie. Ses parents étaient lituaniens d'origine. Ils s'étaient rencontrés dans une pension de famille pour émigrants russes tenue par la mère de Mary.

Mary n'avait que quatorze ans quand, un beau matin, sa mère la réveilla et lui annonça qu'elle allait se marier. « Je ne veux pas me marier ! » s'écria la gamine, fondant en pleurs. Et, pour échapper à sa mère, elle alla se cacher sous le lit. Aussitôt délogée de sa cachette à coups de balai, elle apprit que son futur époux se nommait Walter Buchinsky et qu'il faisait partie des pensionnaires qui logeaient chez sa mère. Le mariage fut célébré le jour même.

La mère de Charlie, catholique pratiquante dotée d'une très belle voix, faisait partie de la chorale de l'église. Elle éleva tous ses enfants dans la religion catholique. Sa vie, déjà difficile, devint plus précaire encore quand son mari mourut, âgé d'un peu plus de quarante ans.

La jeunesse de Charlie fut une longue suite de privations qui firent de lui un enfant dur et taciturne. Ses frères et sœurs l'avaient surnommé *Shulty*, ce qui, en russe, signifie « froid ». A cette époque, son seul ami au monde était son chien Duke.

Mais les choses avaient bien changé quand je le rencontrai, près de trente ans plus tard. A l'époque, j'éprouvais pour ma part un intense sentiment de culpabilité. David et moi vivions à Los Angeles et avions eu deux autres fils, Jason et Valentin. A cause d'eux, j'hésitais à divorcer et, incapable de résoudre ce dilemme, j'étais perpétuellement malade. En 1962, rares étaient les mères de famille qui travaillaient, et j'avais mauvaise conscience lorsque j'abandonnais mes trois fils pour tourner, cinq jours par semaine, dans une série télévisée intitulée *Shane*, où je partageais la vedette avec David Carradine. A cela s'ajoutait ma culpabilité d'entretenir une liaison avec un homme marié.

Finalement, mon système immunitaire s'effondra et j'attrapai une angine bactérienne. Le médecin prescrivit de la rondomycine, qui provoqua aussitôt une réaction allergique. Comme j'étais terriblement anxieuse, le praticien pensa que l'allergie était d'origine nerveuse et prescrivit des tranquillisants. En réalité, je ne supportais pas la rondomycine et la maladie ne fit qu'empirer. J'avais le corps et le visage enflés, une fièvre persistante et des difficultés à respirer.

Une de mes amies, Marcia Borie, me parla alors du docteur Raymond Weston. « Tu peux avoir toute confiance dans son diagnostic, me dit-elle, et, en plus, il a de grandes qualités humaines. » Ray Weston venait d'entrer dans ma vie... Reconnaissant les symptômes d'une réaction allergique, il prescrivit aussitôt une injection d'ACTH. L'effet fut immédiat. Ray Weston devint alors mon médecin traitant et il eut fort à faire car j'étais perpétuellement malade : tension artérielle trop basse, rhumatismes, phlébite, rhumes et angines, dysfonctionnement de la thyroïde, crises d'urticaire... sans compter les jambes cassées, les déchirures musculaires et les douleurs vertébrales.

Finalement, je divorçai de David en 1967 et, un an plus tard, j'épousai Charlie. Aussitôt, ma santé s'améliora. J'avais obtenu la garde de mes trois fils, Paul, Jason et Valentin, et les deux enfants de Charlie, Suzanne et Tony, vivaient avec nous. Pour loger notre nombreuse famille, il nous fallait bien une maison de la taille de celle que nous habitions à Bel Air, tout près d'Hollywood. La vie n'était pas simple tous les jours, mais j'étais décidée à jouer mon rôle d'épouse, de mère et de belle-mère sans pour autant sacrifier ma carrière d'actrice.

Pendant les premières années de notre mariage, je tournai de nombreux films avec Charlie et parmi eux : *Violent City*, *Cold Sweat*, *Someone Behind the Door*, *Hard Times*, *Break-out*. Entre 69 et 73, nous avons beaucoup voyagé en Europe, tournant jusqu'à trois films par an. Nous ne nous déplacions jamais sans emmener nos enfants ainsi que nos animaux domestiques. Deux acteurs, cinq enfants entre cinq et treize ans, deux chiens, un chat et une perdrix : un véritable cirque ambulant! Une année, je me rappelle que nous avons séjourné à Londres, puis à Paris et dans le sud de la France, à Rome, et pour finir, à Istanbul... Existence trépidante et passionnante, mais qui nous gardait toujours sous tension. Cela ne me gênait pas car aujourd'hui encore, mon métier d'actrice me permet d'évacuer complètement les stress de la vie quotidienne. J'adore tourner et cette activité me sert de soupape de sécurité. De plus, notre couple était une parfaite réussite. Charlie et moi avions des relations passionnées, orageuses parfois, mais toujours guidées par l'amour. Excellente manière, là encore, de se défouler... J'étais d'ailleurs rarement malade, une fois par an tout au plus.

Même si les films qu'il a tournés lui ont permis de mener une vie exceptionnelle, le fait que Charles Bronson ait choisi le métier d'acteur reste étrange et surprenant. Il déteste en effet être photographié, à tel point que je lui ai dit un jour combien il me faisait penser à ces Indiens qui, se voyant en photo pour la première fois, craignent qu'on leur ait volé leur âme.

C'est aussi un homme qui parle peu. Il est capable de rester longtemps assis sans prononcer un mot, entouré de gens qui bavardent et qui meurent d'envie de discuter avec lui. Jamais il ne recherche la compagnie, et il supporte difficilement les obligations sociales et publicitaires liées à son métier. En société, il n'est pas dans son élément. Il est fait pour vivre dans les bois, en pleine nature. C'est un solitaire, comme le sont parfois certains animaux sauvages. Cela ne l'empêche pas d'aimer sa famille. Ses enfants sont ses amis et la seule vie sociale qu'il apprécie est celle qui commence à sept heures du soir, quand il se met à table avec nous.

Pour notre plus grand bonheur, Charlie et moi avons eu une fille en 1971. Nous l'avons appelée Zuleika, en l'honneur de la scandaleuse héroïne de Max Beerbohm, Zuleika Dobson. Conçue à Paris, trimbalée par sa mère en Espagne, puis à Londres, Zuleika est née à Los Angeles. C'est le seul enfant que nous ayons eu ensemble, Charlie et moi. Son père y tient comme à la prunelle de ses yeux et elle est, sans conteste, mon plus précieux trésor. Que de joies elle nous a données!

Très indépendante, comme ses parents, Zuleika a une personnalité très affirmée. C'est une enfant calme et fière, dotée d'un port de reine. Par moments, elle ressemble à Charlie, puis l'instant d'après, devient mon portrait tout craché quand j'étais enfant. Grande pour son âge, elle parle d'une voix lente et avec une grâce presque aristocratique – je ne sais où elle est allée chercher ça... C'est une grande sportive et une excellente cavalière. Les étagères de sa bibliothèque sont remplies des trophées et médailles ornées de rubans bleu qu'elle a gagnés lors d'un concours hippique national. Ce jour-là, Zuleika avait été bien embarrassée par l'annonce faite au moment où elle se présentait avec son cheval : « Et maintenant, *Tudor's Dillon,* avait annoncé la voix dans le haut-parleur, de l'écurie Zuleika et monté par Zuleika Bronson. » En nous rejoignant un peu plus tard dans les tribunes, ma fille avait menacé de changer de nom et, à l'avenir, de se faire appeler Sandy.

Charles Bronson, cet homme si peu loquace, devenait volubile dès qu'il était question de cette habitude qu'ont les femmes de laisser traîner « leurs affaires ». Il disait qu'il ne pouvait pas se débarbouiller dans la salle de bains sans heurter aussitôt un pot de crème ou un flacon de parfum. Il paraît aussi que pour atteindre sa robe de chambre pendue derrière la porte, il était obligé de se battre avec une dizaine de négligés en tous genres. Toujours selon lui, prendre une douche tenait de l'exploit. Avant de pouvoir se laver, il lui fallait retirer les divers dessous féminins qui séchaient dans la cabine de douche. Invariablement ces vêtements arachnéens lui échappaient des mains avant qu'il ait pu les poser sur le porte-serviettes. Finalement, Charlie a décrété qu'il ne voulait plus voir traîner des « affaires de femme » dans la chambre ou dans la salle de bains. J'ai donc décidé d'installer toutes mes « affaires » dans une pièce de la maison qui ne servirait qu'à cet usage.

J'aime beaucoup cette pièce car elle constitue une sorte de sanctuaire à usage exclusivement féminin. Le long des murs, j'ai fait aménager des armoires dont les portes sont garnies, à l'extérieur, de miroirs. Entre les portes-fenêtres qui donnent sur une véranda située juste en face du golfe de Bel Air, j'ai placé un lit à baldaquin qui se trouvait chez moi, en Angleterre. Au-dessus de la cheminée, j'ai accroché deux pastels du XIXe siècle qui s'accordent parfaitement avec l'ameublement : un confortable fauteuil en velours rose placé à côté de la cheminée et un bureau de style Chippendale qui vient, lui aussi, de chez mes parents. A côté d'une des fenêtres, j'ai installé une coiffeuse en chêne sculpté qu'éclairent des lampes de théâtre. L'ensemble est du plus bel effet.

Ce que Charlie appelle des « affaires de femme » se trouve donc réuni dans cette pièce, et Polar, ma chatte siamoise, y a élu, elle aussi, domicile. C'est donc *notre* pièce. Moi, je l'occupe pendant la journée et Polar y dort la nuit.

Pour le tissu qui tapisse les murs, j'ai choisi un motif à fleurs dont les bouquets couleur rose et lilas me rappellent mes parfums préférés. Les doubles rideaux sont en taffetas rose pâle et un tapis persan recouvre en partie le parquet ciré. Cette pièce si féminine contient aussi un musée personnel installé sur trois étagères. J'ai posé là, dans des cadres en argent poli, les photos de ma famille : les portraits de mes enfants quand ils étaient jeunes, les photos de mes parents, des instantanés de Charlie et de moi qui ont une valeur sentimentale, enfin les photos de nos chats, chiens et chevaux favoris. Quelques souvenirs aussi : le hochet de mon fils Paul, la première timbale de Zuleika qui porte la marque de ses dents, et un petit coffret en laque rempli de coquillages.

Ce jour où Jana me massait, nous étions précisément installées dans cette pièce et je me regardais dans un des miroirs. Je m'apprêtais alors à affronter gaillardement la cinquantaine et me battais quotidiennement pour conserver une poitrine ferme et des jambes fuselées. La gymnastique, les massages et le choix de mes vêtements répondaient à un but bien précis : je désirais correspondre à une sorte d'idéal que je m'étais fixé. Jana ne disait-elle pas que des massages réguliers permettent de rester éternellement jeune?

J'étais plutôt fière de l'image que me renvoyait le miroir. Une belle poitrine ferme, pas un gramme de graisse superflue et des cuisses musclées grâce aux massages de Jana et à mes deux kilomètres de footing quotidien. Le nez, un peu trop long à mon goût, aurait bien eu besoin des secours de la chirurgie esthétique – mais j'avais trop peur de passer sur la table d'opération! Quant à mes cheveux, ils avaient commencé à blanchir sur les tempes, mais cela donnait encore plus d'éclat à ma chevelure blonde, toujours aussi épaisse. Une vraie tignasse dont j'étais très fière et qui ne devait rien aux soins du coiffeur. Au fond, mes trois heures de massage hebdomadaires constituaient le premier investissement notable pour préserver ma beauté...

4

Allongée sur la table de massage, je fus tirée de ma rêverie par la sonnerie du téléphone.

– Allô, maman...

A l'autre bout du fil, la voix de Paul, mon fils aîné, semblait méconnaissable.

– Je souffre le martyre, dit-il. De ma vie, jamais je n'ai été aussi malade...

– Où es-tu, Paul?

Je l'entendis haleter dans le récepteur, puis il finit par me répondre :

– Henri m'a emmené au service des urgences de l'hôpital Cedars-Sinaï et il est resté avec moi.

Aussitôt, je payai Jana, enfilai à la hâte un pantalon et une chemise et allai retrouver Charlie qui était en train de regarder les actualités télévisées dans notre chambre.

– Qu'est-il arrivé? demanda-t-il, en voyant que j'étais bouleversée.

– Paul vient de m'appeler de l'hôpital...

La sonnerie du téléphone interrompit mes explications et je m'empressai de décrocher. Cette fois-ci, il s'agissait d'Henri, l'ami de Paul.

– Hello, Jill! dit-il. Comme mon père est médecin à l'hôpital, je lui ai demandé d'examiner Paul. Il a diagnostiqué une crise de coliques néphrétiques. D'après lui, le plus dur est passé, il va beaucoup mieux.

Après avoir remercié Henri, je lui donnai le numéro de téléphone de notre médecin de famille, Ray Weston, en qui j'ai toute confiance, et lui demandai de l'appeler pour qu'il voie Paul.

Charlie resta à la maison avec Zuleika et Katrina, et moi je me rendis aussitôt à l'hôpital.

En entrant dans la chambre de mon fils, je trouvai Ray Weston qui m'attendait.

– On lui a fait une piqûre de morphine, me dit-il. Il s'agit bien d'une crise de coliques néphrétiques et il devrait aller beaucoup mieux demain matin au réveil.

Pour ma part, je ne fermai pas l'œil de la nuit, et le lendemain matin j'appris en effet que Paul allait mieux. Bientôt, sa santé se rétablit. Mais moi, j'avais du mal à surmonter le choc. En effet, depuis dix-huit mois, les émotions de ce genre étaient devenues monnaie courante... Mon père avait été opéré à cœur ouvert après une crise cardiaque et se remettait difficilement. Une de nos amies, Hilary Holden, était morte subitement et Charlie et moi avions adopté sa fille Katrina, du même âge que Zuleika. Les deux jeunes filles étaient devenues d'inséparables amies et Katrina s'était parfaitement adaptée à sa nouvelle famille. Malgré tout, la présence d'un nouveau membre dans notre maisonnée impliquait pour moi de nouvelles responsabilités et une dépense d'énergie supplémentaire.

Un jour, en me servant du tuyau d'arrosage, je glissai malencontreusement sur le sol mouillé et me fis une rupture ligamentaire du mollet droit, ce qui m'obligea à me déplacer pendant trois mois avec des béquilles. A peine étais-je remise que je me cassai la jambe en tombant de cheval! Je dus à nouveau utiliser les béquilles dix mois durant.

A cette époque, la santé de mon frère me donnait aussi de sérieuses inquiétudes. Il avait été admis à l'hôpital de Toronto pour y subir des examens et les nouvelles n'étaient qu'à demi bonnes. Si la tumeur dont il souffrait n'était pas, comme on l'avait cru, un glomérule de la veine jugulaire et ne nécessitait pas pour l'instant d'intervention chirurgicale, en revanche, se révélait une malformation veineuse inopérable et certainement congénitale.

Comme si cela ne suffisait pas, cette année-là, Joe, le frère de Charlie, mourut subitement à l'hôpital de Los Angeles où il venait d'être admis pour subir une opération. La semaine précédant son décès, nous l'avions invité à dîner et il semblait si heureux alors...! Pour nous, ç'avait été un coup terrible.

A ma tristesse s'ajoutait le malaise de me retrouver très handicapée physiquement. Dix mois plus tôt en effet, j'avais déjà fait une chute en montant Stutz Bearcat, un de mes chevaux favoris...

Les chevaux ont toujours joué un rôle de premier plan dans ma vie. Ce sont des animaux d'une grande beauté, puissants et sensibles à la fois. J'aime les voir évoluer autour de moi et j'adore l'équitation.

Il y a plusieurs années déjà, pour répondre au besoin de solitude de Charlie et à ma passion des chevaux, nous avons fondé le haras Zuleika Est dans le Vermont. A force de jouer des rôles de cavalier dans la plupart de ses films, Charlie s'est lassé de l'équitation et quand nous allons là-bas, pendant que je monte à cheval, il fait de la moto.

Le haras Zuleika Est est une véritable entreprise qui emploie sept personnes et compte vingt chevaux, sans parler de ceux qui y sont en pension. Équipé d'une poulinière, notre haras s'enorgueillit à l'heure actuelle de quatre pur-sang âgés d'un an et de plusieurs poulains nouveau-nés. Avec ses cinq manèges, dont un couvert, qui peuvent être utilisés pour le dressage ou l'entraînement à la course d'obstacles, et son superbe parcours de cross-country, le haras Zuleika Est est certainement l'une des plus belles installations équestres de la région.

Zuleika Ouest est un peu moins important. Pour l'entretenir, trois employés suffisent. Actuellement, ce haras abrite huit chevaux et pourrait en accueillir cinq de plus. Situé au pied des montagnes de Malibu, il possède un petit manège et de charmantes écuries situées en plein cœur de la nature.

C'est dans ce décor enchanteur que j'avais eu mon accident, un an environ avant cette funeste biopsie. Je venais de faire travailler un de mes chevaux, Stutz Bearcat, et comme la nuit tombait, je décidai de le faire sauter une dernière fois. Éperonnant ses flancs, je lançai le cheval au petit galop et abordai l'obstacle. L'approche avait été parfaite, le saut le fut aussi. Malheureusement, le retour au sol se termina en catastrophe. Stutz Bearcat oublia de déplier ses pattes et faute de cet indispensable train d'atterrissage, retomba de tout son poids. La chute m'avait semblé durer une éternité, comme au ralenti. Quand le cheval atteignit enfin le sol, il bascula sur moi et je crus qu'il m'avait écrasé les côtes et le bassin. J'étais aussi effrayée que lui. « Stutz! hurlai-je, lève-toi, Stutz! » Il se remit lentement sur ses pattes, entraînant mon pied droit qui, malgré tous mes efforts, restait coincé dans l'étrier. Pour se dégager, Stutz donna un coup sec qui fit exploser la douleur que j'éprouvais déjà dans la jambe. Il tremblait de tous ses membres et moi je restais étendue sur le sol, à un mètre de lui, au bord de l'évanouissement.

– Tout va bien, madame Bronson? entendis-je dans une sorte de brouillard.

– Non... réussis-je à articuler. Ça va très mal, au contraire!

Je connaissais suffisamment les chutes de cheval pour savoir que celle-ci était grave.

Comme je conservais mon calme, personne ne soupçonna ce que je ressentais. On m'aida à m'asseoir sur le banc tout proche et on me laissa seule. Un des employés de la ferme vint chercher mon cheval et le reconduisit vers son box. Heureusement pour moi, Petsy, une jeune cavalière qui connaissait notre famille, téléphona à Charlie qui vint aussitôt et m'emmena chez un spécialiste des os. Le praticien que nous venions voir avait déjà regagné son domicile et c'est son assistant qui m'examina. Il plaça ma jambe meurtrie entre deux planchettes de bois et l'entoura d'une bande. Avant de me renvoyer chez moi, il me donna quelques cachets d'un analgésique qui n'eut pas grand effet : je passai certainement la nuit la plus douloureuse de ma vie.

Le lendemain, le spécialiste, après avoir réduit la fracture, me plaça un plâtre. Quel bonheur de sentir que mes os reprenaient enfin leur place, et combien je trouvais rassurant d'avoir la jambe plâtrée! Je conservai ce plâtre pendant trois mois et demi et, quand on me le retira, on s'aperçut que ma jambe n'était pas guérie. Nouveau plâtre, que je gardai cette fois quatre mois. Je me sentais beaucoup moins rassurée que la première fois, et je n'avais pas tort puisqu'il fallut immobiliser ma jambe trois mois encore!

Peut-être n'aurais-je jamais guéri, si je n'avais pu bénéficier d'une toute nouvelle technique, l'E.M.I., basée sur l'effet thérapeutique des impulsions électromagnétiques. Le principe de l'E.M.I. consistait à porter, dix heures par jour, un appareil qui, placé sur la jambe malade, lui envoyait régulièrement des impulsions. Le traitement dura trois longs mois au bout desquels je retrouvai enfin l'usage de ma jambe droite.

En fait, entre ma chute sur le dallage mouillé et mon accident de cheval, je venais de passer près de deux ans de ma vie à claudiquer sur des béquilles.

Pour fêter ma guérison, Charlie et moi sommes partis passer deux semaines à Hawaii. Au retour, nous étions bronzés et en pleine forme. J'avais modifié mon alimentation et repris mon footing quotidien, poussant l'exploit jusqu'à parcourir près de six kilomètres sur les plages hawaiiennes. Tout semblait donc aller pour le mieux, quand nous regagnâmes notre maison de Bel Air.

5

En ce jour de mai 84, Charlie et moi nous sentions en pleine forme. Il faisait un temps exceptionnel pour la saison et après notre vivifiant footing matinal, nous nous étions recouchés pour faire l'amour. Nous n'avions pas vu passer la matinée et, à peine le déjeuner fini, nous étions partis en voiture pour Beverly Hills où j'avais rendez-vous avec le docteur Mitchell Karlan.

Il s'agissait d'une visite de routine, un examen approfondi des seins que je faisais effectuer régulièrement tous les six mois avant de quitter Bel Air pour me rendre dans le Vermont.

A notre arrivée, la salle d'attente du cabinet était bondée et je prévins l'assistante de Mitch que nous reviendrions dans une heure.

Profitant de notre séjour forcé dans un des quartiers les plus chics de Beverly Hills, nous avons filé à toute allure vers mon grand magasin favori, Neiman-Marcus. Je commençai par acheter au rayon confiserie un assortiment de chocolats noirs, puis entraînai Charlie au rayon des chapeaux. Tandis que j'en achetais un, élégant, jaune orné d'un ruban violet et vert, Charlie choisissait lui un canotier qui ne manquait pas d'allure. Il comptait le porter pour aller aux courses et j'étais certaine qu'il ferait sensation car la plupart des hommes qui fréquentent les champs de courses portent d'amples chapeaux de cow-boy pour se protéger du soleil.

Charlie coiffé d'un canotier! C'était si incongru que nous avons éclaté de rire. Il faut dire que rien ne manquait ce jour-là à notre bonheur : amoureux l'un de l'autre, riches et en bonne santé, nous avions conscience d'être des privilégiés.

En notre absence, la salle d'attente du docteur Karlan s'était vidée et je fus admise aussitôt dans la petite salle d'examen. Quand Mitch m'y rejoignit, j'avais déjà retiré mon chemisier et mon soutien-gorge et je drapais pudiquement une serviette autour de ma poitrine nue.

En le voyant, je lui souris pour cacher l'anxiété que j'éprouvais chaque fois que je venais le consulter.

Comme pour bien des femmes, mes seins constituaient la partie la plus vulnérable de mon corps. Depuis des années, je souffrais de mastose et j'avais pris l'habitude de vivre avec ces petits fibromes mammaires qui apparaissent puis disparaissent à intervalles réguliers. Jusque-là, je ne m'en étais pas inquiétée. Mais, ce jour-là, j'avouai à Mitch que j'éprouvais depuis quelque temps une sensation de brûlure au niveau du sein droit, comme si quelque chose me cuisait. Je lui signalai aussi une grosseur au niveau de l'aisselle.

Après avoir examiné mes seins, mes aisselles et ma gorge, Mitch m'annonça :

– En effet, il y a quelque chose d'anormal. Au toucher, le sein droit me semble légèrement différent du sein gauche. A mon avis, il vaudrait mieux pratiquer une biopsie. Nous sommes jeudi, ajouta-t-il. Vous pourriez revenir lundi...

Un peu surprise par cette nouvelle, mais nullement effrayée, je demandai aussitôt :

– Est-ce que cela suppose une hospitalisation?

– Oui, me répondit Mitch, car la biopsie est effectuée sous anesthésie générale. Aujourd'hui, nous allons faire une mammographie. Celle du mois de novembre étant normale, nous verrons tout de suite s'il y a quelque chose. D'accord?

– D'accord!

Comme ce n'était pas la première fois, loin de là, que l'on me faisait une mammographie, quand l'infirmière vint me chercher pour passer à la radio, je n'éprouvai aucune anxiété. La poitrine légèrement comprimée entre deux écrans, je la laissai prendre les clichés et, après avoir apporté mes radios à Mitch, je rejoignis Charlie dans la salle d'attente.

– Tout compte fait, au lieu de venir voir Mitch, j'aurais dû rester au Neiman-Marcus... plaisantai-je en m'asseyant à côté de lui.

J'étais persuadée que les résultats de la mammographie rendraient la biopsie inutile...

– C'est bien long, aujourd'hui! se plaignit Charlie. Je suis mort de faim et j'aimerais bien rentrer avant les embouteillages.

Mitch ouvrit la porte de la salle d'attente et je me levai aussitôt pour aller le rejoindre.

– Charlie peut venir avec vous, proposa-t-il.

Dès que nous fûmes assis dans son cabinet, il me montra les radios accrochées derrière lui sur des écrans lumineux.

– Je vous ai dit tout à l'heure qu'il valait mieux pratiquer une biopsie... dit-il en me lançant un regard pénétrant. Maintenant que j'ai examiné les radios, je dirai que c'est indispensable et urgent. Est-ce que vous voyez ces petits points lumineux qui apparaissent sur le cliché?

En effet, je les voyais.

– Ce sont des calcifications, poursuivit-il. La biopsie permettra de déterminer leur origine. Nous allons vous hospitaliser ce soir pour pouvoir pratiquer l'examen demain matin.

– Ce soir! m'écriai-je, catastrophée. Est-ce que cela ne peut pas attendre demain?

– Si vous voulez... Demain matin, à la première heure : il faut que vous soyez là à sept heures et demie.

Soudain, je ressentis une terrible fatigue. Mon entrain s'était envolé et, telle une somnambule, je suivis Mitch jusqu'au bureau de réception.

Il demanda à l'infirmière qui se trouvait là de composer un numéro de téléphone puis, après avoir discuté quelques minutes avec son correspondant, il m'expliqua :

– Compte tenu de vos antécédents allergiques, je tiens à ce que ce soit le docteur Wander qui s'occupe de l'anesthésie. Il est de loin le meilleur dans sa partie.

L'infirmière s'approcha alors de moi et me remit une liste de consignes à observer avant l'intervention.

– Vous ne devez rien avaler après minuit, dit Mitch. Promis?

Je promis.

– A demain, Jill! ajouta-t-il. Ne vous inquiétez pas! Avec un peu de chance, tout devrait se passer pour le mieux.

Charlie et moi rentrâmes à Bel Air et, en arrivant, j'annonçai à ceux de mes enfants qui se trouvaient là pour dîner qu'on allait me faire une biopsie le lendemain. Cette nouvelle ne sembla pas les inquiéter et, de mon côté, je minimisai la chose en insistant sur le fait que ce type d'examen était courant chez les femmes de mon âge. Un peu plus tard, à table, je ne laissai rien paraître de mes inquiétudes, riant et plaisantant comme d'habitude. Pourtant, au fond de moi, je savais déjà que j'avais un cancer.

Après le dîner, je me lavai les cheveux et pris un bain en vue de l'intervention du lendemain, et, avant de rejoindre Charlie dans notre chambre, je m'installai à mon bureau et écrivis à Zuleika.

Dans mon secrétaire, je choisis une feuille de papier à lettres qui, placée à la lumière, laissait apparaître en filigrane un enfant en train d'offrir une pomme à un poney – il ressemblait à Cheeky, le poney préféré de ma fille.

Ne fais pas attention à mon écriture, ni à mon orthographe, commençai-je, *car ce soir, je t'écris pressée par le temps...*

Je t'aime, ma chérie. Je t'aime. JE T'AIME.

Si tu lis cette lettre, c'est que, malheureusement, j'aurai quitté cette terre pour toujours. Mais cela ne m'empêchera pas d'être toujours à tes côtés. Je t'aime tellement qu'il me serait impossible de t'abandonner complètement. Tu as été pour moi une telle source de joie! Il faut que tu saches à quel point je t'aime car cela t'aidera à vivre heureuse. Ne sois pas triste trop longtemps, ma chérie, car cela me ferait de la peine. Sache aussi que je veux qu'à chacun de tes anniversaires tu choisisses un de mes bijoux que tu porteras en pensant à moi.

Aie confiance en toi, Zuleika! Tu as de la personnalité et tu es ravissante. Je suis persuadée qu'à n'importe quel moment de ta vie, tu sauras prendre les décisions qui s'imposent. Aie confiance, ma chérie!

Ta maman t'embrasse, ma fille adorée. Je sais qu'un jour nous serons à nouveau réunies.

Avant de fermer l'enveloppe, je dessinai au bas de la page deux personnages : le plus grand tenait l'autre serré dans ses bras et tous deux souriaient. Depuis toujours, c'est ainsi que je signais les petits mots que j'adressais à Zuleika et elle savait très bien qui était le petit personnage que je serrais ainsi dans mes bras... Au dos de l'enveloppe, j'ajoutai : *Ne sois pas triste trop longtemps! Je ne veux pas que tu aies de la peine,* et dessinai un visage souriant. Puis je glissai la lettre cachetée dans ma boîte à bijoux que je fermai à clef.

Le lendemain matin, je fus tirée de mon sommeil par la sonnerie du réveil. Dans un premier temps, je me demandai avec étonnement pourquoi je devais me lever si tôt. Puis la mémoire me revint et, à l'idée de ce qui m'attendait, j'eus vraiment peur pour la première fois. J'avais la gorge sèche et éprouvai soudain le besoin de boire.

– Quand Mitch m'a fait promettre de ne rien avaler après minuit, crois-tu qu'il voulait dire que je ne pouvais même pas boire un peu d'eau? demandai-je à Charlie

– Je ne pense pas, me dit Charlie. L'intervention est prévue pour quinze heures trente, cela te laisse largement le temps d'éliminer ce que tu auras bu.

J'avalai donc un grand verre d'eau et me rinçai longuement la bouche en me lavant les dents. Je m'habillai rapidement et, au moment de partir, glissai dans mon sac, en plus de ma trousse de toilette, une poupée de chiffon que Zuleika m'avait offerte l'année précédente pour mon anniversaire. Ce cadeau de ma fille me servirait de porte-bonheur.

La biopsie devait avoir lieu à l'hôpital Cedars-Sinaï, un endroit que je connaissais bien puisque, treize ans plus tôt, c'est là que j'avais accouché de Zuleika. Mon père avait été opéré à cœur ouvert dans ce même hôpital et, la semaine précédente, Paul y avait été admis en urgence pour sa crise de coliques néphrétiques.

Connaissant les lieux, nous nous sommes dirigés vers le bureau des admissions où se trouvait déjà un autre couple. La femme, qui semblait à peu près du même âge que moi, avait le teint terreux et tenait un oreiller à la main. Elle m'expliqua qu'elle faisait, elle aussi, partie des patientes du docteur Karlan et qu'on lui avait fait une biopsie la semaine passée. Dans un premier temps, les résultats du prélèvement avaient été négatifs, puis, un peu plus tard, ils s'étaient révélés positifs. Elle revenait donc à l'hôpital pour y subir une mastectomie. Si elle avait apporté un oreiller, ajouta-t-elle, c'est qu'à son goût, ceux de l'hôpital étaient trop durs.

Assis à côté de nous, Charlie et le mari de cette femme s'étaient mis, eux aussi, à discuter. Malgré leurs efforts pour ne rien laisser paraître, ils étaient tendus et semblaient complètement dépassés par les événements. Charlie, quant à lui, pouvait encore espérer que les résultats du prélèvement seraient négatifs. Mais son interlocuteur savait que son épouse allait subir aujourd'hui une opération mutilante. Dans ces conditions, pourquoi tout le monde éprouvait-il le besoin de nous souhaiter « Bonne chance! »?

La veille, alors que j'avais quitté son cabinet, la dernière phrase de Mitch m'avait frappée : « Avec un peu de chance... » avait-il dit. Venant de lui, ce terme si peu scientifique m'avait semblé de bien mauvais augure. J'espérais que la science médicale reposait sur d'autres facteurs – moins hasardeux.

Bonne chance! C'est ce que le personnel médical ne cessa de me répéter alors que j'attendais dans ma chambre, en compagnie de Charlie, l'heure de l'intervention.

– Ça y est, on est prête? me dit l'infirmière chargée des piqûres intraveineuses. L'anesthésiste ne va pas tarder à arriver maintenant... Bonne chance!

Puis ce fut au tour de Ray Weston, mon médecin traitant.

– Ne vous inquiétez pas, Jill! Avec le chirurgien que vous avez, vous ne risquez rien. D'ailleurs, moi aussi, je serai présent. Bonne chance!

A l'heure prévue pour l'intervention, une infirmière m'avertit qu'on allait venir me chercher pour me conduire en salle d'opération.

– Pouvez-vous vous allonger toute seule sur le lit roulant? me demanda le brancardier. Ou voulez-vous que je vous aide?

J'étais morte de peur, mais j'avais conservé l'usage de mes jambes : je m'installai donc sans l'aide de qui que ce soit sur le lit roulant.

Lorsque, après avoir traversé une enfilade de couloirs, nous arrivâmes dans la salle qui précédait le bloc opératoire, le brancardier me confia à une infirmière, sans oublier bien sûr de me souhaiter : « Bonne chance! ». Charlie et Paul avaient été autorisés à m'accompagner jusqu'ici et Mitch Karlan nous rejoignit à son tour.

Tout le monde s'empressait autour de moi, me prodiguant des encouragements, et j'avais l'étrange impression d'être la vedette principale d'un film dont je n'avais même pas lu la première ligne du scénario.

Coiffé d'un calot, portant des gants et un masque, le médecin anesthésiste s'approcha de moi.

– Docteur Wander, se présenta-t-il en me lançant un regard amical. Ma spécialité, ce sont les personnes âgées et les malades qui ont des problèmes cardiaques... Pour commencer, dites-moi si vous avez mangé quelque chose durant les dernières vingt-quatre heures?

– Je n'ai rien mangé, docteur. J'ai seulement bu un verre d'eau ce matin à six heures.

En entendant ce détail, le docteur Wander parut préoccupé. Il compta sur ses doigts, puis me dit :

– Je suis désolé pour vous, Jill, mais je ne peux pas prendre de risque : l'eau que vous avez bue ce matin pourrait remonter dans l'estomac et vous étouffer pendant l'opération. Nous placerons un tube dans votre estomac et comme ça, tout ira bien... Chez nous, à l'hôpital, ajouta-t-il avec un grand sourire, vous ne courez aucun danger.

Le docteur Wander avait beau sourire, je me sentais de moins en moins rassurée.

– Je vais vous faire une piqûre calmante, annonça-t-il en choisissant dans sa trousse une seringue et une aiguille.

– Non, docteur! m'écriai-je. Je déteste cela.

Mais il était trop tard : le liquide avait pénétré dans ma veine et je sentis au niveau de la gorge une âpre odeur d'oignon cru. Mes yeux se fermèrent.

– Dites au revoir à Charlie et à Paul, me conseilla une voix lointaine. Vous les verrez à votre réveil.

Leur dire au revoir? J'en étais bien incapable...

6

Quand je repris connaissance dans la salle de réanimation, la première chose que je ressentis, ce fut une sensation de brûlure intolérable au niveau du sein droit. « Le chirurgien m'a enlevé le sein, pensai-je aussitôt. Voilà pourquoi je souffre autant. »

Incapable de respirer normalement, je haletais comme si je venais de courir un cent mètres.

– Prenez une profonde inspiration et soufflez tout doucement, me conseilla Ray Weston, debout à côté de moi.

Je compris que je souffrais d'une hyperoxygénation et, après bien des efforts, réussis à retrouver un rythme respiratoire normal. Malgré la couverture dont on m'avait enveloppée, mes jambes étaient glacées et j'avais de telles difficultés d'élocution qu'il m'était impossible de communiquer avec ceux qui m'entouraient.

Après trois longues heures passées dans cette salle, une infirmière vint me chercher pour me ramener dans ma chambre. Dès qu'elle commença à pousser le lit roulant dans les couloirs, je fus prise de vomissements et elle dut placer une cuvette près de moi. Je vomis pendant tout le trajet ainsi que dans l'ascenseur qui nous emmenait au huitième étage.

Si Charlie avait été seul dans la chambre, je crois que je me serais laissée aller à éclater en sanglots, mais en voyant mes trois fils, je me forçai à sourire. Paul m'accueillit d'un hourra retentissant, Jason me regarda avec inquiétude et ne réussit pas à sourire, quant à Valentin, il conservait un visage de marbre. Charlie, lui, avait les traits tirés et je compris qu'il était inquiet.

Sans attendre, je sonnai l'infirmière pour qu'elle m'apporte une cuvette et, vu la rapidité avec laquelle elle répondit à mon appel, je compris que le huitième étage de l'hôpital, connu pour n'abriter que des VIP qui bénéficiaient d'un service spécial vingt-quatre heures sur vingt-quatre, méritait sa réputation.

Dès que mes nausées me laissèrent un moment de répit, j'en profitai pour interroger Charlie car je désirais connaître le diagnostic du chirurgien. C'est ainsi que j'appris que j'avais un cancer.

Incapable de me retenir plus longtemps, je me mis à pleurer à chaudes larmes. Bouleversé, Charlie s'approcha de moi et me caressa doucement la tête. Il m'avoua que les médecins lui avaient demandé d'attendre le lendemain pour m'annoncer la mauvaise nouvelle et qu'il leur avait répondu que c'était impossible. Il savait qu'au moindre mensonge, ses yeux le trahiraient.

Il avait parfaitement raison et je lui fus reconnaissante de cette ultime preuve d'honnêteté. Jusqu'ici, il ne m'avait jamais rien caché et depuis toujours nos relations étaient basées sur une confiance réciproque. De toute manière, il aurait suffi que je le regarde dans les yeux pour apprendre aussitôt la vérité...

Petit à petit, les vomissements s'espacèrent, puis disparurent. Je continuai à répéter que je ne voulais pas être opérée. Et soudain je réalisai que je n'avais plus le choix : je serais opérée le lendemain que je le veuille ou non.

Grâce à la présence de Charlie et de Paul qui, lui aussi, était resté à mes côtés, je réussis à recouvrer mon calme. Après le dîner, quand Mitch Karlan entra dans ma chambre, je pus discuter calmement avec lui de la nature de l'opération que j'allais subir.

– Il faut pratiquer l'ablation totale du sein, m'annonça Mitch.

L'ablation totale! Dans la plupart des cas, on se contentait de retirer la tumeur maligne ainsi que les tissus avoisinants, intervention qui ne laissait qu'une légère cicatrice sur la poitrine. Une incision pratiquée au niveau de l'aisselle permettait ensuite de retirer les ganglions lymphatiques... Voilà à quoi je m'étais préparée. Mais la réalité dépassait tout ce que j'avais pu imaginer.

Je connaissais suffisamment le docteur Mitch Karlan pour savoir que, s'il avait pris cette décision irrévocable, c'est qu'il croyait ma vie en danger. Si j'avais eu encore quelques doutes à ce sujet, il m'eût suffi d'observer l'inhabituel sérieux de son visage pour comprendre que le cancer avait progressé de telle façon que seule l'ablation du sein pouvait encore me sauver.

– D'accord! répondis-je. Une seule question, Mitch. Vais-je être aussi malade après l'opération que je l'ai été aujourd'hui?

– Ce qui vous a rendue malade, m'expliqua-t-il, c'est le verre d'eau que vous avez bu. Si vous n'absorbez rien jusqu'à demain, il n'y a aucune raison que vous vomissiez au réveil.

J'avais quelque mal à le croire et demandai encore :

– Si après l'opération tout va bien, est-ce que je pourrai regagner ma chambre plus vite qu'aujourd'hui?

– Je vous le promets, dit-il. Et maintenant, je vous laisse... A demain!

Cette fois il n'avait pas ajouté « Bonne chance! »...

Après son départ, l'infirmière de nuit installa un lit de camp dans la chambre pour Charlie et, dès qu'il fut couché, nous éteignîmes la lumière.

Malgré les calmants que l'on m'avait administrés, je ne pus fermer l'œil de la nuit. Une seule pensée m'habitait : je ne voulais pas mourir! J'aurais aimé pouvoir pleurer, mais paralysée par la peur, j'avais perdu tout pouvoir de réagir. Les heures passaient sans apporter aucun changement au terrible verdict : demain, à la même heure, on m'aurait amputée d'un sein. J'étais partagée entre le besoin de toucher sous la bande, une dernière fois, mon sein droit, et le désir d'être débarrassée pour toujours de cette tumeur qui menaçait ma vie.

« Charlie! avais-je envie de crier. Charlie, réveille-toi! » Mais je n'en fis rien.

Au petit jour, l'infirmière entra dans la chambre pour prendre ma tension et vérifier ma température. Après son départ, je me retournai vers le lit de camp. Les yeux fermés, le visage calme, Charlie semblait dormir.

– Tu es réveillée? demanda-t-il en m'entendant remuer.

– Oui, dis-je. Je croyais que tu dormais encore.

– Je faisais semblant, répondit-il en plaisantant.

Mais sa voix manquait d'entrain et il semblait si vulnérable que je m'en voulus de lui faire tant de peine. Lui qui disait toujours qu'à ses yeux j'étais la femme idéale... Qu'allait-il en être après l'opération?

Rejetant les couvertures, je descendis du lit, m'approchai de lui et le pris dans mes bras.

– Je t'aime!

– Moi aussi, je t'aime!

Ainsi commença cette journée.

Quelques minutes plus tard, Sharon, l'infirmière du matin, entrait dans la chambre. Grande, blonde et ravissante, elle avait une personnalité très attachante et fit tout son possible pour me rassurer.

– Il ne faut pas lutter contre les effets de l'anesthésie, me conseilla-t-elle. Cet après-midi, vous allez vous laisser aller et profiter de cette sorte d'ivresse que procure la piqûre. Tout se passera bien, j'en suis sûre...

A la fin de son service, Sharon promit de m'accompagner jusqu'au bloc opératoire et à quinze heures trente, heure prévue pour l'intervention, c'est elle qui vint me chercher dans ma chambre.

– Je vais vous faire une piqûre de Démerol, dit-elle. Cela vous permettra de vous relaxer.

– S'il vous plaît... implorai-je, en larmes. Ne me faites pas de piqûre. Je vous promets d'être calme!

Incapable de dire un mot, Charlie me tint serrée contre lui tandis que la pauvre Sharon enfonçait l'aiguille dans mon bras.

– Je ne veux pas me faire opérer, Charlie! répétais-je alors que Sharon poussait le lit roulant dans le couloir.

La porte de la chambre qui donnait en face de la mienne était ouverte et au passage j'aperçus le visage bandé d'un malade qui me souriait avec compassion.

L'attente à l'entrée du bloc opératoire dura beaucoup moins longtemps que la veille. Le médecin anesthésiste m'attendait, ainsi que Ray Weston. Charlie resta debout derrière le lit roulant, et Sharon me tint la main.

– Relaxez-vous, me disait-elle. Laissez-vous aller...

Nous n'attendions plus que Mitch Karlan.

– Est-ce que je verrai Mitch avant de perdre connaissance? demandai-je à Sharon.

Au lieu de me répondre, elle mit un doigt sur ses lèvres pour me faire comprendre que je ne devais plus parler. Le docteur Wander s'approcha et, quelques secondes plus tard, je sentis au niveau de la gorge l'odeur caractéristique de l'anesthésique. Mitch était arrivé et je l'entendais discuter avec ceux qui m'entouraient. J'eus tout juste le temps de dire au revoir à Charlie et à Sharon que déjà on m'entraînait vers la salle d'opération. Avant de l'atteindre, je sombrai dans un profond sommeil.

J'appris plus tard que j'avais repris connaissance à la fin de l'opération et qu'au lieu de me porter sur le lit roulant, comme la veille, on m'avait simplement aidée à m'y allonger.

Lorsque je me réveillai pour la seconde fois, j'étais allongée dans la salle de réanimation et n'éprouvai aucune douleur au niveau de la poitrine. On me ramena aussitôt dans ma chambre et durant le trajet, aussi bien dans les couloirs que dans l'ascenseur, personne ne fut obligé de me tendre une cuvette. Quel agréable retour, comparé à celui de la veille!

Dès que je fus couchée dans mon lit, l'infirmière apporta un appareil en plastique bleu d'où sortaient trois tuyaux reliés à trois ballons. On aurait dit un jouet pour enfant.

– Prenez une profonde inspiration, dit l'infirmière, puis soufflez dans l'appareil aussi longtemps que vous pourrez.

Je suivis ses instructions et soufflai de toutes mes forces : les trois ballons se soulevèrent et restèrent suspendus en l'air. J'étais très fière de moi et, à intervalles réguliers, recommençais ce petit jeu qui me permettait de vérifier que mes poumons fonctionnaient normalement.

Quelques heures plus tard, quand Charlie me rejoignit avec un repas préparé à Bel Air, j'étais confortablement assise dans mon lit et la seule gêne que j'éprouvais était occasionnée par les deux drains placés dans la plaie.

Aussitôt, je lui fis une démonstration : Clac! Clac! Clac! Les trois ballons se retrouvèrent en l'air et Charlie applaudit, aussi fier de moi que si je venais de remporter un Oscar.

7

L'opération s'étant parfaitement bien passée, dès le lendemain je pus quitter mon lit et me déplacer dans la chambre. J'étais donc plutôt optimiste. Mais j'avais oublié qu'avant de pouvoir faire un diagnostic définitif, Mitch Karlan attendait de connaître les résultats de l'examen des ganglions lymphatiques qui avaient été retirés au cours de l'intervention.

C'est lui qui me le rappela le lundi matin au cours de sa visite. Il ne semblait pas inquiet car, au moment de l'opération, il n'avait noté d'irrégularité que sur un seul des ganglions.

– Si, après examens, moins de cinq ganglions sont atteints par le cancer, le pronostic sera favorable. Au-dessus de ce chiffre, ce sera beaucoup moins bon signe...

Le résultat des examens nous fut finalement communiqué le mardi soir. Charlie se trouvait avec moi dans ma chambre et il prit la communication. Je m'approchai aussitôt pour essayer d'entendre ce que Mitch disait à l'autre bout du fil. En même temps, je scrutai attentivement le visage de Charlie et je crus voir passer dans ses yeux une lueur de tristesse semblable à celle que j'y avais lue juste après ma biopsie. Je sentis soudain mon estomac se nouer de peur.

– Dites-lui vous-même... demanda Charlie avant de me passer l'écouteur.

– Jill, annonça le chirurgien, les nouvelles ne sont pas très bonnes. Après examens, huit des ganglions se sont révélés cancéreux.

– Huit! m'écriai-je. Mais c'est bien plus que cinq, Mitch! C'est beaucoup trop!

Incapable de poursuivre, je raccrochai sans même saluer Mitch. Je savais ce qu'impliquaient les résultats de l'examen : avec huit ganglions atteints, le traitement chimiothérapique devenait obligatoire! A cette pensée, je fondis en larmes.

Je pleurais toujours quand Ray Weston nous rejoignit dans la chambre. Plus tard, j'appris que les résultats lui avaient été communiqués dès le matin et qu'il était venu exprès à l'hôpital pour être présent au moment où Mitch me ferait part de la mauvaise nouvelle.

– Je ne veux pas mourir, Ray! lui dis-je. Si je ne suis plus là, qui va s'occuper de Zuleika? Et Charlie? Lui non plus, je ne veux pas le quitter... Ray, ajoutai-je, promettez-moi que vous abrégerez mes souffrances. Vous ne me laisserez pas souffrir inutilement, n'est-ce pas?

Comme il ne me répondait pas, je courus à l'armoire et voulus décrocher mon manteau.

– Je m'en vais, annonçai-je. Je quitte l'hôpital ce soir.

Mon agitation était telle que Charlie et Ray n'osaient intervenir.

Sharon poussa alors la porte de la chambre. Elle venait aux nouvelles et je savais que les autres infirmières du service avec lesquelles j'avais sympathisé pendant mon séjour, attendaient elles aussi les résultats de l'examen.

– Sharon... commençai-je.

Puis je sentis qu'il était au-dessus de mes forces de lui dire la vérité en cet instant. Quand elle eut fait demi-tour et refermé derrière elle la porte de la chambre, je m'effondrai sur mon lit et cachai mon visage au creux de l'oreiller.

Comprenant que le plus dur était passé, Ray s'approcha de moi et sur un ton calme et professionnel, il m'expliqua ce qui m'attendait.

– Jill, dit-il, votre santé va se rétablir. Mitch Karlan a prévu un traitement chimiothérapique qui doit durer six mois. Quand vous aurez terminé les séances, vous serez guérie. A condition, ajouta-t-il, que vous conserviez le moral... Ce soir, vous allez rencontrer pour la première fois un cancérologue. Il vous expliquera mieux que moi en quoi consiste la chimiothérapie... Vous serez un peu étonnée en le voyant, m'avertit encore Ray. C'est un original : il s'habille plutôt comme Charlie que comme moi.

En effet, l'homme qui fit son entrée quelques minutes plus tard avait une allure décontractée : chemise à col ouvert, pantalon en velours côtelé et veste de sport. Au lieu de la classique serviette en cuir, il portait sur l'épaule un sac en bandoulière. Son visage aux traits sensibles était encadré d'une longue chevelure bouclée.

Dès l'instant où son regard se posa sur moi, j'eus la certitude qu'il était là pour m'aider et qu'il connaissait parfaitement le mal dont je souffrais.

Sans faire de façons, il s'installa sur mon lit et me dit :

– Je m'appelle Michael Van Scoy Mosher.

– Mon Dieu! s'écria Charlie, j'espère que nous n'allons pas être obligés de prononcer votre nom en entier chaque fois que nous nous adresserons à vous.

– Appelez-moi Michael, proposa le médecin.

Puis il se tourna vers moi et m'interrogea du regard.

– Après examens, huit ganglions se sont révélés cancéreux... avouai-je aussitôt. Il faut que vous m'aidiez, docteur! La chimiothérapie me fait peur. Je voudrais savoir si mes cheveux vont tomber et si les séances vont me rendre malade.

D'une voix apaisante, Michael répondit à toutes mes questions. Il me dit que les réactions au traitement étaient différentes selon les malades. Que certains perdaient leurs cheveux et d'autres, non. Que, de toute manière, pendant les séances, mes cheveux seraient protégés par de la glace, précaution qui pouvait empêcher leur chute. Il m'expliqua aussi que la chimiothérapie provoquait parfois des nausées et que l'on me donnerait un médicament qui les calmerait.

– Que va-t-on me faire exactement? demandai-je, rassérénée par son calme. Est-ce qu'il s'agit d'un goutte à goutte?

– Non! Nous vous ferons une injection intraveineuse.

– Combien de temps cela dure-t-il?

– Deux ou trois minutes environ.

– J'ai peur... avouai-je.

– C'est tout à fait normal, reconnut Michael. La plupart des patients éprouvent la même appréhension car il s'agit d'un traitement dont ils ignorent tout. Mais il faudra vous y faire, Jill! Dans votre état actuel, vous ne pouvez pas l'éviter. Pendant six mois, vous aurez une séance de chimiothérapie toutes les trois semaines.

– Pourra-t-elle suivre le traitement quand nous serons dans le Vermont? demanda Charlie avec inquiétude.

Chaque année depuis onze ans, nous allions passer l'été dans le Vermont au haras Zuleika Est. Loin du bruit et de l'agitation de la ville, Charlie pouvait alors profiter pleinement de cette solitude dont il avait absolument besoin pour vivre. Ce séjour dans le Vermont était indispensable pour son équilibre.

La décision à prendre me brisait le cœur, mais pourtant je lui dis :

– Je ne pourrai pas partir dans le Vermont cette année, Charlie! Il faut que je reste près des médecins qui s'occupent de moi.

Ce point acquis, Michael me dit qu'il faudrait que je passe un scanner, examen indispensable pour déterminer si le cancer n'avait pas atteint les os.

Un scanner! Cette éventualité me terrifiait. Et si les résultats de l'examen étaient aussi catastrophiques que ceux d'aujourd'hui? Dans l'état où j'étais déjà, jamais je n'aurais le ressort moral suffisant pour les affronter.

– Si le cancer a atteint les os, le traitement chimiothérapique sera-t-il différent? demandai-je.

– Absolument pas, répondit Michael.

– Ainsi, dans mon cas, cet examen ne peut représenter qu'une inquiétude supplémentaire...

– En effet, reconnut Michael. Si vous le désirez, nous pouvons attendre un peu avant de l'effectuer. Il nous sera surtout utile pour organiser notre plan d'attaque.

Plan d'attaque, l'expression me plut. Pour la première fois depuis mon admission à l'hôpital, la maladie dont je souffrais devenait une chose tangible que j'allais combattre au lieu de simplement la subir. Je découvrais soudain que j'allais prendre le dessus mais qu'il me faudrait du temps avant d'y parvenir. Jusqu'ici, le cancer se résumait pour moi à une interminable suite de mauvaises nouvelles. J'éprouvais maintenant le besoin de souffler un peu et de faire le point. J'étais certaine qu'avec de la volonté et une bonne dose d'énergie, je viendrais à bout de la maladie. Mais, mon Dieu, comme c'était difficile!

Dès sa première visite, Michael fut pour moi d'un grand secours en me révélant l'existence de la médecine holistique [1]. Il me dit qu'il s'agissait d'une approche globale de la maladie qui, au lieu de ne soigner que l'organe atteint, se préoccupait de l'état de santé du malade dans son ensemble. En clair, la médecine holistique supposait une approche à la fois physiologique et psychologique du malade. C'était certainement la seule méthode capable de me fournir les armes dont j'avais besoin pour entamer ma lutte contre le cancer. Mais j'hésitais encore...

– Je n'ai aucun pouvoir de concentration, dis-je en matière d'excuse. Comment voulez-vous que je puisse suivre une telle méthode?

Michael ne dit rien, mais au regard qu'il me lança, je compris soudain qu'il me proposait justement d'acquérir un tel pouvoir afin de vaincre ma maladie.

– Je crois que j'y arriverai, dis-je en souriant.

En comprenant que rien ne serait inutile dans la lutte qui commençait, je venais de franchir un pas décisif.

Après le départ de Michael, Charlie rentra dîner à Bel Air où l'attendaient Zuleika et Katrina, et Paul vint passer la soirée avec moi.

Nous étions en train de discuter calmement quand un jeune médecin, vêtu d'une blouse blanche, pénétra sans s'annoncer dans la chambre. Je le connaissais pour l'avoir vu à plusieurs reprises accompagner Mitch Karlan dans ses visites et n'avais donc aucune raison de me méfier de lui.

– Vous connaissez les résultats de l'examen, dit-il après m'avoir saluée rapidement.

– J'ai appris en effet que huit ganglions étaient cancéreux, répondis-je. Cette nouvelle m'a bouleversée et j'ai décidé d'attendre un peu avant de passer le scanner.

– Peut-on savoir pourquoi? demanda-t-il d'un ton acerbe.

1. Médecine holistique : médecine globaliste née en Californie, qui tient compte de l'ensemble des composantes physiques et psychiques de l'individu et qui utilise tous les moyens à sa disposition (magnétisme, etc.).

– A partir du moment où le traitement chimiothérapique est le même, il me semble inutile d'aller au-devant d'une nouvelle déception...

– Tôt ou tard, vous serez quand même bien obligée d'en passer par là!

– Que voulez-vous dire? demandai-je, soudain inquiète.

– Si les os sont atteints, cela risque de modifier complètement vos projets.

Modifier mes projets... Qu'entendait-il par là? Paul devait avoir eu la même idée car il réagit aussitôt :

– Vous avez l'air de sous-entendre que le cancer des os représente la phase finale de la maladie.

– En effet! répondit le médecin. Mais au fond, c'est vous qui avez raison... ajouta-t-il d'un air ironique. Pour l'instant, vous vous sentez bien et vous profitez de la vie. Dans ces conditions, pourquoi vous faire du souci?

Paul ne tenait plus en place et, dès que le médecin fut sorti, il se précipita à ses trousses.

– Combien de temps lui reste-t-il à vivre si le cancer a atteint les os? demanda-t-il en saisissant le praticien par les épaules.

– Impossible à dire...

– Donnez-moi au moins un ordre de grandeur!

– Cinq ans environ, laissa tomber le médecin en haussant les épaules.

Quand Paul revint dans la chambre, il avait l'air si préoccupé que je lui demandai aussitôt de me dire la vérité. Après avoir vainement essayé de me mentir, il me communiqua la terrible échéance. Cinq ans! Dans cinq ans, à deux mois près, Zuleika aurait dix-huit ans... Il me restait bien peu de temps pour m'occuper de ma fille!

– Je sais que tu es bouleversé, dis-je à Paul. Mais il faut que la vie continue. Embrasse-moi et va donner ton cours de plongée sous-marine. Tes élèves t'attendent...

Après son départ, l'infirmière de nuit passa me voir pour me demander si je n'avais besoin de rien. « Non, merci », répondis-je, car au fond, en cet instant, la seule chose dont j'avais besoin c'était d'une sacrée dose de courage...

8

Maintenant que j'avais le cancer, autour de moi, les gens ne réagissaient pas de la même manière.

Que de sympathie je découvrais dans les regards des infirmières et des médecins qui s'occupaient de moi! Mais ô combien ces regards de sympathie étaient terrifiants! Rien que d'y repenser, j'en ai la chair de poule...

Tout le personnel médical faisait preuve d'une compassion infinie à travers laquelle perçait parfois une note de soulagement qui signifiait clairement : « Heureusement, ce n'est pas moi... » Je savais que tout le monde attendait de moi que j'adopte « l'attitude correcte », considérée comme la panacée en matière de guérison. A l'hôpital, « Connais-toi toi-même », la célèbre phrase de Socrate, était devenue : « Guéris-toi toi-même ». Aux yeux du personnel soignant, il suffisait de prononcer cette phrase magique pour qu'aussitôt, exactement comme dans *Ali Baba et les quarante voleurs,* s'ouvre devant moi la porte magique de la guérison.

A cette époque, je découvris aussi le terrible pouvoir qu'octroie la maladie. Puisqu'il me restait si peu de temps à vivre, tout le monde aurait trouvé normal que j'en profite pour faire mes quatre volontés. « J'ai le cancer, ne l'oubliez pas! » était certainement un argument de poids auquel personne n'aurait osé s'opposer. Terrible moyen de pression... Des gens qui, une semaine plus tôt, m'auraient peut-être haïe, se croyaient maintenant obligés de m'aimer, faute de quoi ils se seraient culpabilisés.

Consciente de ce profond changement, j'essayais de conserver avec ceux qui m'entouraient des relations franches et honnêtes.

Chaque jour, Charlie venait me voir à l'hôpital avec un bouquet de roses jaunes et faisait preuve d'un calme stoïcisme. Il m'avoua plus tard qu'à cette époque, il voulait m'aider à accepter le fait que l'on m'avait retiré un sein et qu'il cherchait avant tout à se montrer optimiste. En réalité, il avait bien du mal à admettre son impuissance.

Quand mon fils Jason, alors âgé de vingt et un ans, venait me rendre visite, il hésitait de longues minutes à entrer dans ma chambre, marchant de long en large dans le couloir avant d'oser pousser la porte. Une fois à l'intérieur, il ne tenait pas en place, parlait sans arrêt et plaisantait à n'en plus finir.

– Comment ça va, maman? commençait-il invariablement.

Je le serrai dans mes bras en l'assurant que tout allait bien et que je n'étais pas encore morte. Incapable de supporter le fait de se retrouver seul avec moi, il s'échappait aussitôt et, après un rapide baiser, filait à l'autre bout de la pièce pour y faire son numéro d'amuseur public. Il plaisantait avec les infirmières et remuait beaucoup d'air, faisant tout son possible pour ne jamais aborder la véritable raison de sa présence dans cette chambre.

Nous avions toujours été très proches l'un de l'autre et son attitude me brisait le cœur. Pauvre Jason! Ce n'est que bien des mois plus tard, alors que j'allais beaucoup mieux, que nous pûmes reparler de ses visites à l'hôpital.

– J'étais terrifié, maman, m'avoua-t-il. Je croyais dur comme fer que tu allais mourir...

Valentin, mon fils cadet, devait penser à peu près la même chose. Au début, il s'asseyait sur mon lit et me regardait dans les yeux ou alors fixait le sol, incapable de prononcer un mot. Contrairement à Jason, il ne faisait aucun numéro et son visage exprimait une intense détresse. Il m'était donc plus facile d'apaiser ses inquiétudes et de le câliner – si l'on peut encore parler de câliner un garçon qui mesure près de deux mètres! Il profitait en général de ses visites à l'hôpital pour dîner, raflant tout ce que j'avais laissé sur mon plateau avant de rejoindre les infirmières pour vider, avec leur accord, ce qui restait dans leur réfrigérateur.

A la sortie des classes, Zuleika venait me rejoindre avec Charlie. Vêtue de son uniforme gris, les cheveux sagement coiffés en queue de cheval et ses chaussettes bleu marine tombant en accordéon sur ses chaussures, elle conservait tout son calme.

– Bonjour, maman, disait-elle en s'approchant de mon lit.

Comme j'aurais aimé alors qu'elle vienne se blottir contre moi sous les draps comme elle le faisait étant enfant! Mais je me contentais de caresser sa joue et de lui demander en souriant :

– Comment vas-tu aujourd'hui, ma chérie?

Rien ne lui échappait. Ni les deux drains que je cachais en partie sous les draps, ni le pansement qui entourait ma poitrine, ni la poupée en chiffon qu'elle m'avait offerte l'année précédente et qui était posée sur l'oreiller.

Malgré tout, lorsque je lui disais que tout allait bien, elle me croyait puisque je ne lui avais jamais menti.

Chaque soir, Zuleika apportait ses devoirs à l'hôpital, et pour la préparer à passer ses examens de fin d'année, Charlie la faisait travailler dans la chambre. Un jour, Valentin se trouvait là et, agacé par les incessantes questions que Charlie posait à sa sœur, il s'empara du singe en peluche que Paul m'avait offert et que j'avais surnommé Bernie. Ensuite, assis derrière Charlie, il se servit du singe comme d'une marionnette, faisant tourner la tête à gauche puis à droite, comme si l'animal observait avec attention tout ce qui se passait dans la pièce.

Au début, Zuleika essaya de ne pas prêter attention au manège de Bernie, mais bientôt, elle n'y tint plus. Son père, remarquant qu'elle ne répondait plus aussi vite aux questions qu'il lui posait, suivit son regard et comprit qu'il se passait quelque chose derrière son dos. Val, spécialiste de rots en tous genres, avait parfaitement calculé son coup : au moment exact où Charlie se retourna, Bernie émit un long et puissant borborygme.

Charlie allait se mettre en colère, mais Val fut plus prompt : il laissa le singe glisser sur ses genoux et lui administra une magistrale fessée en le traitant d'insolent. Nous éclatâmes tous de rire et Charlie lui-même riait tellement qu'il en avait les larmes aux yeux.

Une fois de plus, Valentin avait réussi à détendre l'atmosphère. Lorsqu'il était enfant, d'ailleurs, jamais Charlie n'avait pu le gronder. « Val... » commençait-il, voulant le rappeler à l'ordre. Mais avant qu'il puisse continuer, Val lui répondait d'un air innocent : « Je sais bien que tu m'aimes, Charlie. »

A l'hôpital, ma chambre ne désemplissait pas.

Je reçus la visite de Suzanne, la fille aînée de Charlie, âgée à cette époque de vingt-neuf ans.

– Jill, me dit-elle, je sais que tu as un cancer. Est-ce que tu vas mourir? Je t'aime tellement... ajouta-t-elle, incapable de contenir ses larmes.

Ses grands yeux mordorés, si semblables à ceux de son père, me fixaient dans l'attente d'une réponse.

– Ne te fais pas de soucis, lui dis-je aussitôt. J'ai bien l'intention de ne pas mourir avant un bon bout de temps.

De la même manière, je rassurais Katrina, notre fille adoptive, et Tony, le fils de Charlie. Seul Jason restait inaccessible. Jamais il ne me parlait de ma maladie et il observait le même silence avec les autres membres de la famille. Nous n'avions donc pas d'autre choix que de le laisser se débrouiller seul avec ses angoisses, et cela nous fendait le cœur.

En plus des visites, je recevais de nombreux coups de fil. Catherine, la sœur de Charlie, fervente pratiquante, me téléphona pour me dire que tous les paroissiens de son église priaient pour moi. Quant à mon frère John, il m'appelait chaque soir du Canada, ponctuant nos conversations de plaisanteries de son cru. Un soir qu'il était particulièrement en verve, il me demanda même pourquoi le chirurgien ne greffait pas au milieu de mon buste le sein qui me restait, me permettant ainsi de lancer une nouvelle mode qui, il en était persuadé, ferait fureur!

Immobilisée dans mon lit, j'eus largement le temps de lire un article du docteur Michael Van Scoy Mosher qui traitait des effets secondaires de la chimiothérapie. J'appris ainsi que j'avais de grandes chances d'être malade le jour de la séance et que je perdrais certainement tous mes cheveux. A cette époque, tout ce qui touchait à la chimiothérapie me semblait irréel. Aussi étrange que cela paraisse, j'étais capable d'envisager ma mort prochaine, mais incapable d'imaginer que j'allais perdre mes cheveux. Malgré tout, je fis venir mon coiffeur pour lui commander une perruque.

Quelques jours après l'intervention, vint le moment de changer le pansement qui recouvrait ma poitrine. Depuis le début, j'appréhendais cet instant, et quand Mitch Karlan s'approcha de moi, je demandai à Charlie de nous tourner le dos et de regarder par la fenêtre. Il s'exécuta tandis que Mitch coupait le pansement dans mon dos avant de l'enlever complètement. Quel étrange sentiment de vide, alors, du côté droit de mon corps!

– La cicatrisation est parfaite et la peau magnifique, dit Mitch. Vous pouvez regarder... proposa-t-il après avoir recouvert la partie de mon bras où était placé le drain.

Je baissai d'abord les yeux, puis la tête. Ce que je vis alors ne me déplut pas trop. L'incision était cachée par une bande de sparadrap et la cicatrice partait de mon aisselle droite pour arriver au milieu de ce qui avait été mon sein droit. Elle serait donc invisible lorsque je porterais des décolletés en V. Autour de la cicatrice, la peau était d'une belle teinte dorée et douce au toucher.

Lorsque Mitch eut posé une bande de gaze qui recouvrait en partie ma poitrine, je proposai à Charlie de se retourner et lui demandai son avis. Il me répondit en souriant que Mitch avait fait un travail magnifique.

Dès que je fus pansée et rhabillée, je parlai à Mitch du jeune médecin qui était venu me voir dans ma chambre.

– Ce n'est qu'un interne! dit Mitch. Ils ne connaissent rien à rien, ma pauvre Jill...

Il me raconta alors qu'après avoir examiné le bassin d'une malade qui devait être opérée le lendemain, un des internes de l'hôpital avait annoncé à la patiente qu'elle n'avait rien. Celle-ci avait aussitôt téléphoné à son chirurgien qui, du coup, avait été obligé de revenir à minuit à l'hôpital pour réexaminer les radios et s'assurer que l'opération était nécessaire! Après enquête, on s'était aperçu que l'interne n'avait encore jamais pratiqué d'examen du bassin et qu'il était donc bien incapable de faire un quelconque diagnostic...

– Même si l'interne s'est trompé, dis-je, il n'empêche que le scanner continue à me terrifier.

– Ne vous en faites pas, Jill! dit Mitch. Les os ne sont pas atteints et cet examen permettra simplement d'affiner le diagnostic.

Après son départ, je réfléchis à ce qui s'était passé avec ce jeune interne incompétent et tirai la leçon de cette expérience. Pour la première fois, je compris qu'il ne fallait pas prendre à la lettre l'avis des médecins ou des infirmières sous prétexte qu'ils travaillaient à l'hôpital. A l'avenir, quand l'un d'eux voudrait me prodiguer des conseils, je répondrais : « Quand j'aurai besoin de votre avis, je vous le demanderai... » Pour la même raison, je refuserais maintenant que l'on me raconte en long et en large comment la tante Lillian ou l'oncle Henry avait guéri du cancer... Au fond, cette expérience désastreuse m'avait aguerrie.

Jusqu'à la fin de mon séjour, je conservai les deux drains qui, après l'intervention, avaient été placés sous mon aisselle et au milieu de ma poitrine, à hauteur du sternum. Ils étaient actionnés par une petite pompe électrique qui tombait souvent en panne, ce qui obligeait les infirmières à bricoler régulièrement l'installation en appuyant sur les deux petites poches en plastique qui recueillaient le liquide.

Lorsque je me déplaçais dans ma chambre ou dans les couloirs, je plaçais les deux récipients en plastique au fond de la poche de ma robe de chambre. Je ne pouvais m'empêcher alors de penser qu'un curieux transfert s'était produit : on m'avait enlevé un sein et proposé à la place ces deux poches en plastique.

Durant mon hospitalisation, le moment de la journée que j'appréciais le plus, c'était le matin, car je me sentais en pleine forme. L'après-midi, la fatigue venait, et j'en profitais pour faire un petit somme qui me redonnait des forces. En revanche, je détestais la nuit, car j'avais bien du mal à dormir, allongée sur le dos, le bras droit immobilisé sur un oreiller à cause du drain. Je n'avais pas envie de lire ou de regarder la télévision, et restais de longues heures, les yeux ouverts dans le noir, à ressasser de sinistres pensées.

Pourtant, mon état s'améliorait de jour en jour. Je ne souffrais presque pas et me déplaçais de plus en plus longtemps dans les couloirs. Je faisais aussi travailler mon bras droit endolori par une phlébite qui s'était déclarée après l'intervention.

Chaque jour à heure fixe, Michael venait me voir. Après avoir gribouillé sur la feuille placée au pied de mon lit, il me parlait de la médecine holistique. Il me raconta que la femme de Ray Weston avait suivi une thérapie holistique qui l'avait beaucoup aidée pendant sa longue lutte contre le cancer, et me conseilla de me documenter sur le sujet. De mon côté, je lui dis que je désirais consulter un psychologue ou un psychiatre et il me promit de m'indiquer des adresses. Quand je lui parlai de mon désir de m'initier à une méthode d'auto-guérison, il me conseilla d'aller voir le docteur O. Carl Simonton. Il s'agissait d'un cancérologue qui, pour vaincre le cancer, pratiquait la technique de l'auto-guérison. Ray Weston m'avait déjà parlé de lui et je décidai que dès mon retour à Bel Air, j'achèterais son livre, *Getting well again* [1], et m'y plongerais.

L'optimisme de Michael était communicatif et, à chacune de ses visites, il n'omettait jamais de me rappeler :

– Jill, n'oubliez pas que, quand les séances de chimiothérapie seront finies, vos cheveux vont repousser et qu'ils seront peut-être encore plus épais qu'avant...

Malgré tout, la maladie m'avait rendue superstitieuse. Plusieurs fois par jour, j'éprouvais le besoin de toucher du bois... Je demandai à Charlie de m'acheter un crayon que je plaçai aussitôt sur mon oreille afin d'avoir ce précieux matériau à portée de la main.

Comme si cela ne suffisait pas, j'exigeais de mes visiteurs qu'eux aussi touchent du bois et je rêvais d'un bracelet en bois que je puisse porter sans avoir besoin de le remettre sans cesse en place, tel ce crayon qui dégringolait régulièrement de mon oreille.

Charlie venait me voir tous les jours et il me donnait des nouvelles de la vie à Bel Air. Il avait annoncé à Zuleika que nous ne partirions pas cette année dans le Vermont et notre fille en avait été très désappointée. « Jusqu'ici, lui avait expliqué Charlie, c'est maman qui s'est occupée de nous et maintenant, c'est à notre tour de lui rendre la pareille. Nous ne devons pas la laisser tomber alors qu'elle est malade. »

En fin de compte, huit jours après la mastectomie, Mitch Karlan m'autorisa à quitter l'hôpital et je pus rentrer chez moi.

1. Carl et Stéphanie Simonton, *Guérir envers et contre tout.*

9

A l'hôpital, j'avais vécu pendant huit jours dans une sorte de cocon, un univers qui s'arrêtait aux quatre murs de ma chambre et où j'étais entourée par un personnel soignant toujours prêt à répondre à mes appels.

En arrivant chez moi, je reçus un véritable choc : comparée à l'univers sécurisant que je venais de quitter, la maison me sembla soudain immense et, en y entrant, je me sentis aussi intimidée qu'une étrangère.

Plein d'énergie au contraire, Charlie m'aida à monter les marches du perron, poussa la porte et posa dans l'entrée mon sac de voyage qui contenait ce que je rapportais de l'hôpital : des livres, des cartes postales, des cadeaux et quelques souvenirs de mon séjour, comme ces deux petites poches en plastique dont aujourd'hui, heureusement, je n'avais plus besoin.

– Où veux-tu t'installer? demanda Charlie.

Venant du jardin, j'entendis le rire de Zuleika et des quelques amies qu'elle avait invitées à venir se baigner dans la piscine. Pour l'instant, je n'avais aucune envie de les rejoindre et le salon me semblait bien loin.

– Si je montais là-haut, proposai-je.

J'avais oublié que pour monter à l'étage il fallait emprunter un escalier dont la rampe était placée sur ma droite. Incapable d'y appuyer mon bras, je dis à Charlie :

– J'ai changé d'avis. Mieux vaut que je m'installe dans le salon.

Il m'accompagna, m'aida à m'allonger sur un des divans et appela aussitôt les enfants qui vinrent me saluer, tout heureux que je sois enfin rentrée à la maison.

Mon frère John était également arrivé quelques heures plus tôt à Bel Air. Il avait quitté le Canada en prévision de mon retour de l'hôpital pour venir passer le week-end avec nous. Quand il m'eut embrassée et serrée dans ses bras, toute la maisonnée s'installa dans le salon pour boire une tasse de thé et manger des gâteaux, un peu comme si nous fêtions un anniversaire.

Toute à la joie de me retrouver au sein de ma famille, je rayonnais. A l'hôpital, j'avais perdu quelques kilos, mes yeux n'en paraissaient que plus grands dans mon visage un peu pâle et de larges cernes leur donnaient une touche très romantique. J'avais perdu un sein, mais en revanche, mes jambes amincies étaient fantastiques. Au fond, je me sentais plutôt bien dans ma peau et j'avais l'impression d'entamer une sorte de lune de miel avec la maladie.

Allongée sur le divan, j'observais Charlie et John qui étaient en train de disputer une partie de billard. Charlie perdait régulièrement, mais cela ne semblait nullement affecter sa bonne humeur. Quant à John, il avait enlevé ses chaussures pour être plus à l'aise et glissait en chaussettes sur le sol carrelé, changeant chaque fois de place pour ajuster ses coups.

– Jill, tu as de la visite, dit-il en levant la tête. Je ne sais pas s'il s'agit d'un violoniste ou d'un docteur...

Debout à l'entrée du salon, grand, barbu et portant une élégante mallette noire, se tenait non pas un violoniste mais mon ami et médecin Ray Weston.

– Comment allez-vous, ma chère Jill? demanda-t-il après m'avoir embrassée sur les deux joues. J'ai vu votre infirmière à l'hôpital et elle m'a dit que votre dernière nuit là-bas s'était très bien passée.

– C'est vrai, Ray. Je me sens en pleine forme! Et, si vous m'y autorisez, je boirais bien un petit verre de vin ce soir pour fêter mon retour...

– Jill prend encore des calmants contre la douleur et un cachet pour dormir, intervint Charlie. Est-ce que le vin ne risque pas de lui faire du mal?

Ray n'avait toujours pas répondu à ma question et il m'observait attentivement.

– D'accord! dit-il finalement. Vous pouvez boire un verre de vin à table. Mais, pas plus!

Après avoir bu une tasse de thé avec nous et assisté à la fin de la partie de billard, Ray prit congé et me promit de repasser le lendemain.

Aidée par Charlie, je montai alors au premier étage et pénétrai dans la pièce qui me servait de vestiaire.

Nous devions aller dîner dehors et, pour la première fois depuis de longues années, je ne savais quelle tenue choisir. Un épais bandage entourait encore mon épaule droite ainsi que tout le côté droit de ma poitrine et s'arrêtait à la base de mon cou. Finalement, je choisis un chemisier à col officier, taillé assez loin du corps, et une veste ample.

Sans trop de difficultés, je réussis à retirer la robe que je portais à la sortie de l'hôpital, mais quand vint le moment d'enfiler la manche droite du chemisier, ce fut une autre affaire... Mon bras droit, raide et douloureux, se refusait à tout service. A force d'essayer de le faire passer dans la manche sans y parvenir, je fus prise de panique. Si j'étais incapable de m'habiller toute seule, qu'allais-je devenir? Ma respiration s'accéléra et, levant soudain la tête, j'aperçus dans le miroir qui me faisait face mon propre visage déformé par la peur. Mes nerfs craquèrent et je me précipitai dans notre chambre où Charlie était en train de s'habiller. Je m'agrippai à lui et dévidai des phrases sans suite où il était question de ma situation misérable et sans issue.

Encore sous le coup des événements des derniers jours, Charlie réagit très mal. Il me demanda si, sous prétexte que j'avais un cancer, j'allais maintenant avoir besoin de lui chaque fois que je paniquerais. Interprétant mes plaintes comme une sorte de reproche à son égard, il ajouta que ce n'était pas de sa faute si j'étais tombée malade. La tension montait dangereusement dans la chambre et, quand je le vis lever les bras au ciel en signe d'impuissance, je compris que j'étais allée trop loin et lui demandai pardon.

– Ne t'énerve pas, Charlie! le suppliai-je. Le retour à Bel Air m'a bouleversée... Je t'assure que ça va mieux.

– Si ça va mieux, laisse-moi finir de m'habiller et va te préparer, dit-il. Nous sommes déjà en retard et tout le monde nous attend pour partir au restaurant.

Deux heures plus tard, grâce à un excellent repas arrosé de quelques verres de vin, nous avions retrouvé notre calme. Quand on nous servit le café, je posai tendrement ma tête sur l'épaule de Charlie assis à côté de moi. Je me sentais complètement vidée. Quant à Charlie, il était pathétique. Ses yeux, rougis par les larmes qu'il avait dû verser après mon départ de la chambre, ne quittaient pas les miens, me transmettant son message d'amour. Sa vie venait d'être bouleversée de fond en comble par l'annonce de ma maladie, et je ne pouvais lui reprocher de ne pas répondre exactement à ma demande. « Je t'aime, Charlie... » lui murmurai-je à l'oreille.

J'étais certaine que nous allions gagner la bataille contre la maladie. Mais pour ce faire, il me fallait trouver de l'aide hors de notre couple. L'homme que j'aimais ne pouvait à la fois vivre à mes côtés, m'aider, me sauver, me bercer comme une enfant malade et prêter une oreille attentive à mes angoisses. C'était trop lui demander. Ne serait-ce que parce qu'il m'aimait, Charlie ne pouvait accepter le fait que mes jours soient en danger. Plus âgé que moi, il avait toujours dû penser qu'il mourrait le premier et l'idée que je puisse disparaître avant lui le traumatisait. Il fallait donc lui laisser le temps de récupérer.

Même si, un peu plus tôt dans la soirée, je lui avais fait de la peine sans le vouloir, notre amour ne pouvait en être affecté. Notre vie en commun n'avait pas toujours été des plus faciles : avant de pouvoir nous marier, nous avions été obligés de briser deux foyers, puis nous avions élevé ensemble plusieurs enfants, voyageant et travaillant sans relâche. Et ces épreuves avaient créé entre nous un lien indissoluble que la maladie, même la plus grave, ne pourrait briser. Entre Charlie et moi c'était, comme on dit, « A la vie, à la mort! »

Ma lutte contre ce satané cancer ne faisait que commencer. Je ne savais pas encore comment j'allais m'y prendre, ni combien de temps cela durerait, mais en tout cas j'étais sûre d'une chose, c'est moi qui gagnerais! Et même, au bout du compte, je retrouverais intactes ma force, ma santé et ma beauté.

Une semaine plus tard, j'eus à nouveau la preuve que l'amour de Charlie n'avait nullement été entamé par ma maladie.

Réveillé au milieu de la nuit, il se rendit compte que je n'avais pas réussi à trouver le sommeil et me dit tendrement :

– Qu'est-ce qui ne va pas, chérie? Approche-toi, mets ta tête sur mon épaule.

Je ne me le fis pas répéter. Depuis toujours, je pensais qu'il n'y avait pas au monde d'endroit plus agréable que l'épaule de Charlie. La tête nichée au creux de son bras, j'écoutai les battements de son cœur et réglai mon souffle sur le sien. Mon bras droit me faisait encore souffrir et ma position n'était pas particulièrement confortable, mais le plaisir était trop grand pour que je bouge. Pour la première fois depuis l'opération, blottie contre Charlie, je retrouvais inchangée, la Jill d'antan.

Charlie ne resta pas longtemps insensible à la douceur de mon corps si proche du sien.

– Ne reste pas contre moi, me supplia-t-il. Pousse-toi!

Pour rien au monde je n'aurais changé de place, et c'est ainsi qu'au beau milieu de la nuit nous fîmes l'amour, une semaine exactement après ma sortie de l'hôpital.

Je trouvais tout naturel que notre vie sexuelle reprenne. Pourtant, dans ce domaine, j'aurais pu nourrir des inquiétudes. J'avais entendu dire qu'après une mastectomie, de nombreuses femmes, abandonnées par leur mari, prenaient leur corps en horreur. J'avais lu aussi *First, you cry*, le livre où Betty Rollin écrivait : « Lorsque vous savez que la maladie a rendu votre corps difforme, il vous est très difficile de vous sentir encore sexuellement attirante. Pour moi en tout cas, la beauté du corps et la sexualité son intimement liées... »

Quelle chance nous avions, Charlie et moi, de pouvoir reprendre une vie sexuelle normale si rapidement après mon opération! De ce côté-là au moins, nous n'aurions pas de problème.

Au mois de juin, au lieu de partir dans le Vermont comme nous le faisions chaque année, nous restâmes à Bel Air pour que je puisse me rendre à mes séances de chimiothérapie.

Le séjour à Zuleika Est manquait à Charlie. Il était triste et soucieux. Comme nous éprouvions tous deux le besoin de nous reposer et de faire le point, nous décidâmes de louer une maison sur la plage de Malibu, juste en face de l'océan. A travers la baie vitrée du salon, ou assis sous la véranda, on pouvait contempler le

Pacifique. La bâtisse comptait plusieurs chambres, dont une de belle taille qui nous conviendrait parfaitement.

Les locataires précédents étaient Julie Andrews et son mari Blake Edwards, le metteur en scène.

Neuf mois plus tôt, j'avais rencontré Blake dans un restaurant où nous étions allés dîner. En voyant que j'avais la jambe cassée, il m'avait expliqué qu'il était guérisseur à ses heures. A l'époque, je ne savais plus à quel saint me vouer et, bien qu'un peu gênée de me donner en spectacle dans ce restaurant bondé, j'avais laissé Blake placer ses mains au-dessus de ma jambe malade, et avais senti un brusque afflux de chaleur jusqu'à ce que Blake retire ses mains. Quelques jours plus tard, je commençai le traitement basé sur les impulsions électromagnétiques, si bien que je n'ai jamais su si c'était l'intervention de Blake qui avait guéri ma jambe ou les impulsions de l'E.M.I...

Le jour où nous signâmes le contrat de location de la maison de Malibu, je rappelai à Charlie l'épisode du restaurant et conclus, optimiste :

– Le simple fait que Blake Edwards ait occupé cette maison avant nous va nous porter chance...

Avant de rentrer à Bel Air, j'en profitai pour acheter ce fameux bracelet en bois dont je rêvais à l'hôpital et pour aller chez le coiffeur. Afin de parer à toute curiosité de la part du personnel du salon de coiffure, je racontai que je m'étais blessée à l'épaule. Je ne savais pas alors que, le lendemain même, la nouvelle de mon opération s'étalerait dans tous les journaux.

Nous avions été absents toute la journée et, en arrivant à Bel Air, Paul m'annonça :

– Depuis ce matin, les journalistes n'ont pas cessé de téléphoner, en particulier ceux du *National Enquirer*. Ils ont appris que tu étais allée à l'hôpital et ils voulaient savoir ce qui t'est arrivé. Je leur ai répondu que c'était moi qui avais été hospitalisé, et que tu avais donc passé pas mal de temps à mon chevet... Mon mensonge ne va pas faire long feu, ajouta-t-il, et il faudrait prévenir papy et mamie avant qu'ils apprennent la nouvelle par les journaux...

Je n'avais pas encore averti mes parents, ne voulant pas leur faire de peine alors qu'ils avaient déjà bien des soucis. Après son accident, mon père était resté handicapé. Il avait perdu l'usage de la parole et ne pouvait que répéter « Voilà... Voilà... Voilà... » quand on s'adressait à lui. Sa jambe et son bras droits étaient paralysés, lui permettant tout juste de se déplacer et de continuer à jardiner. Ma mère avait fait preuve d'un courage merveilleux. Elle était persuadée que tant que ses deux enfants étaient heureux et en bonne santé, tout allait pour le mieux.

Incapable de lui annoncer la mauvaise nouvelle, je téléphonai à mon frère John et lui demandai de le faire à ma place. Heureusement d'ailleurs, car deux heures plus tard, ils recevaient un coup de fil d'un journaliste en quête de scoop.

Dès que John l'eut mise au courant, ma mère m'appela à Bel Air. Pour me remonter le moral, elle me parla de *Champion,* un film qu'elle venait de voir et qui racontait le combat que Bob Champion, un jockey de steeple-chase, venait de mener contre le cancer. Non seulement Bob Champion était guéri, mais il venait de remporter le *Grand National,* un des parcours de steeple-chase les plus éprouvants du monde.

Ma mère adorée ne manqua pas de me donner d'utiles conseils.

– Tu es robuste, Jill, me dit-elle. Et tu as de qui tenir... Je suis sûre que tu vas t'en sortir. Mais il faut que tu ailles aux séances de chimiothérapie. Quand tu seras guérie, tu comprendras à quel point cela valait le coup de faire cet effort.

Je lui promis de suivre ses conseils et, ne voulant pas l'inquiéter, minimisai les conséquences de l'opération que j'avais subie. « A t'écouter, me dit Charlie un peu plus tard, on aurait pu croire que la mastectomie n'est qu'une expérience de plus dans ta vie, nouvelle et plutôt intéressante. »

Avant de raccrocher, ma mère me demanda de dire un mot à mon père.

– Tout va bien, papa! criai-je dans l'écouteur pour couper court aux balbutiements de sa voix étranglée par l'émotion. Des milliers de femmes ont subi cette opération avant moi et ce n'est absolument pas douloureux...

Je fus interrompue par des sanglots à l'autre bout du fil.

– Ne pleure pas! le suppliai-je. Je te jure que je vais guérir.

Voilà, le plus dur était fait : maintenant que mes parents étaient au courant, le monde entier pouvait apprendre la nouvelle!

Jill Bronson n'a plus qu'un sein, titrait le *National Enquirer* dès le lendemain. Il allait falloir que je m'habitue à cette nouvelle image de moi-même. « T'habituer... me souffla une petite voix intérieure. A condition que le cancer ne te tue pas avant! »

10

Trois semaines après l'opération, Michael me demanda de passer à son cabinet afin de prendre rendez-vous pour la première séance de chimiothérapie.

En prévision de cette séance, il me prescrivit deux médicaments : des suppositoires de Compazyne contre les nausées et un anti-inflammatoire, le Decadron. Il profita de ma visite pour me montrer la salle où aurait lieu la chimiothérapie, ainsi que la seringue et l'aiguille hypodermiques qui seraient utilisées pour m'administrer le traitement.

– Que va-t-il se passer si je fais une réaction allergique? lui demandai-je.

– Je vous donnerai de l'adrénaline, répondit-il. Mais il est très rare d'observer une réaction allergique aux produits que je vais vous injecter...

Comme, par le passé, j'avais toujours fait partie des cas exceptionnels aux yeux de la médecine, je n'étais pas rassurée pour autant.

Avant que nous nous quittions, Michael me remit une ordonnance sur laquelle il avait inscrit : « Le jour de la séance, prendre un comprimé de Decadron au réveil et renouveler la prise toutes les six heures. Après la séance, mettre un suppositoire de Compazine toutes les quatre heures. »

Pour calmer mes inquiétudes en attendant la date fatidique, je décidai d'écouter les conférences du docteur Simonton enregistrées sur cassettes. Le cancérologue commençait son exposé en parlant des progrès qu'il avait pu observer chez les patients atteints du cancer qui utilisaient une technique de visualisation pendant la méditation. Le docteur Simonton conseillait trois séances de méditation par jour : la première devait avoir lieu le matin au réveil, la seconde, après le déjeuner et la dernière, juste avant de se coucher. Dans un premier temps, la technique de méditation consistait à se relaxer complètement. L'état de relaxation totale étant atteint, le patient devait choisir une image visuelle correspondant aux cellules cancéreuses, une série de points noirs par exemple, ou quelque chose de plus concret, comme un morceau de viande crue par exemple. Ensuite il fallait trouver une image visuelle correspondant aux globules blancs, un chien féroce par exemple ou un cachalot, capable de s'attaquer aux cellules cancéreuses.

Le jeudi, jour fixé pour la séance de chimiothérapie, arriva bien trop tôt à mon goût. Au réveil, j'avais mal à la tête et la bouche pâteuse. Je me maquillai, m'habillai avec beaucoup de soin, comme si je devais me rendre à un rendez-vous important, puis je quittai Bel Air en compagnie de Charlie.

Dès que nous arrivâmes au cabinet, Michael nous proposa d'entrer dans la salle de soins, et il me confia à son infirmière. Celle-ci fixa un garrot autour de ma tête, puis posa sur mon crâne un casque rempli de glace pour protéger mes cheveux pendant la séance. Assise sur une chaise à dossier droit, je me laissai faire, le corps raidi par une peur paralysante.

Quand Michael nous rejoignit, il portait trois bouteilles remplies de liquide qui, d'après ce qu'il m'avait expliqué précédemment, devaient contenir du Fluoracyl, de l'Adriamycin et du Cytoxan.

A sa demande, je m'allongeai sur la banquette. Charlie s'assit à côté de moi et me prit la main. Je le regardai dans les yeux en essayant vainement de contrôler le tremblement convulsif de mes jambes.

– Parle-moi de Zuleika, lui demandai-je, espérant ainsi calmer mon angoisse.

Pendant que Michael, échevelé comme un poète romantique, injectait la drogue dans mes veines, Charlie réussit l'exploit de me parler de notre fille et de tout ce qui lui passait par la tête. Dans la petite salle de soins, le temps semblait s'être arrêté.

– La seconde piqûre provoque parfois un léger afflux de sang au visage, me prévint Michael après avoir terminé la première injection. Ne vous inquiétez pas, Jill!

Je ne ressentis rien de spécial, et quand il abandonna mon bras pour aller chercher quelque chose derrière lui, je lui demandai, soudain paniquée :

– Que faites-vous?

– Je prends du sparadrap, me répondit-il. C'est terminé, Jill!

– Fini! Vraiment?

Le tout avait pris dix minutes.

A ma demande, Michael m'aida à m'asseoir, et l'infirmière me débarrassa du casque rempli de glace. Je réussis à sourire et, un quart d'heure plus tard, quittai le cabinet du médecin, appuyée au bras de Charlie.

Dans la voiture qui me ramenait à Bel Air, j'éprouvai un intense sentiment de soulagement, un peu comme le condamné à mort quand il apprend que la peine capitale vient d'être commuée en détention à vie.

– J'étais persuadée que j'allais faire une réaction allergique et tomber dans le coma, avouai-je à Charlie. J'avais tellement peur de mourir que, si j'en avais eu le pouvoir, je crois que j'aurais contracté mes veines pour empêcher l'aiguille de s'y enfoncer...

Nous venions de nous engager dans l'allée qui menait chez nous et j'aperçus soudain la masse imposante, inébranlable et familière de notre maison. « Bienvenue, Jill, semblait-elle me dire au moment où je gravissais les marches du perron. Maintenant que tu es de retour chez toi, tout va s'arranger! »

Après avoir poussé la porte, je courus aux toilettes qui se trouvaient au rez-de-chaussée. Je m'arrêtai d'abord devant le miroir du lavabo et contemplai l'image qu'il me renvoyait. Mon visage n'avait pas changé, seule s'y lisait une intense fatigue nerveuse. Un peu plus tard, au moment de tirer la chasse d'eau, je m'aperçus que mes urines étaient teintées de rouge. Cela ne me surprit pas outre mesure car j'avais lu quelque part que ce phénomène était assez courant après une séance de chimiothérapie. En revanche, j'éprouvai soudain la sensation d'être en partie dépossédée de mon corps. Même si j'avais fait mine de l'oublier, les médicaments que l'on m'avait injectés continuaient d'agir... Cette découverte constituait ce que ma mère aurait appelé « un brusque retour à la réalité ».

Ce soir-là, je dînai légèrement et me couchai tôt. Je suivis scrupuleusement la prescription de Michael et, en plus des suppositoires, je pris un comprimé contre la douleur et un cachet pour dormir.

Le lendemain matin à six heures, quand je me réveillai, j'avais mal au cœur. Pour ne pas déranger Charlie, je descendis au rez-de-chaussée et vomis à deux reprises. Je me sentais un peu déprimée et très fatiguée.

La situation s'améliora en fin de journée et comme Zuleika devait participer à une soirée équestre, je téléphonai à Michael pour lui demander si je pouvais sortir sans risque.

– Si vous vous sentez en forme, je n'y vois pas d'inconvénient, me répondit-il.

En réalité, je me sentais encore très fragile mais je voulais sortir pour faire plaisir à Zuleika.

L'avenue où avait lieu la soirée était située à quarante-cinq minutes en voiture de Bel Air et, dès que Charlie aborda la route en lacet qui y conduisait, je sentis que je n'étais pas du tout dans mon assiette.

Aussitôt, Charlie me proposa de rentrer à Bel Air.

– Je crois que cela vaudrait mieux, reconnus-je.

A peine Charlie avait-il fait demi-tour que je sentis ma gorge s'engourdir. J'avais des difficultés à avaler et ma langue, déjà en partie paralysée, pointait entre mes lèvres.

– Charlie, appelle Ray Weston – en urgence! réussis-je à articuler quand nous arrivâmes à Bel Air.

Mon bras avait lui aussi commencé à s'engourdir et Charlie dut m'aider à monter dans notre chambre. Quand je fus allongée, il téléphona à Ray Weston qui lui répondit qu'il arrivait tout de suite. Puis Charlie essaya de joindre Mitch Karlan. On lui répondit qu'il n'était pas en ville aujourd'hui et on lui donna le numéro de téléphone du docteur Robert Uyeda, son associé. Averti, celui-ci promit de passer le plus tôt possible.

Pour finir, Charlie téléphona à Michael qui lui demanda de décrire mes symptômes.

– J'ai l'impression, dit Michael, qu'il s'agit d'une réaction aux suppositoires de Compazine. Ce qu'il lui faudrait, c'est du Benadryl.

Entre-temps, Ray Weston et le docteur Uyeda étaient arrivés à la maison.

– Calmez-vous, me dit Ray. Dans quelques minutes, ça va aller mieux...

Me calmer? C'était facile à dire! Ma langue avait gonflé à l'intérieur de ma bouche et tout mon corps était maintenant agité de tremblements convulsifs.

Persuadé que le Benadryl pourrait calmer la crise, Ray téléphona à deux pharmacies voisines. Mais, comme on était vendredi soir, et tard de surcroît, aucune d'elles n'accepta de livrer le médicament. Finalement, Charlie proposa d'aller en voiture jusqu'au drugstore le plus proche pour ramener du Benadryl.

Je restai seule en compagnie de Ray Weston et du docteur Uyeda.

– Est-ce qu'elle n'est pas mignonne? plaisanta Ray en s'asseyant sur le bord de mon lit. On dirait un petit lutin, vous ne trouvez pas? demanda-t-il au docteur Uyeda.

Je ne pouvais malheureusement pas lui répondre... « J'ai besoin d'aide, Ray! avais-je envie de dire. Les plaisanteries, ce sera pour un autre jour... »

Charlie revint de la pharmacie beaucoup plus vite que je ne l'espérais et Ray me fit aussitôt une piqûre de Benadryl. En plus, il me fit avaler deux comprimés. Ma langue reprit assez rapidement sa taille normale mais il fallut attendre la fin de la nuit pour que le tremblement nerveux qui agitait mes jambes cesse entièrement.

Le lendemain matin au réveil je me jurai que, nausées ou pas, à la prochaine séance de chimiothérapie je ne reprendrais pas de Compazine.

11

Le jour où j'avais rendez-vous chez le docteur Simonton, Paul proposa de m'accompagner afin d'enregistrer au magnétophone la séance de méditation. Comme il était venu me chercher en camionnette, je partis avec Cassie, ma chienne, qui, tout heureuse de pouvoir nous accompagner, frétillait joyeusement de la queue.

Le docteur Simonton habitait une petite maison confortable située dans Mulholland Drive, et il nous reçut dès notre arrivée. Grand et robuste, il portait la barbe et était vêtu d'un sweater bleu qui mettait en valeur ses yeux bleus au regard bienveillant. Il semblait tellement sûr de lui que, quand il me serra la main, j'eus envie de lui dire : « Sauvez-moi, docteur! »

Au lieu de quoi, je lui annonçai poliment :

– J'ai lu votre livre, docteur, et si j'en crois les résultats de vos travaux, vous pouvez être considéré à juste titre comme une sorte de sauveur.

– Merci, me dit-il en m'indiquant d'un geste le divan où je devais m'asseoir.

Il s'installa sur une chaise placée à côté du divan et, d'une voix calme et mesurée, commença à me poser des questions sur ma vie, ma carrière et ma famille.

Je lui dis alors à quel point j'avais été affectée toutes ces dernières années par les maladies et les décès survenus dans mon entourage. Je lui racontai aussi l'accident qui m'était arrivé et à quel point j'avais eu du mal à guérir. Ensuite, je lui expliquai qu'avant de tomber malade, j'avais toujours fait passer mes devoirs envers mon entourage avant mes propres désirs, si bien qu'il ne me restait jamais de temps pour moi et que j'éprouvais un lancinant besoin de calme et de solitude. J'avouai pour finir que j'utilisais de la caféine quand je me sentais fatiguée et qu'au contraire, je prenais des calmants pour trouver artificiellement le repos qui me manquait.

– Pourquoi faire autant de choses? s'étonna le docteur Simonton.

Il n'y avait donc personne autour de vous à qui vous auriez pu confier certaines de ces tâches?

– C'était à moi de les faire! répliquai-je.

– Supposons que vous disparaissiez... est-ce que pour autant ces choses-là ne se feraient plus?

– Non, bien sûr! Mais pas de la même manière...

– Votre mode de vie est préjudiciable à votre santé, me dit le docteur Simonton. Si vous ne le modifiez pas afin de satisfaire vos propres besoins, vous risquez de mourir à brève échéance.

« Ceux qui m'entourent ont absolument besoin de moi, pensai-je aussitôt, incapable d'accepter ce qui venait de m'être dit. Il faut bien que j'emmène Katrina à ses cours de danse et que j'assiste aux soirées équestres de Zuleika... Et quand mon frère est gravement malade, je ne peux quand même pas ne pas aller le rejoindre au Canada... De même, il est hors de question que je ne m'occupe pas de la maison de Bel Air ou de notre haras dans le Vermont... »

Le docteur Simonton interrompit soudain le fil de mes pensées :

– Vous ne m'écoutez pas! Je viens de vous dire que si vous ne changez pas de mode de vie, vous courez à une mort rapide!

– Ce que vous me demandez est impossible, docteur!

– Tu es incapable de dire non! intervint Paul. Chaque fois que quelqu'un te demande un service, même si tu es fatiguée, tu réponds : « Oui, avec plaisir... »

Paul faisait allusion à deux enfants que j'avais gardés récemment pour que leurs parents puissent partir en vacances.

– Si je ne l'avais pas fait, qui se serait occupé d'eux?

– Votre fils a raison et il essaie de vous aider, dit le docteur Simonton. Il faut que vous appreniez à dire non lorsque c'est nécessaire. Actuellement, vous avez besoin avant tout de calme et de tranquillité.

Je souris, pensant en moi-même qu'il se trompait complètement. Il me faudrait plusieurs semaines avant de comprendre à quel point il avait raison...

Après m'avoir donné un bloc et des crayons de couleur, le docteur Simonton me demanda de me dessiner telle que je me voyais. Je choisis un crayon rose pour tracer les contours d'un personnage qui ressemblait à une poupée en papier. Je n'éprouvai pas le besoin de lui dessiner des vêtements, en revanche je peaufinai avec beaucoup de soin le panier rempli de cerises rouges qu'il tenait à la main. Pour finir, j'ajoutai dans l'ovale du visage deux points bleus pour les yeux, un trait rouge qui figurait la bouche et gribouillai quelques traits jaunes autour de la tête.

– Très intéressant, dit le docteur Simonton après avoir examiné mon dessin. Je remarque que vous n'avez détaillé aucune partie de votre corps et que, par contre, vous vous êtes attardée sur le panier de cerises.

Puis, me rendant mon dessin, il me demanda de choisir une

couleur pour représenter le cancer dans mon propre corps. A l'aide du crayon noir, je traçai au hasard quelques points au milieu du corps du personnage que j'avais dessiné.

– Vous êtes persuadée que le cancer est une maladie dangereuse, extrêmement puissante, pleine de ruse et dont il est très difficile de se débarrasser, me dit le docteur Simonton. Autant vous dire tout de suite que vous vous trompez complètement. Les cellules cancéreuses sont faibles, désorganisées et mal formées. Leur seul pouvoir réside dans la rapidité avec laquelle elles se développent, se multiplient et se transforment.

Jusque-là, j'avais toujours pensé que le cancer était une maladie extraordinairement menaçante. Mais, après ce que venait de me dire le docteur Simonton, je n'en étais plus aussi sûre. Il avait réussi, pour la première fois, à ébranler mes convictions.

– Si vous êtes prêt, nous pouvons commencer... proposa-t-il en se tournant vers Paul.

Mon fils s'approcha avec le magnétophone pour enregistrer ma séance de méditation.

– Détendez-vous! commença le docteur Simonton. Détendez votre corps... Commencez par vous concentrer sur votre respiration : au moment où vous inspirez, dites : « Dedans », et lorsque vous soufflez, dites : « Dehors »... Apprenez à vous détendre car c'est un remède extrêmement puissant contre la peur.

« Maintenant que vous êtes parfaitement et profondément détendue, vous pouvez penser à votre cancer. Laissez-vous peu à peu pénétrer par l'idée que les cellules cancéreuses sont faibles, désorganisées et mal formées. Au moment où vous orientez vos pensées dans cette direction, vous avez besoin de toute votre énergie : à ce moment-là, fermez les poings. Puis, quand vous avez acquis la certitude que le cancer est une maladie qui manque totalement de force, relâchez vos mains... Concentrez votre esprit sur le fait que la chimiothérapie est votre amie et qu'elle va vous aider à vous débarrasser du cancer... Quand, dans votre maison, vous utilisez des graines empoisonnées pour vous débarrasser des rats, il ne vous viendrait pas à l'idée d'en consommer vous-même. Il faut que les cellules de votre corps acquièrent la même faculté d'appréciation que celle dont vous faites preuve vis-à-vis des graines empoisonnées, et qu'elles comprennent que l'unique but de la chimiothérapie est de vous débarrasser du cancer. Au moment où vous vous concentrez pour convaincre vos cellules, fermez les poings. Ce geste vous permet d'imaginer d'une manière plus précise que vos cellules font partie intégrante de vous-même et qu'elles sont donc douées, elles aussi, d'intelligence. Quand vous en êtes parfaitement persuadée, relâchez vos mains en les ouvrant...

« Maintenant, concentrez-vous sur vos globules blancs... Vos globules blancs, comme les vagues de l'océan qui se dirigent tout naturellement vers les côtes depuis des millions d'années, accomplissent les tâches pour lesquelles ils ont, depuis toujours, été programmés. S'ils rencontrent des cellules cancéreuses, ils vont donc les détruire. Ils n'ont pas besoin d'information pour agir et prendre soin de votre corps. Pour les aider à accomplir leur travail, il suffit que vous leur fournissiez de l'énergie positive. Inutile de serrer les poings dans ce cas-là. Contentez-vous d'imaginer qu'en ce moment même, vos globules blancs sont en train d'accomplir avec diligence leur travail et laissez vos mains relâchées.

« Et maintenant, concentrez-vous sur votre vie et sur l'orientation que vous aimeriez lui voir prendre... La vague n'a pas besoin de savoir de quoi est fait le rivage pour réussir à l'atteindre. De même, n'essayez pas de deviner quelle orientation va prendre votre vie, contentez-vous de faire confiance aux forces universelles. Ce sont elles qui vont vous guider dans la direction la mieux appropriée car elles ne désirent qu'une chose : que vous soyez heureuse et en bonne santé. Préparez-vous à être aidée, et l'aide viendra d'elle-même. C'est à cela que vous devez vous exercer. Contentez-vous de vous préparer à accueillir cette aide, appelez-la de tous vos vœux et elle se manifestera le plus naturellement du monde.

Ainsi se termina ma méditation. Ouvrant les yeux, j'adressai au docteur Simonton un regard plein de gratitude. En l'espace d'une séance, il venait de m'insuffler la confiance dont j'avais tant besoin pour combattre la maladie et arrêter sa progression.

Il me souhaita bonne chance, et nous prîmes congé de lui. Paul et moi rentrâmes alors à Bel Air, rapportant la précieuse bande magnétique qui devait concrétiser le début de ma guérison sur le plan émotionnel.

Quelques jours plus tard, Mitch Karlan étant absent, ce fut son associé, le docteur Uyeda, qui retira les points de suture de ma poitrine. Comme mon bras droit ne me faisait plus souffrir, je décidai qu'il était temps d'acheter une prothèse et, sur les conseils de l'infirmière de Mitch, je me rendis chez *Nearly Me*, une boutique dont c'était la spécialité.

En attendant qu'une employée puisse me recevoir, je m'installai dans le salon de réception de la boutique où je pus contempler à loisir des photos de femmes heureuses et souriantes. Vêtues d'un simple bikini, elles exhibaient des poitrines magnifiques, signées « Nearly Me ».

J'attendais depuis une quinzaine de minutes, inquiète à l'idée que la réceptionniste puisse me reconnaître, quand une femme entre deux âges s'approcha de moi. Après m'avoir dit que c'était elle qui s'occupait des essayages, elle me demanda de la suivre dans une des cabines.

– De quand date votre opération? me demanda-t-elle dès que je fus assise en face du miroir. Et quelle taille de soutien-gorge utilisez-vous?

Lorsque j'eus répondu à ces deux questions, elle voulut voir ma poitrine. Depuis mon opération, seuls Charlie et Mitch l'avaient vue et, en enlevant mon chemisier pour montrer à cette femme mes cicatrices, j'eus soudain l'impression d'être toute nue et exposée au regard de tous, sentiment que je n'avais encore jamais éprouvé de ma vie.

– La peau est encore rouge et un peu boursouflée, dit la femme. Il est encore trop tôt pour que vous portiez un sein en résine acrylique, je vais vous proposer une prothèse plus légère.

Elle disparut dans une autre pièce, puis revint quelques minutes plus tard avec un sein en mousse rose qui semblait en effet très léger. Elle me demanda de me pencher en arrière et inséra le sein en mousse dans le bonnet vide de mon soutien-gorge en le triturant vigoureusement pour qu'il prenne sa place, ce qui m'arracha un cri de douleur.

– Je suis désolée, s'excusa-t-elle avant de disparaître à nouveau.

Cette fois, elle revint avec un chemisier en soie presque transparent qu'elle me proposa d'essayer.

– La plupart des femmes sont tellement contentes quand elles se rendent compte qu'elles vont pouvoir continuer à porter des chemisiers légers... me dit-elle.

En effet, le chemisier tombait parfaitement et, convaincue de l'utilité de ce sein en mousse, je décidai aussitôt de l'acheter.

Après m'être rhabillée, je tendis à la femme ma carte de crédit.

– Jill Ireland... lut-elle d'un air étonné.

– Elle est établie à mon nom de jeune fille, expliquai-je.

– Jill Ireland, l'actrice? demanda-t-elle, soudain curieuse. Celle qui est mariée à Charles Bronson?

– C'est moi, en effet...

– Vous ne ressemblez pas du tout à l'actrice que j'ai vue à la télévision, me reprocha-t-elle.

– Il s'agissait peut-être d'un film tourné il y a plusieurs années, dis-je, à bout de nerfs. Depuis, j'ai vieilli et je viens de subir une grave opération.

– La femme de Charles Bronson... reprit-elle d'un air rêveur. Comment prend-il la chose?

– Parfaitement bien!

– Vous avez de la chance! J'ai reçu hier une femme qui m'a dit que son mari n'avait plus aucune relation avec elle depuis sa mastectomie. Elle était complètement démoralisée, la pauvre...

Soudain, j'étouffais dans cette boutique et n'avais plus qu'une idée : m'enfuir au plus vite.

– Je suis pressée, dis-je. Il faut que je parte tout de suite.

– Revenez nous voir quand vous serez complètement guérie, me dit-elle après avoir encaissé mon achat. Pour l'instant, le sein en mousse fera l'affaire, mais plus tard, vous apprécierez la prothèse en résine acrylique, elle est plus lourde et tient mieux en place.

« Ouf! » soupirai-je quand la porte de *Nearly Me* se fut refermée derrière moi. J'étais atterrée par l'attitude de cette femme. J'avais suffisamment confiance en moi pour ne pas être touchée par ses insinuations malveillantes, mais qu'en aurait-il été si j'avais été plus vulnérable? Je me jurai bien de ne jamais remettre les pieds chez *Nearly Me* et d'envoyer ma secrétaire chercher la prothèse en résine quand le moment serait venu.

Malgré cet incident, je me félicitai d'avoir acheté ce sein en mousse car nous avions quitté Bel Air pour nous installer à Malibu et, tous les jours, j'étais sur la plage.

Au début, il me faisait légèrement souffrir, et si je n'y prenais garde, avait tendance à sortir de mon soutien-gorge. Pour pallier cet inconvénient, j'achetai des hauts de maillot de bain d'une taille inférieure. Comme mon sein gauche, avant l'opération, était un peu moins volumineux que mon sein droit et que, cette année-là, on portait des maillots qui cachaient en partie la poitrine, il était impossible de savoir que je portais une prothèse. Seule la cicatrice que j'avais sous l'aisselle aurait pu me trahir, mais je me débrouillais pour la dissimuler.

Bronzée et reposée, j'en avais presque oublié mon cancer, du moins je le croyais. Puis un soir je me suis rendue chez des amis pour assister à la retransmission télévisée des Assises nationales du parti démocrate. A la fin de l'émission, au moment de prendre congé, j'éprouvai soudain un sentiment de tristesse indicible. Que se passait-il? J'avais parfaitement dormi la nuit précédente et pourtant, au réveil déjà, je m'étais posé la même question. Avais-je fait un cauchemar? Et brusquement la mémoire me revint... Je me rappelai ce que m'avait confié Ray Weston le jour où il m'avait parlé de sa première femme, morte d'un cancer : « Ce fut un véritable cauchemar, Jill! »... Mon cauchemar n'appartenait donc pas à la nuit, mais bien à la réalité et il s'appelait : *cancer*!

Deux semaines exactement après ma première séance de chimiothérapie, j'étais en train de me frotter vigoureusement la tête sous la douche après m'être fait un shampooing, quand la moitié de mes cheveux se retrouva soudain sur le sol carrelé de la cabine de douche. Pendant quelques secondes, mon cœur s'arrêta de battre. Appuyée des deux mains aux parois de la cabine, je contemplai, incrédule, la masse soyeuse qui gisait maintenant à mes pieds. Je me souvins de ce que m'avait dit Michael lors de la première séance de chimiothérapie : « Vos cheveux ne tomberont pas avant quinze jours... » Les choses se passaient exactement comme il l'avait prévu! Jour pour jour! Jusque-là, je savais bien sûr que j'avais le cancer et que je risquais de mourir, mais c'est seulement en voyant que j'avais perdu la moitié de mes cheveux que pour la première fois, je mesurai toute l'horreur de ma situation.

Ce jour-là, j'avais rendez-vous avec Michael car il devait me communiquer les résultats de ma numération globulaire. Selon lui, il y avait de grandes chances pour que la seconde séance de chimiothérapie ait lieu aujourd'hui.

Je séchai donc rapidement ce qu'il me restait de cheveux et, après m'être enveloppé la tête d'une écharpe, signe auquel on reconnaît les femmes qui suivent un traitement chimiothérapique, je rejoignis Charlie qui m'attendait dans la voiture.

Son séjour habituel dans le Vermont lui manquait tellement qu'il avait finalement décidé de partir là-bas vendredi en huit. Nous étions jeudi et, si la séance de chimiothérapie avait bien lieu aujourd'hui, il pourrait me quitter sans inquiétude. Dans le cas contraire, il repousserait son départ. Cette éventualité devait l'inquiéter car, lorsque nous sommes entrés dans le cabinet de Michael, il était de mauvaise humeur et faisait les cent pas en attendant le médecin.

– Tout va bien! annonça celui-ci en nous rejoignant dans la salle de soins. Vous pouvez vous allonger, Jill...

Charlie semblait satisfait mais, moi, je l'étais beaucoup moins.

A mon grand étonnement, la séance se passa parfaitement. Beaucoup plus détendue que la première fois, je réussis à bavarder avec l'infirmière et n'éprouvai aucune douleur.

Dès que je fus en état de quitter la salle de soins, nous retournâmes à la petite maison de Malibu où, après un dîner léger, je passai une nuit excellente.

Le lendemain, je ne vomis qu'une seule fois et, en fin d'après-midi, me sentis assez en forme pour faire une promenade de cinq kilomètres le long de la plage. J'en déduisis que, grâce à la pratique quotidienne de la méditation, je commençais à contrôler les réactions de mon corps. En réalité, ainsi qu'il me l'avoua beaucoup plus tard, Michael avait réduit de moitié la dose de produits.

En tout cas, le fait que cette seconde séance se soit passée mille fois mieux que la première ne pouvait que m'encourager à poursuivre mon travail de méditation. Chaque jour, j'écoutais la bande enregistrée et m'appliquais à méditer, même si j'étais parfois trop fatiguée pour me concentrer efficacement.

Grâce à mon séjour à Malibu, je redécouvrais la mer. Elle était même devenue l'élément prépondérant de mes méditations, et c'est elle qui me fournissait la plupart des images mentales dont j'avais besoin pour visualiser la maladie et le processus de guérison. D'ailleurs, je méditais toujours en face de l'océan, et je marchais longuement sur les plages en compagnie de ma chienne Cassie, un magnifique berger allemand.

L'amplitude des marées et le mouvement répété des vagues sur la plage me rappelaient le pouvoir bénéfique de l'univers dont m'avait parlé le docteur Simonton. Au contact de cette immensité, je prenais conscience qu'il existait au monde une force plus importante que la mienne, bien plus puissante que la guerre que se livraient mes cellules à l'intérieur de mon corps. Désirant m'imprégner de cette force, il m'arrivait de rester de longues heures, assise sur un rocher, à compter les vagues jusqu'à ce que l'une d'elles, plus ample que les autres, submerge l'endroit où j'étais installée.

Un jour que je marchais sur la plage, je trébuchai sur un ballon oublié par un enfant. Il me sembla tout à coup que ce ballon symbolisait parfaitement une cellule cancéreuse et j'imaginai aussitôt que Cassie pouvait très bien jouer le rôle des globules blancs.

– Attrape-le, Cassie! criai-je en lançant le ballon dans sa direction. Tue-le!

La chienne ne se le fit pas dire deux fois : elle bondit sur le ballon en grognant férocement et y planta ses crocs. La fragile enveloppe en caoutchouc explosa et, en quelques secondes, Cassie la réduisit en lambeaux. Cette scène enflamma mon imagination et ensuite, je l'utilisai régulièrement lors de mes séances de méditation.

Malheureusement, Charlie ne partageait pas ma passion de la mer. Les grandes forêts du Vermont lui manquaient car c'est avec elles, et elles seules, qu'il se sentait en affinité. Je comprenais parfaitement ce besoin et le poussais à partir là-bas.

– Paul et Cassie vont rester avec moi, tu peux partir sans crainte, lui disais-je, désireuse de me prouver que, malgré la maladie, j'étais capable de vivre sans la présence constante de Charlie à mes côtés.

Mais au même instant, une petite voix intérieure murmurait, apeurée : « Ne pars pas, Charlie! J'ai besoin de toi car je suis malade, je me sens si fragile... »

Une semaine passa ainsi et, le vendredi, Charlie et Zuleika partirent pour le Vermont alors que Paul venait s'installer avec moi à Malibu.

Quand la nuit tomba, je me sentis si mal à l'aise que je finis par téléphoner à Ray Weston.

– Je reste chez moi ce soir, me répondit-il. Si ça ne va pas mieux dans quelques heures, rappelez-moi.

Je me couchai à onze heures et m'endormis aussitôt.

A une heure du matin, je fus réveillée par un rêve. J'étais en train de mordre avec rage dans quelque chose qui me résistait, et j'éclatai en sanglots.

La nuit suivante, exactement à la même heure, je me réveillai, en hurlant cette fois. Je venais de rêver que j'avais été attaquée par un chat d'une extrême férocité qui s'agrippait à mon bras droit en me griffant. A peine avais-je réussi à me débarrasser de l'animal qu'il sautait à nouveau sur moi...

Je réussis à me rendormir, mais toute la journée du lendemain, je me sentis fatiguée, un peu comme si je venais de passer une nuit blanche. Le soir, au moment d'aller me coucher, je fus envahie par une curieuse sensation : j'avais les jambes en coton et l'impression que l'on venait de me faire une piqûre d'anesthésie. Persuadée que j'allais mourir, je demandai à Paul d'appeler un médecin.

Ni Ray Weston ni Mitch Karlan n'étaient chez eux ce soir-là, et le seul que je réussis à joindre fut le remplaçant de Michael. Après m'avoir demandé quel type de symptômes j'éprouvais, il me dit que je souffrais d'anxiété et qu'en plus, il était possible que mon taux de globules blancs soit descendu un peu au-dessous du niveau normal.

– Prenez un Valium, me conseilla-t-il, et rappelez-moi demain matin.

Je n'en croyais pas mes oreilles.

Ray, à qui j'avais laissé un message, me téléphona dès son retour chez lui.

– Mais non, ma chère Jill, vous n'êtes absolument pas une malade empoisonnante... me rassura-t-il sur un ton amicalement ironique.

Puis, après m'avoir écoutée, il me conseilla lui aussi de prendre un comprimé de Valium, et un antiacide.

Après avoir raccroché, je suivis ses conseils et me mis au lit. Paul s'assit à mon chevet et parla avec moi jusqu'à ce que la crise soit passée.

Après son départ, je réfléchis à ce qui venait de m'arriver. Était-il possible que l'anxiété me rende aussi malade que je l'avais été aujourd'hui? J'avais du mal à croire qu'une émotion puisse provoquer un malaise physique aussi intense, et pourtant, il fallait bien me rendre à l'évidence. C'est à ce moment que je décidai de prendre rendez-vous, dès le lendemain, avec une conseillère en médecine holistique.

Juste avant de m'endormir, je repensai à mon rêve de la nuit précédente. Quelle en était la signification? Ce chat sans pitié ne voulait-il pas tout simplement m'obliger à m'occuper davantage de ma vie intérieure, de cette part de moi-même que j'avais négligée jusqu'ici... En tout cas, une chose était sûre : si mes émotions étaient capables de me rendre malade, je devais aussi pouvoir les utiliser pour améliorer mon état de santé.

12

Le lendemain matin, je téléphonai pour prendre rendez-vous avec Sue Colin, une conseillère en médecine holistique qui connaissait les techniques de méditation du docteur Simonton.

Je n'avais pas choisi Sue Colin au hasard, mais sur les conseils de mon ami Alan Marshall qui se faisait soigner par elle depuis deux ans.

Alan, mon cher Alan...

Ce brillant causeur à l'élégance raffinée était issu d'une famille d'ouvriers anglais et exerçait le métier de maquilleur. Notre amitié durait depuis vingt ans et nous éprouvions un si vif plaisir à être ensemble que nous restions rarement longtemps sans nous voir. Mon divorce et mon remariage n'avaient rien changé à nos relations. Alan adorait mes enfants et il admirait profondément Charlie. A l'époque où j'hésitais à me remarier, il m'y avait encouragée en m'expliquant : « Bien que vous ayez des tempéraments complètement opposés, Charlie sera parfait pour toi. »

Pour ma part, je n'ai jamais souffert du comportement un peu extravagant d'Alan qui s'est montré, en toute circonstance, un ami adorable et généreux. Depuis mon opération, il me conseillait vivement d'aller voir Sue Colin, mais jusque-là, je m'y étais refusée en pensant qu'il était trop tôt. Maintenant que le processus de cicatrisation était terminé et que je me sentais à nouveau pleine d'énergie, le moment était venu de chercher à savoir pourquoi j'étais tombée aussi gravement malade. La science médicale avait fait tout son possible pour m'aider, mais la prochaine étape sur la voie de la guérison, c'était à moi de la franchir.

Dans mes rapports avec le corps médical, j'avais remarqué que les médecins ne s'intéressaient qu'à deux choses : les résultats statistiques et les faits tangibles. Après vous avoir retiré un organe et fait suivre une chimiothérapie, ils vous renvoyaient chez vous en vous disant : « Si vous adoptez une attitude positive vis-à-vis de la maladie, tout ira pour le mieux. » En réalité, il est impossible au malade de conserver une attitude positive car il a peur et se sent extrêmement seul. C'est pourquoi l'aide d'un thérapeute ou d'un conseiller spécialisé et l'analyse de ses propres motivations constituent une étape essentielle vers la guérison et lui permettent d'apprendre à vivre avec son cancer.

Le jour de mon premier rendez-vous avec Sue Colin, Alan proposa de m'accompagner et, pendant le long trajet en voiture, il ne cessa de me répéter qu'il était certain que cette femme allait m'aider.

Dès que j'ai vu Sue Colin, j'ai compris qu'Alan avait raison. Brune aux yeux bruns, attirante et chaleureuse, Sue avait à peu près mon âge, et toute sa personne irradiait l'entrain et la joie de vivre. Elle faisait partie de ce genre de femmes très maternelles auxquelles on a aussitôt envie de se confier. Dès la première séance, je lui parlai de moi en toute sincérité.

Depuis mon opération, je souffrais de ne pouvoir m'épancher avec qui que ce soit. Charlie ne supportait pas que je parle de ma maladie. Je le voyais s'enfermer aussitôt dans un silence hostile, si bien que nous avions banni toute conversation sur ce sujet. On aurait dit qu'à partager mes angoisses il craignait d'attraper le cancer à son tour. Je savais qu'il m'aimait, mais aborder cette question avec moi était au-dessus de ses forces.

Au contraire, avec Sue Colin, je pus parler sans retenue de l'opération chirurgicale que j'avais subie. Je lui dis que l'intervention s'était parfaitement passée et que je m'étais adaptée à la perte de mon sein droit. Je lui expliquai aussi que ma fille et mon mari étaient partis pour deux semaines dans le Vermont et qu'au fond, leur absence m'était bénéfique car j'éprouvais le besoin de me retrouver seule. Je parlai, parlai... une heure et demie durant, un peu comme si, au plus profond de moi, une vanne s'était soudain ouverte.

Pendant la première semaine, j'allai voir Sue tous les jours. Ensuite, le rythme des séances fut fixé à trois par semaine.

Grâce à la méditation, je pus revivre un traumatisme éprouvé dans ma petite enfance lorsque, âgée de dix mois et atteinte d'une maladie du sang, la maladie de Pink, je fus hospitalisée durant de longs mois. A cette époque, isolée du monde extérieur par les parois vitrées d'une couveuse artificielle, je me mettais à pleurer chaque fois que ma mère venait me voir, pour qu'elle me prenne dans ses bras. Elle n'y était pas autorisée et, voyant à quel point ses visites me bouleversaient, elle cessa de venir à l'hôpital.

Sue m'aida à me débarrasser de ce souvenir traumatisant. En méditant, je réussis à voir, comme si elle se trouvait effectivement sous mes yeux, cette toute petite fille isolée du monde par les parois de la couveuse. Au lieu de pleurer comme dans mon souvenir, elle était tranquillement assise dans son berceau et me regardait à travers la vitre.

Quand cette image m'apparut, je dus lutter pour ne pas pleurer.

Sue me conseilla alors de demander à l'enfant ce qu'elle ressentait.

– Elle ne sent rien, répliquai-je.

Sue me proposa de prendre l'enfant dans mes bras. Je plaçai le bébé contre ma poitrine, heureuse de sentir la chaleur de son petit corps contre le mien. Saisie d'une soudaine compassion pour l'enfant, j'éclatai en sanglots.

– Quand vous jugerez que l'enfant est restée suffisamment longtemps dans vos bras, excusez-vous auprès d'elle de l'avoir abandonnée et dites-lui qu'à l'avenir, cela ne se reproduira plus jamais, me conseilla Sue. Ensuite, faites une place à cette enfant à l'intérieur de votre corps et laissez-vous envahir par la chaleur qu'elle vous apporte. Puis annoncez à l'enfant que maintenant vous répondrez à ses appels chaque fois qu'elle aura besoin de vous...

Lorsque la méditation prit fin et que je rouvris les yeux, je me sentais sereine, profondément détendue. J'avais l'impression d'être devenue un être absolument complet. Je venais de faire une découverte fondamentale.

Le jour où je réussis à parler à Sue de mes crises d'anxiété, je franchis là encore une étape très importante.

Depuis mon plus jeune âge, j'avais été sujette à ce type de crises qui m'empêchaient soudain de respirer ou d'avaler normalement, je reniflais nerveusement – même pendant mon sommeil. J'avais réussi à me débarrasser de cette habitude mais, depuis, mon anxiété se traduisait par des halètements incontrôlés.

Sue Colin me proposa de consacrer une séance de méditation à mes crises d'anxiété, et elle me demanda de déclencher artificiellement une de ces crises. Je m'y opposai tout d'abord, persuadée que l'anxiété était capable de me tuer, que je risquais de m'étrangler ou de brusquement cesser de respirer.

Sue insista, et je laissai ma gorge se contracter. Bientôt, la peur me pénétra, je me mis à haleter.

– De quoi avez-vous peur? me demanda Sue Colin.

– Je ne veux pas mourir! m'écriai-je. Je ne veux pas abandonner Zuleika et Charlie.

Je m'abandonnai à ce mélange de colère et de tristesse qu'avait déclenché l'aveu de ma crainte de mourir. Sue se tint tranquillement à mes côtés jusqu'à ce que j'aie retrouvé mon calme. Pour la première fois, j'avais réussi à regarder ma peur en face, et j'espérais qu'ainsi mes crises allaient disparaître.

A la même époque, toujours sur les conseils de mon ami Alan, je décidai d'aller consulter Bernard Dowson, un médecin homéopathe.

Je n'avais jamais pris de médicaments homéopathiques mais je savais qu'en Angleterre, la famille royale se soignait ainsi depuis de nombreuses années. Alan m'ayant surnommée « l'Impératrice », je pouvais supposer que ce qui soignait la famille royale, me soignerait également...

Je savais que la médecine homéopathique est fondée sur la

croyance ancestrale dans les vertus des éléments naturels – plantes et minéraux – et que, dans certains cas, elle utilise aussi les courants électriques. Après ma chute de cheval, j'avais pu expérimenter sur ma jambe malade les effets bénéfiques des impulsions électromagnétiques, j'avais donc un préjugé hautement favorable à l'égard de l'homéopathie.

– Ce que je peux faire, m'expliqua Bernard Dowson lors de ma première visite, c'est renforcer les défenses de votre organisme et lui permettre de retrouver son équilibre. C'est lui qui doit se défendre contre la maladie... Tout être humain possède un système immunitaire capable de fabriquer des anticorps suffisamment élaborés pour s'attaquer à n'importe quelle anomalie. A mon avis, le cancer ne peut se développer que dans un organisme affaibli. Tout le monde possède des cellules cancéreuses, mais le malade cancéreux les a laissées se développer.

Très intéressée par cette théorie, je demandai à Bernard de poursuivre. Il me parla alors des résultats d'une étude clinique menée par une équipe de médecins suédois. Pour traiter certains malades cancéreux, ceux-ci avaient utilisé des tables électroniques émettant des ondes magnétiques de basse fréquence et ils avaient obtenu un taux de réussite très élevé dans le traitement du cancer. Trois groupes de physiciens russes utilisaient, eux aussi, les tables magnétiques pour traiter le cancer. Tous ces chercheurs reconnaissaient que, même si on était incapable d'en expliquer la raison, les tumeurs traitées avec ce type d'appareil disparaissaient.

En étais-je arrivée au point où je pouvais faire confiance à des techniques dont l'efficacité n'était absolument pas prouvée? Était-ce simplement la peur de mourir qui me poussait à essayer de telles techniques, ou étais-je en train de faire œuvre de pionnier dans ce domaine?

Avant de me décider à suivre le traitement que me proposait Bernard Dowson, je demandai son avis à Michael.

– Le problème avec ce genre de méthodes, me répondit-il, c'est qu'elles s'appuient sur des critères que personne, à l'exception de celui qui les pratique, ne peut expliquer. Voilà pourquoi il n'existe aucune preuve de leur efficacité. Quoi qu'il en soit, ajouta-t-il, je ne pense pas que cela puisse vous faire du mal et ça peut même vous aider à guérir...

Si Bernard Dowson pouvait m'aider, pourquoi me serais-je privée de cette possibilité? Je commençai donc à prendre huit fois par jour les gouttes qu'il avait fait préparer pour moi et, deux fois par semaine, je m'étendis sur une table qui me communiquait des ondes électromagnétiques, installation que Bernard avait conçue lui-même et qui devait rééquilibrer les cellules de mon organisme.

Lors de ma première visite chez lui, Bernard avait pratiqué trois examens : il m'avait demandé une mèche de cheveux, avait recueilli un peu de ma salive et placé derrière mon oreille droite un appareil d'acupuncture. Ces trois tests s'étaient révélés plutôt positifs et il m'avait dit que mon degré de vitalité et mon potentiel énergétique étaient élevés, ce qui allait faciliter le processus de guérison. Il m'avait aussi conseillé d'entreprendre une thérapie afin de maîtriser la peur provoquée par l'annonce de la maladie. Je lui avais alors répondu que j'étais suivie par une conseillère en médecine holistique.

A cette époque, je méditais scrupuleusement trois fois par jour, persuadée que je travaillais alors à ma propre guérison sans l'aide de quiconque. Cela me donnait le sentiment d'influer sur ma destinée.

Le jour où j'avais appris que j'avais le cancer, un déclic s'était produit en moi : j'avais compris qu'il me fallait rameuter toutes mes forces pour me battre. L'ennemi, je savais où il se cachait : dans mon propre corps. Ce qui me restait à apprendre, c'était *comment* lutter contre lui.

Maintenant, je possédais suffisamment de munitions pour poursuivre la lutte. La médecine traditionnelle, en me retirant un sein et en me proposant des séances de chimiothérapie, avait fait tout ce qui était en son pouvoir. Pour conserver « une attitude positive » vis-à-vis de la maladie et participer à ma propre guérison, je ne pouvais que me tourner vers l'homéopathie et la médecine holistique.

Perdue en pleine mer après un naufrage, j'étais en train de recueillir un à un les bois flottant qui, réunis, allaient me permettre de construire un radeau pour affronter les tempêtes que je risquais de rencontrer dans les mois à venir...

Pendant les séances de méditation, la technique de visualisation me permettait d'évacuer les stress et de tranquilliser mon esprit. J'utilisais aussi le pouvoir curatif des cristaux de quartz pour me concentrer et stimuler mon corps et mon esprit. Grâce à Sue Colin, j'avais découvert que la structure moléculaire du cristal est parfaitement ordonnée et qu'il s'agit d'un cas absolument unique dans la nature. Pendant les séances de thérapie, Sue utilisait un cristal qu'elle tenait dans la main et dont elle dirigeait l'énergie curative vers elle. Quelquefois, lorsque je méditais chez elle, je faisais de même.

Bientôt, fascinée par leur beauté, je me mis à collectionner les cristaux. J'en choisis un que je tenais pendant mes méditations, en suspendis un autre autour de mon cou à l'aide d'une chaîne et en plaçai un troisième à la hauteur de mon cœur. Je disposai trois cristaux sur ma table de nuit et un, de belle taille, sur la table basse du salon.

Le départ de Charlie s'était révélé une excellente chose. En s'en allant, il m'avait obligée à trouver en moi seule le support que sa présence avait jusque-là représenté dans ma vie.

« A toi de jouer, me disais-je chaque soir en m'endormant. Michael Van Scoy Mosher ne peut pas faire plus. Maintenant c'est à toi de prendre le relais! De toute façon, à l'exception de ton cancer, tu n'as rien à perdre... »

J'étais tranquillement allongée sur le divan en osier du salon quand la sonnerie du téléphone m'obligea à me lever. Aussitôt, je reconnus l'accent caractéristique de Lesley-Anne Down, la magnifique actrice anglaise que toute l'Amérique connaissait depuis qu'elle avait tourné dans la série télévisée *Upstairs, Downstairs*. Lesley-Anne était mariée au réalisateur William Friedkin dont le terrifiant film, *L'exorciste,* avait fait la renommée. Lesley-Anne et William avaient un ravissant petit garçon et ils étaient nos plus proches voisins à Bel Air.

Bien que Jason soit très lié avec Angela Down, la plus jeune sœur de Lesley-Anne, j'étais un peu surprise par ce coup de fil car j'avais rarement l'occasion de rencontrer ma charmante voisine.

– J'ai appris par Jason que vous aviez loué une maison sur la plage, me dit-elle. Comme cette année, nous aussi, nous faisons partie de la colonie de Malibu, j'ai pensé que ce serait sympathique de donner une petite réception dimanche à midi.

En bonne Anglaise, Lesley-Anne avait le chic pour faire tout une affaire d'une simple invitation à déjeuner. Comme je ne disais rien, elle reprit :

– Il s'agit bien sûr d'un repas entre intimes! Et cela me ferait plaisir si Charlie et vous veniez déjeuner ce jour-là...

– Charlie est parti dans le Vermont, dis-je. Et ces derniers temps, j'avoue que je ne suis pas beaucoup sortie.

– Si vous en avez envie, venez seule, insista Lesley-Anne. Ou alors, faites-vous accompagner par l'un de vos fils. Ça me ferait tellement plaisir de vous voir! Je suis sûre que nous avons des milliers de choses à nous dire... Deux Anglaises, mariées à des Américains : imaginez! Excusez-moi... ajouta-t-elle soudain.

« Jack! Jack! » l'entendis-je crier.

– Il a fallu que j'aille chercher mon fils, m'expliqua-t-elle en reprenant le téléphone. C'est un véritable alcoolique, il passe son temps caché derrière le bar!

– J'espère, ma chère Lesley, dis-je en éclatant de rire, que vous allez lui faire passer cette mauvaise habitude. Quel âge a-t-il maintenant?

– Deux ans, Jill! Et je crois que je vais être obligée de raccrocher car il est à nouveau parti se cacher. Je vous attends dimanche, à une heure trente... D'accord?

– Avec plaisir, répondis-je.

Au fond, cette invitation tombait très bien : il fallait que je recommence à sortir. Ce jour-là, je demanderais à Paul et à son amie Priscilla de m'accompagner.

Le dimanche à l'heure dite, je sonnai à la grille d'entrée de la maison que louaient les Friedkin.

Après avoir entendu le signal sonore qui en commandait l'ouverture, je poussai le portail et, suivie de Paul et de Priscilla, pénétrai dans une charmante propriété de bord de mer. A cause de son petit jardin enclos dans de hauts murs en brique, la maison me fit aussitôt penser à un cottage anglais.

En entrant dans le living-room, je ne pus réprimer un sursaut de surprise. Je portais ce jour-là une minirobe rose pâle, un chapeau de paille assorti et une paire de sandales ornées de petites fleurs en soie et pourtant, je me sentis tout d'un coup beaucoup trop habillée pour la circonstance. A quelques mètres de moi, juste à côté d'une table couverte de victuailles, se tenait une femme très bronzée et qui semblait absolument nue. Elle était accompagnée d'un bambin, nu lui aussi.

– Je suis si heureuse que vous ayez pu venir, ma chérie, dit-elle en s'approchant de moi.

En entendant sa voix, je reconnus aussitôt Lesley-Anne et m'aperçus que j'avais fait une légère erreur. Notre hôtesse n'était pas totalement nue : elle portait trois minuscules triangles de tissu qui cachaient tout juste ses seins et son pubis. Ses longs cheveux blonds tirés en arrière, le visage non maquillé et le corps parfaitement bronzé, elle était superbe et je m'empressai de la complimenter.

– Voulez-vous que je vous prête un maillot de bain? me demanda-t-elle.

– Non merci! répondis-je, en pensant que cela faisait belle lurette que le terme de « maillot de bain » n'était plus adapté à la tenue qu'elle portait.

– William n'est pas loin, dit Lesley-Anne. Aujourd'hui, c'est lui qui joue les barmen. Si vous désirez manger, servez-vous...

Comme elle me tournait le dos pour rejoindre d'autres invités, je me fis la remarque que le fabricant de son maillot avait dû manquer de tissu. En effet, le slip se réduisait en tout et pour tout à une mince lanière de tissu qui disparaissait entre les fesses musclées de Lesley-Anne. L'effet était, sans conteste, extraordinaire.

Le petit Jack Friedkin, lui, ne portait pas de maillot. Avec ses cheveux blonds et ses yeux bleus, comme sa mère, il me rappelait mon fils Valentin au même âge.

– Pipi... me dit-il en me montrant fièrement son petit pénis.

– Il est très beau en effet! répondis-je en lui souriant.

Tout heureux de se savoir admiré par une femme, Jack me suivit quand je quittai la maison pour rejoindre les invités qui déjeunaient dehors.

Je reconnus parmi ceux qui se trouvaient là quelques gros bonnets des studios et fus tout heureuse de constater qu'eux aussi avaient choisi une tenue plus habillée que celle de Lesley-Anne.

La maison que louaient les Friedkin avait été construite autour d'un jardin à l'anglaise, avec pelouse et parterres de fleurs. Un pont en bois permettait de rejoindre la plage. C'est là que je me dirigeai après m'être restaurée au buffet, toujours suivie par le jeune Jack.

Chaque fois que je m'arrêtais, l'enfant disait : « Pipi! » et accompagnait ses paroles d'un petit jet d'urine. Habitué à porter des couches, il devait être follement heureux de sa toute nouvelle liberté.

En le regardant faire, je ne pus m'empêcher de penser à mes trois fils. Quand ils étaient bébés, moi aussi, je profitai des vacances d'été pour les débarrasser de leurs couches. J'avais même mis au point une méthode infaillible pour leur apprendre la propreté. Chaque fois qu'ils avaient envie de faire pipi, je leur montrais mes plants de camélias en leur disant : « Va arroser les fleurs de maman! »

Ce jour-là, je décidai d'essayer la même méthode avec le jeune Jack. Quand il eut avalé le contenu de mon verre de jus d'orange, je lui dis :

– Jack, quand tu as envie de faire pipi, je veux que tu le fasses sur les fleurs!

– Pipi... dit-il. Les fleurs...

– Oui, mon chéri, pipi-sur-les-fleurs.

Paul était assis à côté de moi sur le pont et il sourit en reconnaissant la phrase bien connue.

Dans l'espoir certainement de boire un autre verre de jus d'orange, Jack nous abandonna pour aller rejoindre d'autres invités.

Installée dans une chaise longue, mes yeux cachés derrière les verres teintés de mes lunettes de soleil, j'en profitai pour observer la foule qui se pressait autour du buffet. Les invités de Lesley-Anne m'étaient inconnus pour la plupart, et ils ne semblaient pas pressés de lier connaissance avec moi, peut-être parce qu'ils étaient au courant de ma maladie et peu désireux de m'en parler.

Bientôt, Jack revint vers nous.

– Pipi... dit-il.

Puis, sans prévenir, il arrosa mes jambes et mes pieds.

J'étais tellement surprise que je restai sans voix.

– C'est de ta faute, me dit Paul en éclatant de rire. Tu n'avais qu'à pas lui dire de faire pipi sur les fleurs...

Je regardai mes pieds et m'aperçus que Jack, observateur comme tous les enfants de son âge, avait en effet copieusement arrosé les petites fleurs en soie qui ornaient mes sandales. Cet adorable bambin était maintenant en train d'essuyer mes jambes à l'aide d'une serviette en papier.

– Jack, tu es un petit garçon extraordinaire! lui dis-je en l'aidant à grimper sur mes genoux.

Bien calé contre moi, il n'était pas loin de s'endormir quand sa mère l'appela pour qu'il aille faire sa sieste.

Je le vis alors disparaître dans la maison à la suite de sa nurse. Il avait l'air de dormir debout et je me demandai, soudain inquiète, s'il n'avait pas bu autre chose que du jus d'orange dans les verres des invités.

J'eus bientôt envie de quitter la maison des Friedkin et de rentrer chez moi. Je prévins Paul et Priscilla de mon départ et, après avoir enjambé le pont en bois et enlevé mes sandales humides, je partis à pied par la plage. C'était ma première sortie depuis l'opération et je jugeais que j'avais suffisamment fait d'efforts pour cette fois.

13

Les deux semaines que Charlie et Zuleika devaient passer dans le Vermont touchaient à leur fin et leur retour à Malibu correspondait à la date fixée pour ma troisième séance de chimiothérapie.

Quelques jours plus tôt, j'avais téléphoné à Charlie pour lui dire qu'il était inutile qu'il rentre.

– Reste dans le Vermont, lui avais-je proposé. Tout va bien... Je n'ai pas besoin de toi.

– Tant mieux, m'avait-il répondu. Mais toi, tu me manques, Jill! Je rentre à la maison.

La décision de Charlie m'avait fait plaisir. J'étais heureuse à la pensée de le revoir, et Zuleika me manquait terriblement. Pourtant j'étais sincère en leur proposant de rester dans le Vermont. Je me sentais maintenant suffisamment forte pour demeurer seule encore un moment, même si la pensée de devoir subir une nouvelle séance de chimiothérapie me terrifiait. Que je le veuille ou non, la chimiothérapie me donnait à chaque fois l'impression que j'allais mourir, et tout mon être se refusait au traitement.

Pourtant, une fois de plus, je me retrouvai dans le cabinet de Michael, attendant les résultats de la prise de sang. Je n'étais pas inquiète à ce sujet car mes méditations m'avaient permis de vérifier que mes globules blancs réagissaient positivement au traitement en cours.

Quand Michael nous rejoignit dans la salle de soins, j'essayai de conserver mon calme et laissai l'infirmière poser le casque rempli de glace sur mes cheveux.

Les deux premières injections se passèrent sans problème mais, quand on me fit la piqûre d'Adriamycin, j'eus soudain l'impression que tout mon corps prenait feu et que mes veines allaient éclater. « Arrêtez immédiatement! semblait dire mon corps. Vous êtes en train de me tuer! »

Incapable d'en supporter plus, je demandai à Michael d'arrêter l'injection. Il me répondit qu'il avait presque fini, un peu comme si le fait de cesser le traitement à ce moment-là ne pouvait plus m'apporter aucun soulagement... J'avais une folle envie d'arracher l'aiguille de mon bras et de quitter la pièce, mais je tins bon.

Quand l'injection fut terminée, je me sentis faible et nauséeuse. Je savais que personne ne pouvait rien pour moi et qu'il fallait que je supporte stoïquement les malaises.

Après mon retour à Malibu, je passai une nuit épouvantable, allongée au fond de mon lit sans pouvoir fermer l'œil. J'étais beaucoup plus malade que lors des deux premières séances, et j'en déduisis que Michael avait augmenté les doses.

Le lendemain, Alan vint me chercher à la maison et il m'emmena chez le docteur Bernard Dowson.

Dès mon arrivée, je m'allongeai sur une table électromagnétique à l'intérieur d'une cabine fermée et j'essayai de méditer. Mais j'étais bien trop fiévreuse et malade pour réussir à me concentrer.

Soudain, les rideaux de la cabine s'entrouvrirent et je vis entrer Sue Colin. Après m'avoir expliqué qu'elle venait, elle aussi, pour une séance d'électromagnétisme, elle me demanda comment je me sentais. En apprenant à quel point la dernière séance de chimiothérapie m'avait rendue malade, elle me serra dans ses bras pour me consoler et, avant de me quitter, me remit un très beau cristal de quartz.

Après son départ, je pleurai sans retenue en serrant le cristal dans ma main. Je découvris alors que les larmes que je versais sur moi-même me soulageaient et me faisaient le plus grand bien. Grâce à l'attitude maternelle et chaleureuse de Sue, je venais de comprendre que j'éprouvais un profond besoin que l'on s'apitoie sur mon sort.

Une heure durant, je restai allongée sur la table électromagnétique en écoutant la musique qui était diffusée à l'intérieur de la cabine. Une fois de plus, j'étais étonnée de ne rien sentir pendant le traitement. Me souvenant que l'appareil placé sur ma jambe avait réussi à me guérir sans que j'éprouve aucune sensation, je me dis qu'il en serait peut-être de même cette fois.

Quand Margaret, la secrétaire de Bernard, m'annonça que la séance était terminée, je me sentais beaucoup mieux, sans savoir si je devais cette amélioration à Sue Colin ou au traitement de Bernard Dowson.

Cette troisième séance de chimiothérapie marqua un tournant dans l'évolution générale de ma maladie.

Onze jours après les piqûres, tout l'intérieur de ma bouche, ma langue et ma gorge se couvrirent de petites boules blanches extrêmement douloureuses. Je ne pouvais plus manger et à peine boire, tellement je souffrais.

Michael m'expliqua qu'il s'agissait d'une réaction rarissime au traitement chimiothérapique et que, lors de la prochaine séance, il diminuerait les doses de produits injectés. Cette nouvelle ne me soulagea qu'à moitié. Je lui demandai si, à l'avenir, j'allais réagir ainsi après chaque séance. Quand il m'eut répondu que ce ne serait pas le cas, je pensai en moi-même que cette éruption avait au moins l'avantage de l'obliger à réduire le traitement.

L'éruption dura douze jours pendant lesquels, incapable de me nourrir normalement, je perdis régulièrement du poids. Charlie était très affecté par l'évolution de mon état et je compris à la tristesse de son regard que, pour la première fois depuis l'opération, mon aspect physique trahissait la gravité de ma maladie.

Pourtant, à d'autres égards, j'avais retrouvé une partie de mon énergie et j'avais recommencé, par exemple, à faire de l'équitation. Je montais à cheval avec beaucoup de prudence, un peu gênée seulement par ma prothèse qui, au lieu de rester en place, remuait constamment à l'intérieur de mon soutien-gorge.

Je rencontrais d'ailleurs le même type de problème lors de mes séances de gymnastique aérobique et un beau jour, après avoir tourné plusieurs fois sur lui-même, mon sein en mousse se retrouva sur le tapis, au milieu des autres participants. Forte de cette expérience malheureuse, je pris l'habitude de l'attacher à l'intérieur de mon soutien-gorge à l'aide d'une épingle à nourrice.

La troisième séance de chimiothérapie eut comme autre conséquence de me faire perdre encore une bonne partie de mes cheveux, et j'achetai toutes sortes de chapeaux sans lesquels, maintenant, il m'était devenu impossible de sortir.

C'est à cette époque que je reçus la visite d'une de mes meilleures amies : la très excentrique Marcia Borie.

Intelligente et pleine d'esprit, Marcia avait parfaitement réussi dans la vie, et elle était alors rédactrice en chef du *Hollywood Reporter*. J'aimais beaucoup son humour et la facilité avec laquelle elle se moquait d'elle-même.

Je n'avais pas revu Marcia depuis mon opération. Elle venait en voiture de San Fernando Valley où elle habitait, pour passer la journée avec moi à Malibu, persuadée, certainement, que j'allais mourir dans les plus brefs délais. Sa propre mère était morte d'un cancer alors qu'elle n'était encore qu'une adolescente, et elle devait imaginer le pire.

A son habitude, Marcia arriva les bras chargés de cadeaux. Connaissant mon faible pour les produits anglais, elle m'avait apporté du thé, des sels de bain, des confitures et des bougies qui venaient d'Angleterre.

Pour la première fois depuis le début de notre longue amitié, nous avions bien du mal à adopter une attitude naturelle. J'étais heureuse de rencontrer Marcia, mais je savais aussi pourquoi elle venait me voir de si loin, et je n'avais aucune envie de jouer le rôle de la malheureuse victime du cancer.

Espérant détendre l'atmosphère, je lui proposai une promenade le long de l'océan et, après avoir mis un short, elle me rejoignit sur la plage où je l'attendais en compagnie de Cassie. Nous avons marché sur le sable en parlant du temps qu'il faisait et de la beauté de l'océan Pacifique, évitant soigneusement d'aborder le sujet qui nous brûlait les lèvres. Je me sentais trop fatiguée pour en parler, et je n'avais qu'une envie : profiter de cette belle journée et de la compagnie de Marcia, comme si de rien n'était.

Soudain, Cassie aboya joyeusement, reconnaissant de loin la haute silhouette qui se dirigeait vers nous. Il s'agissait d'Alan Marshall.

– Comment vas-tu, vieille branche? demanda-t-il sans cérémonie à Marcia qu'il n'avait pas vue depuis quatorze ans. Tu n'as absolument pas changé...

– Toi non plus, Alan! reconnut-elle. Tu es magnifique!

J'étais enchantée de l'arrivée inopinée d'Alan et persuadée que sa présence allait détendre l'atmosphère.

En effet, un peu plus tard, quand nous nous sommes mis à table, tout le monde riait et plaisantait et le déjeuner se passa dans une excellente ambiance.

Après le repas, Alan prit congé et Paul annonça qu'il allait faire de la planche à voile. Installées sur le divan du salon, Marcia et moi pûmes enfin discuter de ce qui m'arrivait. Nous étions redevenues les deux amies d'antan et parlions à cœur ouvert. L'après-midi passa bien trop vite à notre goût, et quand Marcia repartit pour San Fernando Valley, nous étions ravies de cette excellente journée. J'avais porté tout le jour un foulard mexicain noué autour de ma tête, si bien qu'elle n'avait pu se rendre compte du peu de cheveux qui me restaient.

Les effets de la chimiothérapie sur mon système pileux étaient d'ailleurs des plus étranges! J'avais perdu presque tous mes cheveux, les poils de mon pubis avaient complètement disparu, mais j'avais conservé mes cils et mes sourcils, le léger duvet qui me couvrait le visage, et j'avais toujours autant de poils sous les bras! Cela me posait d'ailleurs problème. En effet, j'avais l'habitude de raser ces poils et, maintenant que j'avais perdu toute sensibilité au niveau de mon aisselle droite, j'avais beau passer et repasser le rasoir électrique sur ma peau, je n'arrivais jamais à me raser correctement.

Un jour où je m'escrimais dans la salle de bains, tentant vainement de faire disparaître une touffe de poils particulièrement disgracieuse, Charlie me proposa son aide. Après avoir talqué mon aisselle pour protéger mes cicatrices, il prit son propre rasoir et, avec une infinie délicatesse, réussit à me raser parfaitement. Je lui fus extrêmement reconnaissante de ce geste de tendresse.

Les effets secondaires de la chimiothérapie continuaient à m'inquiéter. Aussi, quand Suzanne, ma belle-sœur, me dit qu'elle avait entendu parler d'un médecin qui administrait le traitement chimiothérapique une fois par semaine et à beaucoup plus faibles doses, je téléphonai à Michael et lui demandai son avis. Il me répondit aussitôt qu'il n'en avait jamais entendu parler.

Cette information m'était complètement sortie de la tête quand je fus invitée à dîner par une ex-actrice et son mari. Cette femme, très féminine et qui paraissait beaucoup moins que ses soixante ans, avait eu un cancer du sein, de la gorge et du poumon. Elle m'expliqua qu'au bout de six mois de chimiothérapie, elle avait dit à son médecin qu'elle n'en pouvait plus et qu'elle arrêtait le traitement.

Elle était alors allée voir le fameux médecin dont m'avait parlé Suzanne. Une fois par semaine, assise en compagnie d'autres patients, elle pouvait lire un illustré ou discuter pendant qu'on lui faisait son intraveineuse. Ses cheveux avaient cessé de tomber et elle éprouvait si peu de malaises après la séance, qu'elle pouvait aller faire des courses le jour même et mener une vie tout à fait normale. Le paradis en quelque sorte... en comparaison de ce qui m'arrivait après chaque séance!

Lors d'une soirée équestre à laquelle Zuleika participait, je rencontrai le docteur Adler, le père d'un des jeunes cavaliers. Profitant de l'occasion, je lui parlai du médecin dont, à deux reprises, on m'avait vanté les mérites et lui demandai son avis. Il me répondit qu'il envoyait régulièrement des malades à ce médecin, puis me laissa entendre que ce type de traitement était trop doux pour mon cas et que j'étais parfaitement soignée par le docteur Michael Van Scoy Mosher.

Finalement, Charlie posa la même question à Ray Weston un soir qu'il dînait chez nous.

– Je connais ce médecin, répondit Ray, car il a soigné ma femme. Mais je ne pense pas que dans le cas de Jill, ce type de traitement soit adapté.

Depuis des années, je faisais confiance à Ray et il n'y avait pas de raison que je change d'attitude. Abandonnant ces faux espoirs, je me préparai pour la quatrième séance de chimiothérapie qui devait avoir lieu dans quelques jours.

14

Il m'avait fallu trois bons mois avant de réaliser que j'avais perdu un sein.

Je venais de sortir de ma baignoire, quand j'aperçus soudain face à moi l'image que me renvoyait le miroir légèrement embué : je contemplai avec plaisir une silhouette ravissante, une taille fine, des hanches étroites... Ce corps bronzé par le soleil et tout ruisselant encore n'aurait pas déparé la couverture d'un magazine tel que *Lui*. Sauf que dans ce cas précis, la pin-up n'avait plus qu'un sein... Que je me sois refusée jusqu'ici à me voir telle que j'étais ne changeait rien à la chose : le côté droit de mon buste était maintenant aussi plat que celui d'un garçon, et portait une longue balafre.

Je restai un long moment debout devant la glace, caressant mon sein gauche dans l'espoir de me souvenir de la sensation que j'éprouvais quand je pouvais encore tenir mes deux seins entre mes mains. Comme j'étais triste soudain! Pour la première fois depuis l'opération, mon sein me manquait et je me demandai ce qu'était devenu cet ami de toujours.

Mes enfants avaient dormi appuyés contre lui et mon mari, lui aussi, en avait largement profité. Combien de bikinis, de soutiens-gorge, de bustiers et de décolletés n'avait-il agrémentés? Pauvre sein... Combien de fois dans ma vie l'avais-je enduit de crème, et que d'exercices j'avais faits pour qu'il conserve sa beauté!

Et voilà que d'un seul coup, il avait disparu. Clac! Une simple mastectomie, avec une chimiothérapie en prime...

Durant toute ma maladie, mon ami Alan a exercé sur moi une influence extraordinairement bénéfique. Pour lui, il n'existait pas d'autre issue que la guérison complète. Cela signifiait dans un proche avenir : l'arrêt des séances de chimiothérapie, une chevelure aussi abondante qu'avant mon opération et, bien sûr, un sein tout neuf, grâce à la chirurgie esthétique.

Ce dernier point le tracassait tout particulièrement.

– Pourquoi attendre? me demandait-il régulièrement. Je vais te dénicher le meilleur chirurgien esthétique de la Côte Ouest!

– Je ne suis pas pressée, Alan, lui rappelais-je. Avant de m'occuper de ma poitrine, il faut que j'aille mieux et que je sois en pleine forme.

– D'accord! concédait-il. Mais, dès que tu as terminé la chimio, je t'emmène chez un chirurgien.

C'est Alan, encore lui, qui coupait avec art le peu de cheveux qui me restaient dans l'espoir qu'ils repoussent plus vite. J'avais commandé à mon coiffeur une perruque magnifique et, aidée par Alan, j'avais aussi cousu à l'intérieur de deux de mes chapeaux des mèches de cheveux qui faisaient tout à fait illusion. Mais je ne portais ni la perruque ni les deux fameux chapeaux, me contentant de cacher ma calvitie sous des foulards ou de larges chapeaux en paille.

La mer toute proche améliorait considérablement mon état d'esprit. Chaque jour, je faisais de longues promenades sur la plage et, comme Charlie commençait à apprécier l'océan, nous décidâmes d'acheter une propriété au bord de la mer.

Parmi les quelques maisons à vendre à Malibu, l'une nous plaisait tout particulièrement, construite dans les années trente par Jack L. Warner, le fondateur des studios Warner Brothers.

Beaucoup moins grande que notre maison de Bel Air, elle avait besoin d'être entièrement restaurée pour redevenir habitable, mais elle donnait directement sur l'océan. Notre projet m'enthousiasma et je surnommai la propriété « La maison de Jack ».

Je l'adorais. Au premier étage, trois chambres : une pour Charlie et moi, une pour Zuleika et une pour Katrina. Et je m'en félicitais car cela obligerait les autres membres de la famille vivant encore à la maison à déménager. Le rez-de-chaussée, composé à l'origine de trois pièces, avait été transformé en une immense salle de séjour donnant sur l'océan et possédait une belle cheminée centrale. La cuisine était suffisamment vaste pour qu'on puisse y installer une grande table et des chaises et y recevoir des amis ou de la famille à l'heure de l'apéritif ou du thé. La maison de Jack allait me permettre de simplifier mon style de vie. J'allais échanger les vingt-deux pièces et les douze salles de bains de Bel Air contre huit pièces et quatre salles de bains à Malibu, ce qui me permettrait de réduire le personnel et de me décharger d'une partie de mes responsabilités. Exactement ce dont j'avais besoin.

Si nous déménagions, qu'allais-je faire de notre collection de tapis d'Orient? Il nous faudrait certainement les revendre car j'imaginais déjà les murs repeints en blanc, les boiseries parfaitement décapées et, sur le sol carrelé, les taches vives de quelques tapis mexicains tissés à la main. Adieu les murs tendus de tissu damassé et de chintz, les chaises anciennes habillées de soie, adieu les deux énormes fauteuils de notre salon de Bel Air... Je serais obligée de me séparer de la plupart des meubles, tableaux et objets d'art. Même les candélabres en argent de la salle à manger, je ne pourrais les garder, car ils terniraient aussitôt à l'air marin... Le moment était venu d'échanger les pelouses du Bel Air Country Club contre les vagues majestueuses du Pacifique et ses longues plages de sable fin.

C'est donc la tête pleine de projets que je vis arriver la date fixée pour ma quatrième séance de chimiothérapie.

Cette fois, je n'étais pas trop inquiète car Sue Colin avait préparé une cassette qui devait me permettre de méditer pendant le traitement chimiothérapique. Il faut dire aussi que j'avais trouvé une excellente méthode pour calmer mon anxiété : je prenais la vie comme elle venait, m'appliquant à ne penser ni au passé ni à l'avenir, heureuse simplement de profiter du moment présent.

Ce jour-là, un jeudi, je me levai de bonne heure car je devais accompagner Zuleika au haras. Une vague de chaleur s'était abattue sur la Californie, et ma fille désirait monter avant qu'il ne fasse trop chaud. Je passai donc une partie de la matinée à l'observer tandis qu'elle faisait travailler son cheval. Zuleika, fièrement campée sur sa monture, était rayonnante. On voyait à sa poitrine naissante qu'elle était en train de devenir une jeune fille, et j'éprouvai soudain pour elle un mélange d'amour et de compassion infinis.

Après un déjeuner léger, je me rendis au cabinet de Michael, accompagnée de Charlie.

En sortant de l'ascenseur, au moment d'appuyer sur la sonnette qui commandait l'ouverture de la porte, la femme hyper-calme que je croyais être devenue s'effondra en pleurant, visage contre le mur.

– Je ne veux pas y aller... murmurai-je.

Pauvre Charlie!

– Si je pouvais suivre le traitement à ta place, me dit-il, je le ferais de grand cœur...

– Merci, Charlie, répondis-je en m'essuyant les yeux.

Puis j'entrai résolument dans le cabinet.

Avant de m'introduire dans la salle de soins, Michael m'expliqua que les doses injectées avaient été normales lors de la première et de la troisième séance, mais légèrement inférieures lors de la seconde séance. Ainsi s'expliquaient les différences de réaction.

Ce fut Michelle, mon infirmière préférée, qui m'administra le traitement ce jour-là, tandis que Michael, debout à mon côté, me posait des questions sur la médecine holistique et le travail du docteur Simonton.

Il s'intéressait tout particulièrement à l'avertissement que m'avait donné le docteur Simonton, à savoir que si je ne changeais pas de style de vie je risquais d'en mourir, et il me raconta qu'un autre patient à qui Simonton avait dit exactement la même chose lui avait aussitôt rétorqué : « Qu'en savez-vous? »

Pour ma part, il ne me serait jamais venu à l'idée de mettre en doute les affirmations de Simonton, car si j'étais allée le trouver, c'était bien parce que je pensais qu'il savait mieux que moi ce que je devais faire. D'ailleurs, grâce à ses conseils, mon style de vie s'était déjà modifié : au lieu de gaspiller mon énergie, j'étais maintenant décidée à l'utiliser pour recouvrer la santé.

Tandis que je conversais avec Michael, Michelle avait terminé l'injection et appliquait une bande de sparadrap sur mon bras. La dose étant moins forte cette fois, je n'avais éprouvé aucune sensation de brûlure.

Dès mon retour à Malibu, je m'installai sur la plage et me baignai longuement dans l'océan. La marée avait abandonné quelques beaux galets sur le sable, parmi lesquels j'en choisis un bleu, deux roses, et un autre de belle taille, veiné de gris, de rose et de blanc. En rentrant chez moi, je les déposai tous les quatre sur la table du salon, afin qu'ils me rappellent ma quatrième séance de chimiothérapie.

A l'exception d'une douleur dans les jambes, bien préférable, à mon avis, aux nausées éprouvées précédemment, la fin de journée se passa sans encombre.

Le lendemain matin, je me sentis fiévreuse, si bien que je restai couchée à écouter le bruit de l'océan, tout en calculant mes chances de guérison. Angoissantes pensées que je m'interdisais d'habitude.

Pour ne rien arranger, j'avais appris par l'intermédiaire de l'agent immobilier qui s'occupait de la vente de la maison de Jack Warner que le prix d'achat que nous avions proposé avait été refusé par les propriétaires. J'attendais aussi un coup de fil de mon agent au sujet d'un possible rôle dans un show télévisé et, comme il ne me téléphonait pas, j'en déduisais que l'affaire était tombée à l'eau.

Au fond, je désirais démontrer à ceux qui me connaissaient que j'étais encore pleine d'entrain et même, grâce aux talents de maquilleur d'Alan, aussi belle qu'avant... Rien ne se faisant, je me retrouvais au fond de mon lit, annihilée par la chaleur et la fièvre, avec la maladie pour seule affaire d'importance.

Dans l'espoir qu'un bain me redonnerait de l'énergie j'enfilai un maillot et me rendis sur la plage.

Amaigrie, pâle et fatiguée, sans foulard pour cacher ma calvitie, j'observais de loin Zuleika et Charlie qui, allongés sur un matelas pneumatique, se laissaient porter par les vagues. En voyant leurs corps bronzés et en pleine forme, je me demandais ce que je pouvais bien faire dans une famille de gens aussi bien portants.

Pour ajouter encore à mon malheur, je vis soudain arriver Army Archerd, le journaliste du *Daily Variety*.

– Bonjour, Jill! Comment allez-vous? me demanda-t-il.

– Parfaitement bien, Army, répondis-je.

Cela faisait trois mois que je sortais le visage en partie caché par des lunettes de soleil et de larges chapeaux de paille, et voilà que, rencontrant pour une fois un journaliste, j'étais à moitié nue et sans rien sur la tête!

Finalement, Charlie, comprenant mon embarras, nous rejoignit, et c'est lui qui se chargea de dire à Army que j'avais un cancer.

Le week-end arriva sans que pour autant mon état s'améliore. Je n'avais envie de rien, pas même de manger. Je ne pouvais qu'attendre que le traitement chimiothérapique, après m'avoir copieusement empoisonnée, daigne enfin tuer les cellules cancéreuses...

15

Le lundi qui suivit, Zuleika et Katrina durent rentrer en classe, et ce jour marqua pour moi la fin de l'été.

En voyant ma fille partir pour l'école, j'eus du mal à croire que trois mois s'étaient écoulés depuis mon opération sans que, pour autant, mon état s'améliore.

Lorsque je me regardais dans une glace, je ne pouvais m'empêcher de comparer cette image à celle qui était la mienne un an plus tôt. Le crâne hérissé de quelques rares touffes de cheveux, les yeux fatigués, le visage amaigri, je ressemblais à un pauvre oiseau malade qui ne va pas tarder à dire adieu à ce bas-monde.

Un jour, Charlie, en me serrant dans ses bras, n'avait pu s'empêcher de remarquer : « Ma petite Jill, j'entends les battements de ton cœur aussi distinctement que si j'avais la tête posée contre ta poitrine. » Et c'était vrai que, depuis qu'on m'avait enlevé un sein, j'avais l'impression que mon cœur n'était plus protégé, ni physiquement, ni affectivement. L'opération semblait avoir mis mon cœur à nu. « Je suis si faible, pensai-je, qu'il me suffirait d'arrêter de me battre, de fermer les yeux, pour aussitôt disparaître de la scène et mourir. »

Durant la semaine qui suivit la quatrième séance de chimiothérapie, j'allai voir Sue Colin et lui exposai à quel point je me sentais déprimée, combien j'avais l'impression que les gens autour de moi vivaient à ma place, et que je n'étais plus qu'une spectatrice passive. Mes amis montaient mes chevaux, nageaient pour moi dans l'océan et parfois même, buvaient et mangeaient à ma place. Cette situation était loin de me plaire.

Je me demandais aussi si je ne devais pas abandonner l'équitation. En effet, je souffrais d'une douleur à la jambe dont l'arthrite était certainement la cause, et qui n'avait certes pas été améliorée par mes séjours répétés dans l'atmosphère humide du sauna de Los Angeles. A cause de cette douleur, depuis deux ans, il me devenait de plus en plus difficile de monter à cheval. Devais-je renoncer à ce sport?

Interrogée à ce sujet, Sue Colin me répondit que, dans la vie, le fait de mettre fin à quelque chose permettait souvent de faire ensuite autre chose de totalement nouveau. Sa réponse ne m'apporta aucun réconfort.

Je souffrais tout particulièrement que mon apparence physique trahisse maintenant mon état de santé.

Un après-midi où Zuleika était rentrée de l'école, je lui dis soudain :

– Je parie que tu ne te souviens même plus de la dernière fois où j'étais en forme et où nous avons passé un bon moment ensemble.

– Je m'en souviens parfaitement, maman, me dit-elle en me lançant un regard assuré. C'était le jour où tu montais Limo, et moi Cadok!

Cadok et Limo faisaient partie de notre écurie et j'étais tout heureuse que Zuleika se souvienne de moi à l'occasion de cette sortie.

Une semaine après la quatrième séance de chimiothérapie, j'avais retrouvé assez de force pour reprendre le combat et, quand Alan vint me voir, je lui demandai de me couper les cheveux très court. Il m'en restait si peu que, lorsqu'il eut fini, on aurait dit que j'avais le crâne rasé. Alan me fit remarquer en riant que je ressemblais à Jeanne d'Arc.

Je quittai alors les lavabos du rez-de-chaussée où nous nous étions installés et montai à l'étage pour me faire un shampooing dans la salle de bains de ma chambre.

Dans l'escalier, je croisai Charlie qui descendait. En apercevant les larges plaques de peau nue et rougie par le soleil qui parsemaient mon crâne, il marqua un temps d'arrêt. La femme qu'il avait sous les yeux n'avait plus rien de commun avec celle dont il était tombé amoureux vingt ans plus tôt, en Bavière. Nous sommes restés quelques secondes à nous regarder, les yeux dans les yeux. Son visage exprimait alors tant d'émotions contradictoires que, pendant un court instant, j'eus de la peine pour lui et regrettai amèrement le passé. Mais ce moment d'abattement ne dura pas.

– Pour moi, ça n'a pas vraiment d'importance, chéri, dis-je. Et je crois que ça vaut mieux comme ça...

Au fond, c'était vrai que cela n'avait pas d'importance. Et même, il *fallait* qu'il en soit ainsi!

Sans un mot, Charlie descendit les quelques marches qui le séparaient du rez-de-chaussée, puis alla s'asseoir dans la véranda et, me tournant le dos, se perdit dans la contemplation de l'océan.

Cinq mois plus tôt, qui aurait pu penser que nous en serions là aujourd'hui? Charlie et moi étions descendus à l'hôtel George-V, à Paris, pour assister à la remise des Césars, l'équivalent en France de nos Oscars américains.

Ce soir-là, j'étais vêtue d'une robe du soir signée Chanel, en soie blanche rehaussée de perles d'argent, et je portais des boucles d'oreilles et un collier en diamants. Au moment de sortir, nous étions en février, j'avais revêtu un long manteau en renard argenté. Comme nous quittions notre suite, Charlie me dit à quel point il était fier que je sois aussi belle.

Tandis que nous traversions le hall de l'hôtel pour rejoindre la limousine qui nous attendait, les clients du George-V s'étaient retournés sur notre passage, admirant le couple que nous formions. Dehors, la foule des spectateurs excitée avait scandé à plusieurs reprises le nom de Bronson et, avant que la voiture démarre, des visages admiratifs s'étaient collés contre la lunette arrière de la limousine.

La foule massée aux abords du théâtre était nombreuse et, en descendant de voiture, j'avais remarqué au passage les regards mi-admiratifs, mi-envieux que me lançaient les femmes. Que n'auraient-elles donné en cet instant pour porter mes vêtements et mes bijoux, avoir mon allure et être mariées à Charles Bronson? Mais combien d'entre elles auraient échangé leur place contre la mienne si elles avaient su que j'étais porteuse d'une tumeur maligne...

Un court instant, je me laissai envahir par le souvenir de cette époque bénie où je ne savais rien encore... Puis, après avoir mis un chapeau, je rejoignis Charlie dans la véranda.

Il était toujours assis à la même place. Debout derrière lui, je passai tendrement mes bras autour de son cou.

– Ne t'en fais pas, Charlie! lui dis-je. Mes cheveux ne vont pas tarder à repousser.

Je lui déposai un léger baiser dans le cou et quittai la maison, décidée soudain à aller rendre visite à Cadok, mon cheval préféré.

Cadok, le plus vieux de nos chevaux, avait gagné de nombreux prix, mais il ne pouvait plus courir car il avait été gravement blessé lors d'un transport en van, un soir où il devait se produire dans une soirée équestre. Régulièrement, je le faisais rapatrier de notre haras du Vermont pour pouvoir le monter.

Quand j'arrivai ce jour-là au haras, mon Cadok se promenait paresseusement dans un enclos. Dès qu'il m'aperçut, il s'approcha pour se faire caresser.

– Mon pauvre Cadok, lui dis-je, toi et moi, nous venons de passer un bien mauvais moment... Mais tu vas voir, maintenant ça va aller beaucoup mieux!

En guise de réponse, Cadok lova sa tête au creux de mon épaule, et soudain je me sentis en paix avec le monde entier.

Durant tout l'été, j'avais régulièrement téléphoné à ma mère afin de la tenir au courant de mon état de santé, espérant ainsi la dissuader de venir me voir en Californie.

Au début de septembre, n'y tenant plus, elle se débrouilla pour trouver une place pour mon père dans une maison de repos et, à l'âge de soixante-dix-neuf ans, pour la première fois de sa vie, elle prit l'avion toute seule, survola vaillamment l'Atlantique et tout le territoire des États-Unis pour débarquer enfin à l'aéroport de Los Angeles.

Paul était allé la chercher, et il la ramena aussitôt à la maison que nous louions à Malibu.

Fatiguée par le voyage, n'ayant pas fermé l'œil depuis vingt-quatre heures, ma mère n'avait pourtant rien perdu de son entrain légendaire. Elle semblait tout particulièrement heureuse de découvrir que j'allais beaucoup mieux qu'elle ne l'avait craint.

En l'aidant à défaire ses bagages, je découvris au fond de son sac un service à thé en argent et deux vases en cristal que j'avais toujours vus chez nous, en Angleterre.

Un peu surprise, je lui demandai :

– Pourquoi as-tu apporté ça?

– Il y a longtemps que je ne m'en sers plus, répondit-elle, et j'ai pensé que cela te ferait plaisir si je t'en faisais cadeau.

Je la remerciai de cette délicate attention en l'embrassant sur les deux joues, tout heureuse de sentir sous mes lèvres sa peau si douce. Petite et mince, presque fragile, le visage auréolé de cheveux blancs coupés court, ses yeux bleus brillants d'intelligence, elle m'apparut ce jour-là comme la plus jolie vieille dame qu'il m'ait jamais été donné de voir.

Le soir, quand tout le monde fut couché, le fait de savoir qu'elle dormait sous mon toit me réconforta profondément : que ma mère se soit déplacée de si loin pour me voir, allait, j'en étais persuadée maintenant, m'aider à guérir.

Je profitai de son séjour à Malibu pour lui parler de Sue Colin et de la médecine holistique, ainsi que de Bernard Dowson. Je lui fis cadeau d'un de mes cristaux et, un jour où Zuleika et Katrina se trouvaient à la maison, nous méditâmes toutes les quatre ensemble.

Quelques jours après son arrivée, je lui montrai ma cicatrice.

– C'est bien ce que je pensais, dit-elle après m'avoir regardée attentivement. Ce n'est pas si grave que ça, Jill! Pourtant, ajouta-t-elle, j'aurais donné avec plaisir mes deux vieux seins pour que tu puisses conserver le tien...

Les années de mon enfance étaient loin et pourtant, pendant le court séjour de ma mère à Malibu, j'eus l'impression que son attitude résolue me stimulait, exactement comme le jour où elle m'avait emmenée pour la première fois au cours de Mademoiselle Stella.

Un jour, assise dans la véranda, je l'observais de loin alors qu'elle marchait sur la plage, mince silhouette se détachant sur le fond de l'océan.

A cause de la distance qui nous séparait, les rides qui marquaient son corps tanné par le soleil de Californie étaient invisibles et je fus frappée par sa vitalité et l'aspect déterminé de sa démarche. Debout le long de la mer, la tête haute, les bras ballants, avançant résolument malgré l'arthrite qui déformait ses doigts de pieds, elle semblait bien plus jeune que son âge. A la voir ainsi, j'éprouvai soudain un sentiment d'orgueil filial et fus incapable de retenir mes larmes.

Ma mère resta deux semaines à Malibu. Puis, satisfaite de voir que je me portais aussi bien que possible, elle finit par me dire :

– Ma vie est en Angleterre, Jill ! Il faut que je retourne là-bas. Ton père a besoin de moi.

Après avoir remercié Charlie pour son accueil, elle reprit l'avion, nous laissant comme cadeaux un service à thé, deux vases en cristal, et un peu de sa force de caractère.

16

Après le départ de ma mère, la vie reprit comme auparavant.

Chaque matin au réveil, je méditais, puis je surveillais le départ de Zuleika et Katrina pour l'école. Ensuite, je me rendais soit chez Sue Colin, soit chez Bernard Dowson. Après le déjeuner, je méditais à nouveau, puis passais l'après-midi sur la plage ou en compagnie de Zuleika lorsqu'elle montait à cheval. Avant le dîner, j'aidais les deux filles à faire leurs devoirs et méditais une dernière fois avant de me coucher.

Le traitement proposé par Bernard Dowson me donnait parfois quelques inquiétudes. Il m'arrivait de me demander si la table électromagnétique sur laquelle je m'étendais deux fois par semaine, au lieu de détruire mes cellules cancéreuses, ne risquait pas, au contraire, de les faire proliférer. Je ne connaissais pas les principes qui régissent ce type de traitement et je ne pouvais que faire confiance à Bernard. Selon lui, les examens pratiqués à intervalles réguliers montraient que ma santé et mon énergie s'étaient accrues d'une manière significative.

Après m'avoir fait passer une série d'examens pour déterminer les causes de mon allergie, Bernard me fournit une liste d'aliments que je devais exclure complètement de mes menus. Je suivis ses conseils et modifiai mon alimentation.

Régulièrement, il prélevait une mèche de mes cheveux à des fins d'examen, et un jour, je me décidai à lui en demander la raison.

– Le corps de chaque être humain est organisé selon un modèle spécifique, me répondit-il. De même qu'il n'existe pas au monde deux flocons de neige dont la structure soit identique, il n'y a pas deux êtres humains, deux codes génétiques ou même deux chevelures exactement semblables. Votre corps peut être comparé à un coffre-fort muni d'une combinaison extrêmement sophistiquée. N'importe quelle partie de votre organisme est régie par ce code unique. Que j'examine une mèche de vos cheveux ou votre corps, pour moi c'est la même chose car, au fur et à mesure que l'état de votre corps évolue, l'état de vos cheveux change, lui aussi.

– Ce que vous me dites là, Bernard, me fait penser aux rites vaudou, remarquai-je.

– Vous n'avez pas tort, Jill! Selon les rites vaudou, il suffit de posséder une mèche de cheveux et un morceau d'ongle ayant appartenu à quelqu'un pour pouvoir agir sur cette personne, même si elle se trouve à l'autre bout du monde. D'ailleurs, à Hawaii, les kahunas ne soignent les malades que de cette manière : à distance...

Même si les explications de Bernard Dowson pouvaient sembler un peu étranges, je continuais d'aller le voir, faisant confiance à mon intuition. Michael Van Scoy Mosher avait fait preuve d'une réelle ouverture d'esprit en me disant que, même si l'efficacité de l'homéopathie n'était pas prouvée scientifiquement, cela ne l'empêchait pas de guérir certains malades. Quant à Ray Weston, je préférais ne rien lui dire des méthodes de Bernard car il l'aurait aussitôt traité de charlatan.

Désirant en savoir un peu plus, je fis quelques recherches à la bibliothèque médicale de l'UCLA, et découvris qu'en effet les Suédois et les Russes utilisaient des tables magnétiques semblables à celle qu'employait Bernard. Je lus aussi dans le *Smithsonian* un article de Jack Fincher intitulé « Les nouvelles machines vont bientôt remplacer la trousse du médecin ». J'appris ainsi que le corps possédait ses propres champs magnétiques et que l'électromagnétisme, en stimulant les zones blessées, permettait une guérison plus rapide du malade.

Toutes mes lectures concernant le cancer me ramenaient au même point. Scientifiques, médecins, homéopathes, psychiatres, cancérologues ou praticiens de la médecine holistique, tous étaient d'accord sur le fait qu'il existait, en quelque sorte, une personnalité cancéreuse. Si les malades n'étaient pas prêts à modifier leur mode de vie, leurs chances de guérir s'en trouvaient considérablement diminuées.

Pour ma part, de jour en jour, je me sentais plus heureuse et en bien meilleure forme que je ne l'avais été depuis de longues années. De temps en temps, le cancer se rappelait à mon bon souvenir et je ne m'en plaignais pas, car cela m'obligeait à ne pas perdre de vue la réalité de ma situation.

Retrouver la santé était devenu une tâche comme une autre. Ce type d'activité connaissait, lui aussi, des hauts et des bas. Chaque fois que j'avais une rechute, je me disais : « Ne te laisse pas faire, Jill, médite! » et, en visualisant le combat que menaient mes globules blancs contre les cellules cancéreuses, je reprenais courage.

Renonçant à certaines de mes responsabilités, je m'en déchargeais maintenant sur ceux qui m'entouraient. Ma secrétaire, Sue Overholt, accepta de s'occuper du haras Zuleika Ouest. Charlie me proposa de conduire Zuleika à ses leçons d'équitation. Quant à

Katrina, je lui expliquai que ce que je faisais jusqu'ici à sa place mobilisait une énergie dont j'avais maintenant besoin pour lutter contre le cancer. Je lui conseillai de se charger elle-même des choses qui la concernaient et l'assurai qu'ainsi, elle serait mieux armée plus tard pour affronter la vie.

Je cessais complètement de faire quelque chose sous prétexte que je *devais* le faire et, grâce à cette attitude, je commençais à voir beaucoup plus clair dans mes propres motivations. Avant tout, je désirais guérir et écrire un livre qui, je l'espérais, pourrait aider ceux qui traversaient les mêmes épreuves que moi. Dans la mesure du possible, je voulais aussi me montrer moins exigeante vis-à-vis de moi-même et m'accepter telle que j'étais. Au fond, tous mes efforts tendaient à ce que ma propre vie devienne une suite d'instants de qualité.

Le docteur Simonton demandait à ses patients d'énumérer huit stress dont ils avaient souffert durant les dix-huit mois précédant leur cancer. Après avoir lu ma réponse à ce questionnaire, il m'avait expliqué que je n'avais eu aucune chance d'échapper à une maladie grave. Sous l'assaut répété de ces stress, les défenses de mon organisme ne pouvaient que céder.

Puisque, dans le passé, cela s'était déjà produit, il est certain que j'aurais pu subir l'un ou l'autre de ces traumatismes sans pour autant tomber malade. Mais pendant dix-huit mois, j'en avais subi un trop grand nombre et j'avais été soumise à une angoisse permanente. Dans ces conditions, il m'avait été impossible de conserver intactes mes forces et ma vitalité. Extrêmement déprimée, j'avais abandonné le combat et mes globules blancs avaient fait de même. Profitant de cette situation, les cellules cancéreuses qui, en temps ordinaire, sont régulièrement détruites par les globules blancs, avaient soudain proliféré. Je ne m'étais absolument pas rendu compte à quel point j'étais épuisée. Et, même si j'en avais eu conscience, comment aurais-je pu rester à l'abri des chocs et des deuils qui avaient jalonné cette période de ma vie? Même aujourd'hui, il m'était impossible de dire si, avec le secours de la méditation et du traitement de Bernard Dowson, j'aurais pu affronter autant de traumatismes sans tomber malade.

Comme il me semblait que je commençais tout juste à apprendre à vivre, je comptais bien rester sur terre encore de nombreuses années. A mon avis, ma vie future s'annonçait plus satisfaisante encore qu'elle ne l'était actuellement, et c'était une excellente raison pour ne pas la quitter.

Il faut dire aussi que l'attitude de Charlie à mon égard s'était nettement adoucie et que nous nous disputions rarement. Le fait qu'on m'ait retiré un sein n'affectait pas notre vie sexuelle et nous faisions l'amour avec la même passion et la même tendresse qu'auparavant.

Deux mois après l'opération, j'avais repris tout naturellement l'habitude de me promener toute nue dans la maison en sa présence, et un jour, il avait embrassé ma cicatrice en me disant :

– Pour moi, Jill, il n'y a rien de changé! Je t'aime toujours autant.

Je savais qu'il me disait la vérité et, rien que pour lui, j'étais bien décidée à vivre encore de longues années. Je refusais l'idée que la mort puisse interrompre notre bonheur.

Il faut dire aussi que le cancer n'avait pas que des mauvais côtés. La maladie m'avait rapprochée de mes enfants et de mes amis. Ceux qui m'entouraient à cette époque n'étaient pas légion, mais au moins avais-je l'assurance que, s'ils se trouvaient là, près de moi, c'était par amitié. Peu leur importait que je sois en bonne santé ou malade. De même, mon opération n'avait rien changé à nos relations. Je n'avais pas besoin de conserver mes deux seins pour rester fidèle à moi-même, et je savais que la maladie n'avait en rien modifié la femme qu'appréciaient mes amis.

Au contraire, le cancer m'avait obligée à élargir mon horizon et, grâce à lui, j'avais fait des découvertes qui, dans d'autres circonstances, m'auraient pris des années. Comme il serait dommage que je ne puisse pas maintenant en profiter!

Un beau jour, l'agent immobilier qui s'occupait de la maison de Jack me téléphona.

– Je crois que les propriétaires vont accepter votre offre, me dit-il. Eux-mêmes sont en pourparlers pour acheter une autre maison et, si l'affaire se fait, ils voudront vendre celle qui vous intéresse...

Aussitôt, je communiquai à Charlie cette bonne nouvelle. Mon impatience était à son comble. Chaque fois que je pensais à cette maison, je ne pouvais m'empêcher de faire des projets. Si elle devenait « ma » maison, j'étais décidée à ce qu'elle retrouve son glorieux aspect des années 30 et je n'avais qu'une hâte : commencer les travaux. Il me semblait que le jour où cette maison m'appartiendrait, je ne pourrais plus mourir car j'en avais au moins pour vingt ans à m'occuper d'elle!

Seule la menace de la cinquième séance de chimiothérapie, qui devait avoir lieu dans une semaine, parvenait à tempérer mon optimisme... Et encore! Pour la première fois depuis le début du traitement, je n'éprouvais aucun sentiment de panique et j'espérais que, cette fois, j'allais être capable de conserver mon calme jusqu'au bout.

En attendant cette date, je montais à cheval régulièrement et, presque chaque jour, faisais travailler Cadok pendant près d'une heure. Il m'arrivait aussi de monter Robbie, un pur-sang gris. Monter deux chevaux dans la même journée, si peu de temps après mon opération... ces jours-là, je me sentais extrêmement fière de moi!

Le haras Zuleika Ouest comptait dix chevaux et, depuis que je ne pouvais plus m'en occuper, j'avais fait appel à des amis. Sue Overholt, ma secrétaire, passait la matinée là-bas et, comme elle était excellente cavalière, faisait travailler les chevaux. Mark Farndale, un de nos amis agent immobilier, bon cavalier lui aussi, prenait le relais le soir après son travail. Katty Kurner, une autre de nos amies qui avait battu le record du saut en hauteur à cheval, donnait des leçons à Zuleika et, grâce à elle, Zuleika améliorait notablement ses performances.

Même si j'allais beaucoup mieux, j'étais bien obligée d'admettre que je n'étais pas près de monter quatre chevaux différents dans la même journée, comme avant mon opération...

Heureusement, grâce à l'aide de quelques amis, les chevaux de Zuleika Ouest étaient en pleine forme. Alan lui-même ne ménageait pas sa peine et, de temps à autre, quand il en avait par-dessus la tête de recevoir mes ordres, il me traitait de « vieille impératrice excentrique ».

Le jour où j'allais voir Michael afin qu'il vérifie ma numération globulaire, je n'avais plus rien d'une impératrice...

Mon taux de globules blancs était satisfaisant, mais Michael me proposa d'attendre qu'il ait légèrement baissé afin de pouvoir contrôler l'effet de la chimiothérapie.

Tout heureuse de ces résultats, je me permis quelques entorses au régime que m'avait prescrit Bernard Dowson. Je mangeai un peu de chocolat et recommençai à consommer des produits à base de blé.

Au début, je n'éprouvai aucun malaise. Puis, au bout de quelques jours, je fus prise de violents maux de tête. Je mis d'abord ces douleurs sur le compte de la chaleur pour finalement me rendre compte que Bernard avait raison. Comme il me l'avait dit, j'étais allergique au chocolat, à la caféine et aux produits à base de blé. Aussitôt que j'eus repris mon régime, mes migraines disparurent.

17

Un matin, après une promenade sur la plage avec Cassie, je rejoignis Charlie dans la véranda pour prendre mon petit déjeuner avec lui.

Confortablement installée dans mon fauteuil favori, je commençai à déjeuner en feuilletant un magazine de mode. Séduite par une robe en velours noir, je découpai la page sur laquelle le vêtement était photographié afin de pouvoir acheter ce modèle.

J'étais en train d'imaginer l'effet que ferait cette robe habillée quand, soudain, j'éprouvai exactement la même sensation de brûlure que celle que j'avais ressentie avant ma biopsie. Sauf que, cette fois, c'était dans mon sein gauche!

Après avoir palpé ma poitrine, je découvris une grosseur. Aussitôt je fus envahie par une peur atroce : jamais je ne pourrais supporter d'être opérée une seconde fois!

– Charlie! m'écriai-je, j'ai de nouveau une grosseur.

– Quand dois-tu voir Mitch Karlan? me demanda-t-il.

– Il est absent pour deux semaines, répondis-je catastrophée.

– C'est une sale histoire, reconnut Charlie. Mais tu es toujours sous traitement chimiothérapique et, à mon avis, il ne faut pas trop s'inquiéter. Peut-être s'agit-il simplement d'une glande...

Je n'insistai pas. Après avoir embrassé Charlie, je rejoignis Alan qui, ce jour-là, devait m'emmener en voiture chez Bernard Dowson.

– Que se passe-t-il? demanda-t-il en me voyant complètement bouleversée.

– J'ai une nouvelle grosseur, Alan! Cette fois, c'est du côté gauche...

– Nous allons discuter de cela avec Dowson.

Que m'importait de discuter? J'étais bel et bien persuadée qu'on allait m'enlever le sein qui me restait!

Durant une demi-heure, je restai étendue sur la table magnétique, incapable de méditer. Chaque fois que je tentais d'imaginer la lutte entre mes globules blancs et les cellules cancéreuses, la peur panique que j'éprouvais m'empêchait de me concentrer. Je n'avais plus qu'une envie : quitter cette cabine et rentrer chez moi.

Quand la séance prit fin, je rejoignis Alan dans le bureau de réception et le laissai annoncer la nouvelle à Bernard.

– Comment se fait-il que Jill ait une autre grosseur? demanda-t-il. Je parle sérieusement, Bernard! et nous aimerions bien savoir ce qui se passe...

– Cette table magnétique me fait peur, Bernard! ajoutai-je. Qui me dit que ce traitement ne stimule pas l'activité des cellules cancéreuses?

– Impossible, Jill! répondit Bernard Dowson.

Puis il reprit les arguments qu'il avait développés lors de ma première visite chez lui. A son avis, les tables magnétiques que les Russes et les Suédois utilisaient pour traiter le cancer constituaient une découverte sensationnelle, et j'étais certainement l'une des premières patientes américaines à être soignée ainsi.

Quand je lui demandai ce qu'indiquait le dernier examen de mes cheveux, il m'assura que, par rapport au test précédent, 60 % des cellules cancéreuses avaient disparu. Il ajouta qu'il ne fallait pas que je m'inquiète et me demanda de lui téléphoner dans une heure.

Une fois de plus, Bernard Dowson avait réussi à me redonner confiance, et je quittai son cabinet beaucoup plus rassurée que lorsque j'y étais entrée. Même si j'étais incapable de suivre la totalité de ses explications, je savais qu'il y avait de grandes chances pour que le traitement qu'il me faisait suivre complète efficacement les séances de chimiothérapie. Le cancer était une maladie bien étrange... Au point où j'en étais arrivée, la maladie allait m'apporter une toute nouvelle ouverture d'esprit. Ou alors... me rendre complètement folle!

Lorsque nous nous sommes retrouvés dans la rue, Alan me serra affectueusement dans ses bras. Je réalisai soudain à quel point il prenait tout ce qui m'arrivait à cœur, et quel souci je représentais pour lui.

Finalement, nous décidâmes d'aller déjeuner au restaurant et, réconfortés par un excellent repas, nous retrouvâmes notre bonne humeur.

En rentrant, je téléphonai à Bernard. Il me dit que la grosseur que j'avais découverte était certainement une glande lymphatique et qu'il était possible que j'aie attrapé un virus. Quant au cancer, il était catégorique : d'après les examens qu'il pratiquait chaque fois que je venais chez lui, il avait disparu.

Je ne parlai pas de ma visite chez Bernard à Charlie car, entre nous, l'homéopathie était un sujet tabou. Charlie n'en pensait pas grand bien et, s'il avait critiqué les méthodes de Bernard Dowson, j'aurais certainement refusé de l'écouter. Dans ce domaine, je suivais mon intuition. L'avis de Charlie avait beaucoup de poids à mes yeux et s'il avait manifesté son opposition au traitement, cela m'aurait aussitôt bouleversée. Le sachant, il préférait conserver un silence prudent.

En fin d'après-midi, nous décidâmes d'aller faire une promenade sur la plage et, à notre habitude, nous parlâmes de la maison de Jack.

Une fois de plus, les propriétaires avaient refusé notre offre d'achat et nous en étions très désappointés. A notre avis, leur première estimation était bien trop élevée et, compte tenu des travaux qu'exigeait la réfection du bâtiment, la valeur de la maison devait être diminuée des deux tiers environ. Malgré tout, à cause de sa situation juste en face de l'océan, nous décidâmes ce jour-là d'augmenter un peu notre offre. Je dois reconnaître que dans ce cas précis, mes sentiments prenaient le pas sur mon sens des affaires et que, bon gré mal gré, Charlie me laissait faire.

Lorsque nous avions acheté la maison de Bel Air, nous l'avions également surpayée. A cette époque, nous n'avions pas les moyens d'investir dans des travaux, et nous nous étions contentés de repeindre les murs en blanc cassé et de changer les tapis et les rideaux. En guise de décoration, nous avions accroché aux murs des toiles que nous avions peintes, dont un immense tableau réalisé par Charlie qui représentait un mineur, le visage encore noir de charbon, en train de prendre son bain dans un tub en bois tandis que sa femme lui frottait le dos...

Faute de temps et d'argent, je me contentais de remplir la maison de tout le bric-à-brac qui venait de nos précédentes habitations. Le soir, la lueur des bougies avait l'avantage de masquer toutes ces erreurs de goût et, ainsi éclairée, notre vieille maison prenait l'apparence, à mes yeux tout au moins, d'une élégante demeure un peu délabrée.

Nos revenus augmentant, nous en profitâmes pour acheter des meubles anciens et des objets d'art qui venaient du monde entier : des tables de ferme françaises, des tapisseries turques, une immense horloge allemande que Charlie remontait religieusement, des peintures et des bronzes achetés à Paris et à Londres. Jamais je ne fis appel à un décorateur, essayant seulement de recréer à Bel Air la chaude atmosphère des maisons de campagne anglaises. Ce fut un travail de titan. Mais, au bout de dix-sept ans, la maison était devenue confortable et belle.

Quelle énorme responsabilité que de posséder tout ce qu'on peut désirer! Et même plus... C'est-à-dire un certain nombre de choses dont j'avais maintenant envie de me débarrasser. J'avais besoin de toute mon énergie pour me consacrer à d'autres tâches, et je ne pouvais plus supporter de la gaspiller à entretenir des possessions matérielles.

La maison de Jack, plus petite et beaucoup plus simple d'entretien que notre maison de Bel Air, me convenait parfaitement. De plus, elle possédait deux bâtiments attenants que l'on pouvait transformer en bureau et en salle de gymnastique pour Charlie. Avant d'emménager, il fallait bien sûr la remettre entièrement en état et faire repeindre la façade.

Bien que les propriétaires se fassent tirer l'oreille au sujet du prix, à mes yeux, aucun doute n'était possible concernant l'issue de l'affaire : je savais que cette maison était faite pour moi.

Charlie ne devait pas entièrement partager mon avis car, au retour de notre promenade, il me dit :

– Ne t'attache pas trop à cette maison, Jill! Peut-être ne pourrons-nous pas l'acheter...

Quelques jours plus tard, nous apprenions le décès d'Antorchia, la plus âgée des sœurs de Charlie.

Cette pauvre Antorchia avait eu une vie bien triste! La scarlatine qu'elle avait attrapée étant enfant l'avait rendue muette. Incapable d'apprendre à parler, elle avait utilisé toute sa vie, pour communiquer, un langage très ancien par signes que bien peu de gens connaissaient.

Craignant que, compte tenu de l'isolement de sa sœur, il y ait bien peu de gens au cimetière, Charlie m'annonça qu'il désirait être présent le jour de l'enterrement. Il prit donc le premier avion en partance pour la Pennsylvanie.

Peu après son départ, l'agent immobilier me téléphona pour me dire que les propriétaires de la maison de Jack Warner avaient accepté notre nouvelle offre.

Lorsque, deux jours plus tard, Charlie revint de Pennsylvanie, je lui laissai le temps de se remettre de son voyage. Il me raconta que l'enterrement d'Antorchia s'était très bien passé et qu'il y avait eu beaucoup plus de monde que prévu. Au cimetière, un homme de quatre-vingts ans s'était même approché de lui pour lui dire : « Quand elle était jeune, votre sœur était une véritable beauté et, après avoir appris son décès par le journal, je tenais à être présent à son enterrement... »

– Moi aussi, Charlie, j'ai une excellente nouvelle à t'apprendre, annonçai-je alors.

– Quoi donc?

– Devine! Quelque chose qui nous concerne tous les deux...

Comme il gardait le silence, je lui dis :

– La maison de Jack est à nous! Les propriétaires ont accepté notre offre.

– Tu plaisantes? demanda Charlie.

– Absolument pas! rétorquai-je.

Le regard qu'il me lança alors contenait plus de surprise que de joie. Il adorait notre maison de Bel Air, et le fait de devoir la vendre le peinait certainement. Jusque-là, il avait dû penser qu'il s'agissait d'une sorte de caprice de ma part, mais voilà que le projet devenait soudain réalité...

Heureusement, mon enthousiasme était communicatif et, quelques jours plus tard, gagné à ma cause, Charlie m'aidait à dessiner les plans du futur bureau et de sa future salle de gymnastique.

Zuleika et Katrina étaient enchantées à l'idée de déménager pour habiter au bord de la mer, mais les autres enfants n'étaient pas de cet avis. Ayant passé toute leur jeunesse à Bel Air, ils étaient désolés que nous vendions la maison.

Quand je suggérai d'organiser un grand repas d'adieu qui réunirait toute la famille avant de quitter la maison, Paul me dit :

– Ne fais pas ça, maman! Imagine-nous, tous assis dans la salle à manger de Bel Air et sachant que c'est la dernière fois que nous sommes réunis dans cette pièce... Ce serait encore pire qu'un repas d'enterrement!

Pour les tranquilliser, je leur expliquai qu'il faudrait bien compter deux ans avant de pouvoir vendre la maison et qu'ils auraient donc largement le temps de s'adapter à cette idée.

Je savais que, moi aussi, je serais triste quand viendrait le moment de quitter Bel Air où j'avais passé tant d'années de ma vie. Comme mes enfants, j'aurais besoin de temps pour m'adapter.

Chaque fois que je parlais du futur, cela me faisait une drôle d'impression, surtout lorsqu'il était question d'années. Personne ne sait ce que lui réserve l'avenir, bien sûr, personne n'est à l'abri de la maladie ou de la mort, mais quand on a un cancer, on voit les choses un peu différemment... et on se contente d'espérer. Voilà : on espère de toutes ses forces!

18

Malgré la menace imminente d'une cinquième séance de chimiothérapie, je ne pouvais m'empêcher de goûter les derniers beaux jours à Malibu, et d'apprécier la tranquillité de la plage maintenant que les estivants étaient partis.

Le samedi qui précéda cette cinquième séance, Charlie, Zuleika et moi devions assister aux finales américaines d'équitation par équipes qui avaient lieu à Griffith Park.

Ce jour-là, comme chaque fois que je sortais, je soignai tout particulièrement ma tenue.

Après m'être maquillé les yeux avec du kohl bleu et du mascara, je choisis une robe en lin rouge et un chapeau de paille d'un rouge éclatant, à la Garbo. Une paire de sandales rouges à talons hauts complétait ma toilette. A condition que personne ne fasse valser mon chapeau de paille, j'étais certaine, côté élégance, de gagner le pompon, comme on dit...

A chacune de mes sorties en public, j'étais obsédée par la crainte de perdre mon chapeau.

Récemment, j'avais été invitée au restaurant par un agent artistique. Le repas s'était parfaitement bien passé et je pensais avoir fait bonne impression. Nous étions sur le point de nous quitter à la sortie du restaurant, quand une rafale de vent emporta l'élégant chapeau que j'avais choisi de porter à cette occasion! Je m'étais donc retrouvée tête nue et en train d'expliquer à l'agent artistique que je m'étais amusée à me faire couper les cheveux comme les punks... Après son départ, alors que le portier du restaurant me rapportait galamment mon chapeau, j'avais failli éclater de rire : m'être pomponnée comme je l'avais fait pour, finalement, voir tous mes efforts balayés par un malheureux coup de vent!

J'espérais que rien de pareil n'allait m'arriver à Griffith Park.

Les gens que j'allais rencontrer à cette finale faisaient partie de ce que j'appelais « l'autre monde », un monde qui ignorait tout de ma vie personnelle. Pour mes proches, c'était bien différent : ils avaient l'habitude de me voir tête nue et presque chauve. Au fond, cela leur importait bien peu et ne modifiait en rien la nature de nos relations.

Un jour, par exemple, j'avais demandé à Zuleika si elle s'était inquiétée en apprenant que j'avais un cancer. « Non, maman! m'avait-elle aussitôt répondu. Je venais tous les jours à l'hôpital et je voyais que tu allais bien. » Sa réponse m'avait fait le plus grand plaisir.

En arrivant à Griffith Park, je fus tout heureuse d'y retrouver certains de mes amis. Je me réjouis aussi de voir que les cavaliers montaient remarquablement.

Le temps avait beaucoup fraîchi depuis que nous avions quitté la maison de Malibu et Charlie, craignant que j'attrape froid, alla m'acheter une tenue de jogging en coton gris qu'il m'obligea aussitôt à enfiler.

Évidemment, ma robe rouge signée d'un grand couturier était trop courte pour cacher le bas du pantalon en coton gris, et la veste en coton assortie masquait totalement le haut de ma robe. J'assistai donc aux championnats coiffée d'un chapeau en paille rouge, les oreilles ornées de pendentifs en diamant, vêtue d'une tenue de jogging en coton gris et chaussée de sandales rouges à talons hauts. Mes espoirs de faire sensation s'étaient évanouis, mais au moins je ne risquais pas d'attraper froid... D'ailleurs, j'étais si heureuse de voir que cette journée se déroulait parfaitement que j'en oubliais vite mon étrange tenue. Tous ceux que je rencontrais à Griffith Park semblaient ravis de me revoir et discutaient avec moi sans aucune gêne. Avant de me rencontrer à l'occasion de ces championnats, la plupart d'entre eux devaient m'imaginer à l'agonie, et je n'étais pas mécontente de leur prouver le contraire.

Ce samedi-là, Zuleika ne participait pas aux épreuves. En revanche, elle ne se privait pas d'encourager ses amis chaque fois qu'ils couraient et, quand nous nous sommes attablés pour manger des hot-dogs, elle en a profité pour commenter, tout excitée, chacun des résultats.

Bien qu'il ait fait de plus en plus froid, nous sommes restés à Griffith Park jusqu'à la fin des épreuves et le soir, en rentrant à Malibu, nous étions ravis de notre journée.

Ce même soir, après avoir embrassé Zuleika, j'enfilai un pyjama et m'assis en tailleur sur le parquet de ma chambre. Un cristal de quartz dans chaque main, j'essayai de méditer, mais, incapable de me concentrer, je me retrouvai soudain en train de penser à ma fille. Une crainte que j'avais jusqu'ici repoussée refaisait surface : que se passerait-il si Zuleika avait le cancer et si je n'étais plus là pour l'aider? A plusieurs reprises, j'avais lu que le cancer pouvait frapper les différents membres d'une même famille... J'aurais donné tout ce que je possédais, sans parler de ma vie elle-même, pour que ma fille ne soit jamais atteinte par ce mal! Mais dans le cas où, malheureusement, cela arriverait, je tenais à ce que Zuleika puisse se souvenir de quelle manière sa mère avait relevé le défi et combattu la maladie. Je voulais être un bon exemple.

Maudissant une fois de plus la maladie, je souhaitai de toutes mes forces retrouver ma santé, ma beauté... tout! Afin d'en faire cadeau à ma fille et de l'aider à affronter l'avenir.

En emménageant à Malibu, j'avais placé dans ma chambre une photo que je chérissais tout particulièrement. Le jour où cette photo avait été prise, Zuleika, âgée de quatre ans, était assise sur mes genoux et, la tête appuyée sur ma poitrine, elle se tournait vers moi pour me regarder. Accroché au cadre qui entourait cet instantané, se trouvait un petit sifflet en or porte-bonheur.

Toujours assise en tailleur sur le parquet de la chambre, je ne pus m'empêcher, en revoyant ce petit sifflet, d'évoquer cette lointaine époque de ma vie...

C'était en 1976, au moment de la remise du prix Golden Globe de la Foreign Press Association d'Hollywood. Charlie et moi avions tourné ensemble *From Noon Till Three* qui, aujourd'hui encore, reste notre film préféré parmi une douzaine d'autres où nous avons joué tous les deux. La chanson-titre de ce film avait obtenu le prix Golden Globe de la meilleure chanson de film, et je devais l'interpréter à l'occasion de la retransmission télévisée de la remise des prix.

Comme Charlie était parti tourner un autre film, j'avais emmené Zuleika aux répétitions. Elle adorait cette chanson et était persuadée que sa mère avait la plus belle voix du monde.

Chaque soir, je chantais avant qu'elle s'endorme :

Pour certains, la vie entière...
Pour d'autres, un seul jour...
Ce n'est pas ainsi qu'on mesure l'amour.
« A toi pour la vie » n'est que mensonge.
Bonjour! Au revoir!
L'amour dure tout juste le temps d'un songe.

Elle connaissait les paroles par cœur et, allongée dans son lit, joignait sa voix à la mienne en enroulant distraitement autour de son doigt mes longues mèches de cheveux.

Quand arriva le jour de l'émission, elle ne tenait plus en place à l'idée que sa mère allait interpréter à la télévision sa chanson favorite. Elle m'accompagna avec sa nurse à l'hôtel Beverly Wilshire qui avait mis une pièce à ma disposition pour que je puisse me changer avant la remise des prix. Tandis que je passais la robe en velours noir que Bob Mackie avait dessinée pour moi, la nurse emmena Zuleika jusqu'à la boutique de cadeaux de l'hôtel. Quand elles me rejoignirent dans la chambre, ma fille me montra fièrement le petit sifflet porte-bonheur qu'elle venait de m'acheter et elle l'épingla à la doublure de ma robe.

Cette robe du soir toute simple, avec un décolleté plongeant, je ne l'avais pas reportée depuis cette émission, et elle était rangée dans une des penderies de Bel Air. A cause de son décolleté, je ne la remettrais plus jamais. En revanche le petit sifflet en or, témoignage de l'amour de ma fille, se trouvait toujours là, à portée de ma main...

Maintenant que Zuleika était une adolescente et Katrina une ravissante jeune fille de seize ans, j'avais envie de les faire poser pour des photos. J'avais donc demandé à Susie Dotan, une de mes amies qui travaillait dans la publicité, si elle ne cherchait pas de jeunes mannequins.

– Bien sûr que si, Jill! m'avait-elle répondu. Le magazine *Teen* cherche justement des jeunes filles. Zuleika serait parfaite pour une pub que j'ai en tête... Si tu es d'accord, nous pourrions faire quelques photos d'essai pendant le week-end.

J'avais accepté aussitôt et pris rendez-vous avec elle pour le dimanche.

Ce jour-là, Alan vint exprès à la maison pour coiffer et maquiller les deux filles, et moi, je me chargeai du rôle de costumière, ramassant les tasses de thé vides, courant chercher un séchoir à cheveux et fouillant dans ma garde-robe pour y dénicher deux tenues adéquates.

Coiffée et maquillée par Alan, Zuleika était magnifique. Susie et le photographe qui l'accompagnait la firent poser debout dans la véranda avec, en fond, le bleu de l'océan qui faisait merveilleusement ressortir sa chevelure blonde et ses yeux turquoise.

Grâce au talent d'Alan, la jeune Katrina de seize ans s'était transformée en une femme belle et sensuelle.

Quant à Alan lui-même, il était aux anges!

– Cela me rappelle l'époque où je maquillais votre mère, dit-il aux filles.

En l'entendant parler ainsi, j'eus soudain l'impression de ne plus être qu'un vieux mannequin démodé. Il s'en rendit compte et, après m'avoir serrée affectueusement dans ses bras, me fit un clin d'œil en me montrant les deux « bébés » comme il les appelait : Zuleika, encore timide, et Katrina déjà plus sûre d'elle.

– C'est beau d'être jeune, n'est-ce pas? fit-il remarquer.

La séance de photos avait chassé Charlie de la véranda où il avait l'habitude de s'installer chaque jour, en début d'après-midi, pour lire.

Quand, s'approchant de nous, il vit que Zuleika était maquillée, il me lança un regard courroucé.

– J'ai préféré ne pas m'en mêler! annonça-t-il. Si on m'avait demandé mon avis, j'aurais dit que je n'étais pas d'accord. Maintenant, il est trop tard et mieux vaut que je me taise...

– Ne t'inquiète pas, chéri, le rassurai-je. Tu sais aussi bien que moi que, sur la photo, à cause de l'éclairage, le maquillage de Zuleika sera pratiquement invisible...

Cet argument sembla porter et Charlie rentra dans la maison, à la recherche d'un endroit où lire tranquille.

Lorsque Susie et son photographe eurent quitté Malibu, je me félicitai d'avoir organisé cette séance de photos. Katrina et Zuleika étaient ravies et, moi aussi, j'étais contente : cette journée m'avait donné un avant-goût de ce qui m'attendait avec mes deux jeunes filles.

Cette année, Katrina allait apprendre à conduire et Charlie lui achèterait certainement une voiture. Nous n'allions pas tarder à veiller de nouveau le soir en attendant son retour.

Nous avions déjà élevé cinq enfants et, les uns après les autres, ils s'étaient mis à conduire. Cela ne les avait pas empêchés de passer sains et saufs le cap de leur vingtième année...

A cette époque, Charlie et moi avions l'habitude de nous installer dans le bureau de Bel Air pour attendre le retour de l'un ou l'autre des enfants. A chaque coup de frein violent qui nous parvenait de Sunset Boulevard, Charlie sursautait en disant :

– Mon Dieu! J'espère que ce n'est pas Valentin, ou Jason...

Aucun d'eux n'avait eu d'accident grave et j'étais persuadée qu'il en serait de même pour Katrina.

Le plaisir que m'avait apporté cette journée de dimanche me rappelait le conseil de Bernard Dowson. « Maintenant, vous devriez profiter davantage des bons côtés de la vie, Jill! Essayez de faire seulement ce que vous aimez et appréciez. »

Même s'il m'arrivait encore d'avoir peur en pensant à la maladie ou de me sentir soudain isolée, le reste du temps je profitais des joies simples que me proposait la vie. La chaleur du soleil sur ma peau, l'amour de Charlie, la tendresse que j'éprouvais chaque fois que je serrais l'un de mes enfants contre moi, l'allégresse que provoquait le le spectacle de Cassie courant sur le sable... Toutes ces joies étaient soudain centuplées par la menace qui pesait sur moi et, pour cette raison, je ne regrettais pas d'avoir eu un cancer. Pour rien au monde, je n'aurais voulu changer quoi que ce soit à ce qui m'arrivait.

Avant de tomber malade, je pensais que ce qui comptait dans la vie, c'était la qualité du vécu et non le temps que l'on passait sur terre. Maintenant, je désirais à la fois vivre pleinement et longtemps... Le plus longtemps possible! Et j'allais me battre pour y parvenir.

19

Il me restait près d'une semaine avant ma cinquième séance de chimiothérapie et, chaque soir avant de me coucher, je ne manquais jamais d'écouter une cassette sur laquelle j'avais enregistré la méditation proposée par Carl O. Simonton dans son livre *Getting Well Again*.

Chaque soir, j'entendais ma propre voix réciter avec, comme bruit de fond, le ressac du Pacifique :

1. – Fermez les yeux.

2. – Prenez conscience de votre respiration.

3. – Inspirez profondément à plusieurs reprises et, chaque fois que vous expirez, prononcez mentalement le mot : « détente ».

4. – Concentrez-vous sur votre visage et prenez conscience des tensions qui existent au niveau des muscles de la face et autour des yeux... Trouvez une image mentale – une corde nouée par exemple, ou un poing fermé – qui corresponde à ces tensions. Et maintenant, imaginez que, l'une après l'autre, ces tensions se relâchent, exactement comme un élastique qui se détend.

5. – Lorsque les muscles de votre visage et autour des yeux sont complètement relâchés, laissez tout votre corps se détendre.

6. – Contractez tous les muscles de la face et autour des yeux, en crispant le visage... Puis relâchez tout le visage et laissez votre corps se détendre entièrement.

7. Vous allez maintenant relâcher toutes les parties du corps : la mâchoire, le cou, les épaules, le dos, les bras, les mains, la poitrine, l'abdomen, les cuisses, les mollets, les chevilles, les pieds. Chaque fois, prenez conscience des tensions qui existent dans chacune de ces zones. Puis, mentalement, faites-les disparaître et laissez-vous gagner par la détente.

8. Maintenant, imaginez un environnement naturel et agréable dans lequel vous vous sentez parfaitement bien, et imprégnez-vous

peu à peu de tous les détails de cet environnement (couleur, son, texture).

9. Pendant deux ou trois minutes, contentez-vous de vous détendre complètement dans cet environnement.

10. Puis imaginez le cancer, soit d'une manière réaliste, soit sous une forme symbolique. Laissez-vous pénétrer par l'idée que les cellules cancéreuses sont faibles et désorganisées. Rappelez-vous qu'en l'espace d'une vie, le corps détruit à plus de mille reprises les cellules cancéreuses. Au moment où vous visualisez votre propre cancer, prenez conscience que la guérison exige que les mécanismes de votre corps aient retrouvé leur état naturel de santé.

11. Si vous suivez un traitement chimiothérapique, imaginez maintenant que les médicaments, charriés par votre sang, sont en train de pénétrer dans votre corps... Imaginez qu'ils agissent comme le ferait un poison. Les cellules normales de votre corps sont intelligentes et fortes, et elles ne vont pas absorber aisément ce poison. Les cellules cancéreuses, au contraire, sont faibles et il en faut bien peu pour les tuer. Elles absorbent le poison, meurent et sont évacuées de votre corps.

12. Maintenant, imaginez les globules blancs de votre corps au moment où ils arrivent à l'endroit où sévit le cancer. Les globules blancs reconnaissent les cellules anormales et les détruisent. Ils forment une vaste armée, puissante, rusée et pleine d'agressivité. En face d'eux, les cellules cancéreuses n'ont aucune place et ce sont les globules blancs qui vont gagner la bataille.

13. Imaginez alors la défaite totale du cancer... Les cellules tuées sont balayées par les globules blancs, éliminées par le foie et les reins et évacuées hors du corps dans l'urine et les selles. Voilà exactement ce que vous désirez voir arriver. Représentez-vous mentalement la défaite du cancer jusqu'à ce qu'il ait complètement disparu. Au fur et à mesure que le cancer perd du terrain et disparaît, imaginez que vous retrouvez forces et appétit, et que vous vous sentez à l'aise dans votre propre famille et aimée par vos proches.

14. Si vous ressentez une douleur quelconque au niveau du corps, imaginez aussitôt qu'une armée de globules blancs se précipite à cet endroit et apaise la douleur. Quel que soit le problème, donnez à votre corps l'ordre de se guérir lui-même. Puis visualisez votre corps en train d'aller mieux.

15. Imaginez maintenant que vous êtes en parfaite santé, débarrassée de la maladie et pleine d'énergie.

16. Arrivée à ce point, imaginez-vous en train d'atteindre les buts que vous vous êtes fixés dans la vie : tout marche bien dans votre famille et les relations que vous entretenez avec ceux qui vous entourent deviennent plus riches qu'auparavant. Sachez que, dans la vie, pour se bien porter, il faut avoir de solides raisons d'aller bien. Vous allez donc maintenant utiliser ce moment de relaxation pour définir clairement quelles sont les priorités de votre vie.

17. Et maintenant, tapez-vous mentalement sur l'épaule pour vous féliciter d'avoir participé à votre propre guérison. Puis imaginez-vous en train de répéter trois fois par jour cet exercice mental, tout en restant parfaitement consciente et vigilante.

18. Relâchez les muscles de vos paupières, apprêtez-vous à ouvrir les yeux et reprenez conscience de l'endroit où vous vous trouvez.

19. Maintenant, vous ouvrez les yeux et vous êtes prête à reprendre vos activités coutumières.

Comme Bernard Dowson, le docteur Simonton m'avait conseillé d'éviter toutes les situations génératrices de stress et de profiter davantage des bons côtés de la vie.

Au début, j'avais des difficultés à établir la différence entre ce que je pensais devoir faire et ce que j'avais besoin de faire. Puis, petit à petit, cette attitude devint naturelle.

Je fus très surprise de voir que personne ne semblait se rendre compte de mon changement de comportement. Dans le passé, j'avais assumé mes obligations familiales et tout le train de maison, en étant persuadée que j'étais la seule à pouvoir m'occuper de tout cela. Maintenant que mes amis et les membres de ma famille avaient pris le relais, ces obligations ne me manquaient absolument pas. Était-ce moi qui m'étais inventé des responsabilités? Ou bien le cancer m'avait-il fourni une excuse pour être enfin moi-même, faire ce que je voulais et abandonner tout ce qui n'était pas indispensable? Autour de moi, personne ne semblait débordé, ou soudain tendu, sous prétexte que j'avais abandonné la plupart de mes responsabilités. Et il y avait là matière à réflexion.

Les femmes de ma génération ont été élevées dans l'idée qu'elles devaient servir leur mari et leurs enfants. Il s'agit certainement d'une attitude noble et admirable, mais préjudiciable à la santé. Il n'est pas impossible que cette façon de faire favorise l'apparition du cancer du sein.

En Angleterre, lorsque j'étais une toute jeune actrice et que je jouais à la télévision dans des émissions en direct, on utilisait sur le plateau de tournage ce qu'on appelle le compte à rebours. *Dix, neuf, huit, sept, six, cinq, quatre, trois, deux, un...* Quelqu'un me tapait alors sur l'épaule, en général le régisseur, puis sortait rapidement du champ de la caméra. Je jouais alors sans filet aussi longtemps que durait l'émission... C'est exactement ce que je ressentais aujourd'hui : j'étais plongée dans la vie jusqu'au cou et il fallait que je joue mon rôle sans filet!

Sue Colin s'était absentée pendant quelques jours et, maintenant qu'elle était rentrée, je retournai la voir.

Le matin de mon rendez-vous, je fus incapable de méditer car j'avais mal dormi, et je me contentai d'avaler un jus de fruits enrichi de protéines avant de me rendre à son cabinet.

Sue s'aperçut aussitôt que j'étais fatiguée et déconcentrée, et elle m'en demanda la raison. Je lui avouai que j'avais passé une excellente semaine et que j'en avais profité pour faire quelques entorses à mon régime, en mangeant en particulier des gâteaux.

– Ah... Ah... dit-elle. C'est ça qui vous a fatiguée. Vous savez que le sucre est très mauvais pour vous!

Me sentant soudain coupable, je ne pus qu'acquiescer. Se pouvait-il que la fatigue que j'éprouvais soit simplement due à une erreur d'alimentation?

Puis j'expliquai à Sue que j'avais pris rendez-vous avec Mitch Karlan afin qu'il puisse examiner la grosseur que j'avais découverte dans mon sein gauche.

Après avoir parlé avec elle pendant une heure, j'eus l'impression que ma fatigue s'était envolée et je rejoignis ma voiture, portant sous le bras un magnifique poster que Sue m'avait prêté en me disant qu'il me tiendrait compagnie pendant quelque temps.

Ce poster représentait un coucher de soleil avec un arbre au premier plan et portait, imprimées dans l'angle inférieur gauche, *Les cinq libertés* :

– *Voir et entendre ce qui est là, et non ce qui devrait être, était ou sera.*

– *Dire ce que l'on sent ou ce que l'on pense, et non ce que l'on attend de vous.*

– *Sentir ce que l'on ressent réellement et non ce que l'on doit sentir.*

– *Demander ce que l'on veut, au lieu de toujours attendre que l'on vous donne la permission de le prendre.*

– *Prendre ses propres risques au lieu de ne choisir que la sécurité.*

Ces avertissements avaient été écrits par Virginia Satter, une thérapeute qui, d'après ce que m'avait expliqué Sue, avait été victime du cancer. Ils s'adressaient tout particulièrement à ceux qui avaient affaire à cette maladie, et j'avais bien envie de les ajouter dans les enregistrements que j'utilisais pour méditer.

En rentrant, j'allumai la radio dans la voiture et écoutai du rock and roll. J'aimais tout particulièrement Mick Jagger. Sa voix rauque et râpeuse me remontait toujours le moral. J'aurais aimé pouvoir danser et chanter comme Tina Turner... Et cette musique représentait exactement le type d'énergie dont j'avais besoin actuellement.

En arrivant au haras, je montai Cadok tandis que mon jeune ami Petsy, ce talentueux cavalier, faisait travailler deux autres chevaux.

Je passai un excellent après-midi et pourtant, en fin de journée, je fus prise d'une violente migraine. Je dînai en espérant que le repas allait chasser la douleur, mais il n'en fut rien, et Charlie fut obligé de me masser les tempes et le cou.

– Tu as rendez-vous demain après-midi avec Mitch Karlan, me dit Charlie.

Comme je continuai à souffrir malgré le massage de Charlie, je pris un cachet de Valium et deux Ascriptin A/D, ce qui me fit du bien.

Charlie avait certainement vu juste, et j'étais furieuse à la pensée qu'en dépit de tous mes efforts pour vivre dans le moment présent, une crainte profondément enfouie ne cessait de me harceler au point de provoquer d'aussi violents maux de tête. J'étais profondément déçue aussi, car je pensais être parvenue à contrôler mon anxiété. Peut-être étais-je fatiguée par ma journée? Ou alors, j'avais attrapé froid... Que se passerait-il si lundi, jour fixé pour la cinquième séance de chimiothérapie, j'étais enrhumée?

Toutes ces questions ne firent qu'augmenter mon anxiété et, à onze heures du soir, je proposai à Charlie :

– Je monte dans notre chambre pendant que tu regardes les informations. Je vais méditer. Peut-être arriverai-je ainsi à me débarrasser de ce mal de tête...

Arrivée là-haut, je m'assis sur le lit, pris dans ma main l'améthyste et branchai le magnétophone. Cette séance de méditation me fut plus profitable que celle du matin et, peu après, je réussis à m'endormir.

Le lendemain, au réveil, le mal de tête avait disparu, mais j'étais fatiguée et déprimée. J'avais prévu de monter Cadok et Robbie mais, devant mon peu de courage, j'y renonçai.

Je me rendis compte que ces deux dernières semaines, j'avais fait beaucoup trop de choses en pensant que la dépense physique allait me redonner des forces. Chaque jour ou presque, j'avais monté deux de nos chevaux, je m'étais occupée de Zuleika Ouest, avais assisté aux championnats de Griffith Park et participé activement à la séance de photos des deux filles.

Le rythme imposé par les séances de chimiothérapie ne me laissait que deux semaines pendant lesquelles j'étais réellement en forme et, cette fois, j'avais voulu en profiter au maximum. J'avais oublié que je me remettais tout juste d'une opération et d'une grave maladie et, qu'en plus, les séances de chimiothérapie représentaient un surcroît de fatigue. Une fois encore, j'étais retournée à mon ancien mode de vie...

Le rendez-vous avec Mitch Karlan étant fixé à quatorze heures, je décidai de rester chez moi ce matin-là et, après avoir pris mon petit déjeuner, tentai de tuer le temps en feuilletant les catalogues de cadeaux de Noël qui étaient arrivés par la poste. Nous n'étions que le 25 septembre et déjà il fallait penser à Noël! Chaque année, la préparation de cette fête m'épuisait. L'an dernier, entre la famille, les amis, nos relations et le personnel, j'avais dû acheter trois cents cadeaux différents! Deux mois avant Noël, la pièce qui me servait de bureau était déjà encombrée de paquets, et sur le mur étaient épinglées de longues listes que je cochais au fur et à mesure de mes achats... Cette année, j'étais bien décidée à ne pas recommencer : seuls mes enfants et les membres de ma famille recevraient un cadeau. Mes amis devraient se contenter d'une carte de vœux, et j'espérais qu'ils comprendraient.

A treize heures, mon état ne s'était guère amélioré : j'étais aussi fatiguée et déprimée qu'au réveil. Maudissant la maladie qui, une fois encore, me prenait au piège, je montai dans ma chambre, m'enfermai à clef et fermai les yeux. Après vingt minutes de méditation, j'avais en partie retrouvé mon calme et pus manger une salade.

Puis je m'habillai rapidement sans mettre ni soutien-gorge ni prothèse puisque, de toute façon, il faudrait que je les enlève pour que Mitch m'examine.

Vêtue d'une combinaison de sport en coton gris et d'un chapeau de paille, je rejoignis Charlie qui m'attendait dehors à côté de notre Jaguar. En me voyant arriver, il me fit remarquer en riant que je ressemblais à un jardinier japonais. Je lui répondis que ma tenue me rappelait plutôt celle des planteurs de riz dans les vieux films... Puis, sur ces bons mots, nous quittâmes Malibu

20

Comme d'habitude, la salle d'attente de Mitch Karlan était pleine de monde et lorsque Charles Bronson fit son entrée, tenant par la main son jardinier japonais, la plupart des patients tournèrent la tête, soudain intéressés. Je regrettai aussitôt de ne pas avoir mis ma prothèse et de l'avoir rangée dans le sac de plage que j'avais emporté avec moi. Maintenant, il était trop tard pour réparer cette erreur...

Quelques minutes plus tard, l'infirmière de Mitch appela « Madame Bronson », ce qui sembla satisfaire la curiosité générale. Je me levai aussitôt et la suivis dans la salle d'examen.

– Comment allez-vous? demanda Mitch en me rejoignant.

– Je suis inquiète! avouai-je. J'ai une autre grosseur, Mitch!

Et je lui montrai l'endroit exact où se trouvait la grosseur.

– Si ça continue, je vais finir par vous employer au cabinet, plaisanta-t-il après avoir palpé mon sein. Vous êtes devenue très habile de vos mains, Jill!

– Vous aussi, vous sentez cette grosseur, Mitch?

– Bien sûr! Mais j'ai l'impression qu'il s'agit d'un simple kyste... Je vais être obligé de vous faire une injection de Novocaïne afin de vérifier, ajouta-t-il.

– Non! Je refuse! m'écriai-je en cachant mon sein avec mes deux mains.

– Jill, il faut absolument que je fasse un prélèvement! Sinon, je serai obligé de vous faire hospitaliser pour pratiquer une autre biopsie.

– Pourquoi ne pas prendre une radio? demandai-je.

– Ma chère, si je ne peux pas recueillir de liquide, nous ne serons jamais fixés...

– D'accord! dis-je. Mais allez d'abord chercher Charlie pour qu'il me tienne la main.

Quelques secondes plus tard, Mitch revint dans la salle d'examen accompagné de Charlie. En le voyant, j'éclatai en sanglots. Il s'approcha de moi et m'embrassa tendrement le front.

– Excuse-moi, lui dis-je. Je n'ai plus de courage...

– Ne t'inquiète pas, chérie! Je suis là, murmura Charlie.

– Je suis terriblement énervée, Mitch! dis-je en matière d'excuse.

Après avoir frotté mon sein avec de l'alcool, Mitch fit rapidement le prélèvement, puis regarda le contenu de la seringue à la lumière.

– Vous êtes bénie des dieux, Jill! m'annonça-t-il aussitôt. Ce n'est qu'un kyste. Je suis tombé dessus du premier coup... Regardez! poursuivit-il en me montrant le contenu de la seringue. Le liquide est clair. Je n'ai même pas besoin de l'envoyer au laboratoire pour examen.

Il vida la seringue dans l'évier de la salle de soins et ajouta :

– Si nous avions affaire à une tumeur maligne, le liquide aurait contenu du sang. Lorsqu'il est clair, il y a une chance sur un million que le kyste devienne un jour cancéreux. Inutile de s'inquiéter et de faire pratiquer des examens.

– Merci, Mitch! dis-je en m'essuyant les yeux. Je me sens mieux...

Dès que Mitch eut bandé ma poitrine, je mis mon soutien-gorge et ma prothèse, me rhabillai et, après avoir pris rendez-vous pour dans trois semaines, quittai le cabinet. J'avais les jambes en coton et dus m'appuyer au bras de Charlie pour traverser la rue.

D'un commun accord, nous décidâmes d'aller faire un tour au Neiman-Marcus.

En entrant dans le grand magasin, je demandai à Charlie où il voulait aller.

– Au rayon des chapeaux, me répondit-il. L'achat d'un chapeau me semble tout indiqué aujourd'hui...

En arrivant au rayon, nous découvrîmes tout un lot de feutres et de bérets aux couleurs chatoyantes.

– Que dirais-tu d'un chapeau cloche? me demanda Charlie. Compte tenu de la forme de ton visage, je suis sûr que celui-ci t'irait à merveille.

Il s'agissait d'un chapeau cloche en perles dorées dont la bordure assez large encadrait joliment le visage et cachait en partie le cou. Il m'allait très bien en effet et je choisis deux modèles : l'un doré et l'autre couleur bronze.

En essayant ces chapeaux, je me souvins soudain d'une histoire que racontait mon père lorsque j'étais enfant. Il paraît que son beau-père, quand sa femme n'allait pas bien, disait toujours : « Ça va passer! Elsie n'a jamais rien attrapé que l'achat d'un nouveau chapeau ne puisse guérir... »

Charlie devait penser exactement la même chose. Et, au fond, il n'avait pas tort car je me sentais en effet beaucoup mieux.

Pour faire bonne mesure, en plus des deux chapeaux cloches,

nous avons acheté quatre bérets : un béret bleu qui allait avec la couleur de mes yeux, un noir et un beige, enfin un rose que j'avais choisi parce que sa couleur extravagante me remontait le moral.

Puis Charlie, voyant que je tenais à peine sur mes jambes, me proposa de m'installer dans un fauteuil. Encore sous le coup de l'émotion éprouvée au moment où Mitch Karlan examinait le contenu de la seringue, je me sentais complètement épuisée.

– Après toute cette tension nerveuse, il est normal que tu sois fatiguée, me dit Charlie. Hier soir, tu étais exactement dans le même état : tu avais mal à la tête, un peu comme si tu avais passé la journée à faire le poirier...

L'image convenait parfaitement à ma situation : ces deux derniers jours, j'avais accumulé tellement de tension nerveuse que j'étais aussi fatiguée qu'un acrobate qui aurait trop longtemps gardé la tête en bas.

Je restais tranquillement assise dans mon fauteuil tandis que Charlie, à quelques mètres de moi, flânait dans le rayon des vêtements pour hommes. Je le vis enfiler une veste noire, puis la remettre sur le cintre, essayer quelques chapeaux et une cravate. Je savais pertinemment qu'il n'avait pas envie d'acheter quoi que ce soit et qu'il me laissait simplement le temps de retrouver mes forces. Cette délicatesse me toucha profondément, et je mesurai alors à quel point j'avais besoin de lui, et combien son amour m'aidait à vivre.

Dans la voiture, alors que nous rentrions à Malibu, je repensai soudain aux paroles de Bernard Dowson. « Je ne crois pas que vous ayez besoin d'une biopsie, m'avait-il dit quelques jours plus tôt. A mon avis, le cancer a disparu. » Au fond, la visite d'aujourd'hui chez Mitch Karlan représentait une sorte d'épreuve dont Bernard sortait vainqueur. En arrivant à la maison, j'abandonnai les cartons à chapeau dans le salon et montai dans la chambre avec Charlie. Allongée à côté de lui, je nichai ma tête au creux de son épaule en me disant, une fois de plus, qu'il n'y avait pas de meilleur endroit au monde.

Le lendemain, je rendis visite à Sue Colin. Je discutai avec elle de la peur que j'avais éprouvée avant de me rendre chez Mitch Karlan et du violent mal de tête que ce sentiment avait occasionné.

– Dans un cas comme celui-là, prendre un Valium est en effet une solution, reconnut Sue Colin. Mais, ajouta-t-elle aussitôt, vous auriez mieux fait d'interroger votre migraine afin d'en découvrir les raisons... et d'y remédier.

Je regrettai aussitôt de ne pas y avoir pensé. L'esprit humain est certainement doué de pouvoirs illimités... Mais comme il peut aussi se montrer rusé et tortueux! J'avais découvert cette grosseur deux semaines plus tôt, mais mon anxiété était restée enfouie dans mon inconscient jusqu'à ce que la fatigue se déclare, suivie d'un violent mal de tête.

Vers quatre heures de l'après-midi, alors que j'étais rentrée chez moi, le mal de tête recommença. Cette fois-ci, je savais comment m'y prendre et, après lui avoir demandé les raisons de sa présence, je compris très vite que j'avais besoin de manger et de me reposer.

Zuleika venait de rentrer de l'école et, pour une fois, je laissai Charlie l'emmener monter à cheval. Après avoir bu une tasse de thé et mangé quelques galettes de riz, je m'étendis sur mon lit et passai un agréable moment à compléter mon album de photos. « Quand tu es fatiguée, pensai-je, inutile de te forcer à sortir! Charlie adore passer l'après-midi avec sa fille. Ce n'est pas parce que tu n'as pas accompagné Zuleika aujourd'hui qu'elle t'aimera moins pour ça... » Convenablement traitée, ma migraine disparut en un rien de temps.

Je retirai alors le pansement que Mitch avait posé la veille sur ma poitrine. Il m'apparut que je n'avais toujours pas assimilé les conclusions de l'examen qu'il avait pratiqué. Je *savais* que cette grosseur n'était qu'un kyste sans gravité mais, intimement, je n'en étais pas encore persuadée. Mon inconscient avait enregistré le message, puis l'avait rangé dans un coin en attendant que je sois prête à l'assimiler. Toute cette histoire m'avait complètement déboussolée.

Le mercredi, je reçus un magnifique bouquet de fleurs accompagné d'une carte sur laquelle était écrit : « De la part de Val Le Grand, ton fils qui t'aime. »

C'est Valentin lui-même qui, à l'âge de six ans, s'était baptisé Val Le Grand. Il avait aussitôt inscrit ce surnom sur tous les objets de sa chambre et signé ainsi toutes ses peintures. Le jour où il avait commencé à apposer sa nouvelle griffe sur le papier peint de la salle à manger, nous avions été obligés de mettre le holà. Malgré tout, pour Charlie et moi, il était toujours resté Val Le Grand. D'ailleurs, il méritait ce titre car c'était un garçon vraiment sensationnel.

Jason, mon gitan de fils aux cheveux bruns, ne m'oubliait pas, lui non plus. A mon soulagement, il avait maintenant accepté le fait que je sois malade et il me téléphonait chaque soir pour me demander comment s'était passée la journée.

Le jeudi, je me réveillai en pleine forme. Après être allée aux écuries pour le simple plaisir de voir les chevaux, je pris ma voiture et filai à grande vitesse sur l'autoroute pour rejoindre Robertson Boulevard où j'avais rendez-vous avec Sue Colin. J'avais ouvert la radio et, pendant tout le trajet, j'accompagnais de la voix les récentes chansons pop que j'entendais.

Tout heureuse de voir que j'avais retrouvé mon énergie, Sue me proposa d'inscrire sur une feuille la liste des dons que m'avait faits le cancer.

Voilà ce que j'écrivis alors :

1. *Une maison au bord de la mer.*
2. *Plus d'indépendance.*
3. *Plus de confiance.*

4. La possibilité d'être plus à l'aise avec moi-même et de m'affirmer.
5. Du temps pour m'occuper de mon évolution personnelle.
6. La possibilité d'écrire. J'ai toujours voulu écrire mais je n'ai jamais trouvé le temps de le faire. Maintenant, non seulement j'ai le temps, mais j'ai aussi trouvé un sujet sur lequel j'ai envie d'écrire.
7. Je me sens encore plus proche de mon mari qu'avant.
8. Je fais beaucoup plus de choses qui m'intéressent personnellement et je vis ma propre vie.
9. Le cancer m'a aidée à être moi-même.
10. Grâce à lui, j'ai découvert la méditation.
11. J'ai pris conscience de mon état de santé et cela m'a obligée à modifier mon alimentation.
12. Le cancer a enrichi mes relations avec mes enfants et avec tous mes proches.

Cela fait beaucoup de bonnes choses! remarqua Sue après avoir lu la liste. Est-ce que maintenant le cancer vous a suffisamment apporté, Jill? En clair : êtes-vous prête à renoncer à la maladie?

Je compris parfaitement ce que Sue entendait par là. Pour y avoir déjà réfléchi, je savais que le cancer m'avait donné le courage de faire pour la première fois de ma vie ce que j'avais réellement besoin de faire et non plus ce qu'on attendait de moi.

– J'espère que je suis prête! répondis-je. Quand j'ai découvert cette grosseur dans mon sein gauche, j'étais furieuse. Et, pour quelqu'un qui n'aurait pas renoncé au cancer, je me suis drôlement débattue... J'ai bien conscience aussi, ajoutai-je, qu'au niveau inconscient, il y a encore une part en moi qui n'a pas totalement renoncé à la maladie. Mais je crois que je suis sur le point d'abandonner cela aussi... En tout cas, je l'espère de tout mon cœur!

En dépit de la gravité de la discussion, ma bonne humeur ne m'avait pas quittée. Je passai le reste de la séance à contempler les cristaux de différentes formes que Sue avait accrochés à une corde et suspendus devant sa fenêtre et qui, chaque fois que le soleil les traversait, créaient dans la pièce de petits arcs-en-ciel.

– Qui est-ce? demandai-je en entendant soudain qu'on sonnait à la porte d'entrée.

– Mon prochain client, répondit Sue.

Il était temps que je m'en aille, et je pris rendez-vous pour le mercredi suivant.

– Voulez-vous venir me voir lundi matin, avant votre séance de chimiothérapie? me demanda Sue. Cela vous permettrait de vous relaxer...

– Non, merci! répondis-je, n'ayant pas envie de faire deux fois le trajet en ville ce jour-là. Il vaut mieux que je passe tout simplement la matinée à faire des choses qui me plaisent. J'irai voir mes chevaux ou alors j'irai me promener sur la plage avec Cassie... Ce type d'activité me permettra de me détendre.

Après avoir quitté Sue, j'allai chercher ma voiture dans un garage tout proche où je l'avais laissée afin qu'on la lave et que l'on teinte les vitres. Avec sa carrosserie étincelante et ses vitres teintées, elle avait soudain l'air toute neuve. Je rentrai alors chez moi en chantant à pleins poumons sur le chemin du retour comme je l'avais fait un peu plus tôt à l'aller.

A cette époque, non seulement je chantais, mais je recommençais aussi à rire.

Deux jours plus tôt, en rangeant les photos prises pendant l'été, je m'étais rendu compte que, depuis trois mois, j'avais l'air plutôt grave. Bien sûr, lorsque je me trouvais en famille ou avec des amis, il m'était arrivé de rire. Mais ce n'était jamais de bon cœur.

Tous ces derniers temps, au contraire, je riais sans aucune arrière-pensée, aussi naturellement que la tulipe s'ouvre au printemps. Au fond, mon printemps à moi avait lieu en septembre... Maintenant, un rien suffisait à me faire rire. Récemment, par exemple, Charlie m'avait dit en parlant de la maison que nous voulions acheter : « La seule chose qui m'intéresse désormais, c'est d'avoir une grande pièce à moi qui me serve de vestiaire. Si nous recommençons à partager la salle de bains et le vestiaire, je suis sûr qu'en un rien de temps, tu auras tout investi avec tes affaires. Comme la maison sera deux fois plus petite, je ne saurai plus où mettre les miennes... » A cette idée, j'avais éclaté de rire.

Très à l'écoute de mes propres sentiments, je pleurais aussi très facilement, un peu comme font les enfants. Le rire et les larmes étaient devenus des formes d'expression tout à fait naturelles et cela était bien agréable.

Le dimanche de cette même semaine, je passai une merveilleuse journée. Zuleika avait invité Rachel, une de ses amies qui faisait de l'équitation, et nous en profitâmes pour monter à cheval toutes les trois. A mon habitude, je montai Cadok et les deux filles me suivirent, l'une sur Turtle, l'autre montant Loppy. Uniquement préoccupée par l'instant présent, à aucun moment je ne songeai à la séance de chimiothérapie qui devait avoir lieu le lendemain.

Le dimanche soir, nous devions aller dîner au restaurant avec des amis. Je prêtai donc une de mes robes à Katrina.

Zuleika, trop jeune encore pour se soucier de son élégance, décida de garder son blue-jean et m'emprunta un de mes chemisiers qu'elle convoitait depuis longtemps.

Nous nous rendîmes dans un restaurant français très à la mode où nous retrouvâmes deux de nos amis : un jeune réalisateur et sa femme actrice.

Cet ami m'avait téléphoné quelques semaines plus tôt pour me dire qu'il avait, lui aussi, un cancer. Je lui avais alors demandé comment il composait avec la peur que provoque cette maladie. Il m'avait avoué que, sa femme mise à part, j'étais la première personne avec qui il osait en parler. Je lui avais donc conseillé de consulter un thérapeute.

Au restaurant, j'étais assise à côté de ce jeune réalisateur et, après avoir discuté travail, nous ne pûmes nous empêcher d'aborder le fameux sujet. Il me dit que sa femme allait s'absenter pendant deux semaines et qu'il en profiterait pour aller consulter Bernard Dowson dont je lui avais donné l'adresse. En revanche, pour l'instant, il se refusait à aller voir un thérapeute, craignant que cette démarche l'entraîne trop loin. Je n'insistai pas mais, au fond de moi, je ne pus m'empêcher de le plaindre car je savais à quel point il est difficile de vivre avec la peur que provoque le cancer, sans pouvoir en parler avec qui que ce soit.

Zuleika et Katrina semblaient enchantées par leur soirée. C'était en effet un dîner très réussi et, avant de quitter le restaurant, nous allâmes saluer Walter Matthau et le metteur en scène Billy Wilder qui mangeaient là en compagnie de leurs épouses respectives.

L'excellente cuisine française et le vin que j'avais bu ne m'empêchèrent nullement de passer une bonne nuit et, le lendemain, je me réveillai en pleine forme et sans éprouver la moindre anxiété à la pensée que j'avais rendez-vous à quatorze heures avec Michael.

Après ma méditation matinale, je rejoignis Charlie pour prendre le petit déjeuner avec lui.

Depuis des années, Charlie, cet homme si méthodique, m'abandonne chaque matin après avoir bu son café pour aller faire sa séance de gymnastique quotidienne et, en général, nous ne nous voyons pas de la matinée.

Ce jour-là, après son départ je répondis à quelques lettres, m'occupai des factures en attente, signai des chèques, puis allai promener Cassie sur la plage. Je me sentais détendue et, pas une seule fois, je ne regardai la pendule pour savoir quelle heure il était.

Après un déjeuner léger, je quittai la maison en compagnie de Charlie pour me rendre à mon rendez-vous.

Cette fois, pas d'affolement avant de sonner à la porte et, dès que nous eûmes pénétré dans le cabinet, je me dirigeai d'un pas décidé vers le bureau de réception où se trouvait Michael en compagnie de deux réceptionnistes.

Après la prise de sang, Michelle me proposa d'entrer dans la salle de soins. J'étais contente qu'elle soit là aujourd'hui car, en plus de ses qualités d'infirmière, elle était douée d'un solide sens de l'humour.

– Comment vous sentez-vous? me demanda-t-elle.

– Pas trop mal...

– Vous n'avez pas l'air très en forme aujourd'hui.

– C'est bien possible, répondis-je. Voyez-vous, Michelle, je me suis rendu compte que je dépensais une quantité d'énergie impressionnante pour avoir l'air toujours en forme. Je trouve qu'elle est totalement inutile, et je ne fais plus aucun effort pour avoir l'air gaie lorsque je ne le suis pas...

– Vous avez certainement raison, me dit-elle.

Malgré mes bonnes résolutions, je ne pus m'empêcher de plaisanter avec Charlie et Michelle en attendant l'arrivée de Michael.

– La prise de sang est correcte, annonça celui-ci en nous rejoignant dans la salle de soins. Nous pouvons commencer le traitement.

Je m'installai sur la table de soins et, quand Michelle eut posé le casque sur ma tête, je lui demandai si cette fois, je ne pouvais rester assise pendant qu'elle me ferait la piqûre, ce qui me permettrait de me sentir moins vulnérable.

Elle accepta aussitôt et, du coup, la séance me sembla presque plaisante – autant que peut l'être en tout cas une séance de chimiothérapie...

Je racontai à Michelle que deux jours plus tôt, j'étais allée chez le coiffeur pour me faire faire un shampooing colorant et me faire donner un coup de peigne.

– Ne faites pas attention, avais-je prévenu la coiffeuse, le plus calmement du monde. Je suis en train de suivre un traitement chimiothérapique et, par endroits, il me manque des cheveux...

La malheureuse était restée sans voix et n'avait pas prononcé un mot pendant tout le temps où elle s'était occupée de moi.

Comme cette anecdote amusait Michelle, je lui racontai que, lorsque j'avais commencé à perdre mes cheveux, j'avais eu bien envie d'aller chez le coiffeur rien que pour voir la tête que ferait la shampooineuse en s'apercevant que les cheveux de sa cliente tombaient par poignées.

– Vilaine! me dit Michelle en riant.

– Arrêtez! m'écriai-je soudain. L'aiguille me brûle le bras.

– Ouvrez et fermez le poing plusieurs fois, me conseilla-t-elle.

Je fis ce qu'elle me disait et, en effet, la douleur disparut.

Si j'avais osé, j'aurais embrassé Michelle pour sa patience et sa douceur! Pour la première fois en effet, j'avais supporté l'injection sans avoir besoin de tenir la main de Charlie.

Lorsque la séance fut terminée, je pris rendez-vous pour la prise de sang suivante qui devait avoir lieu dans quinze jours, puis je rentrai chez moi.

Le reste de la journée se passa plutôt bien et, en dînant à six heures, je fis même la folie de manger deux parts de pizza. C'était encore une entorse à mon régime mais Bernard Dowson était absent depuis quinze jours et, comme dit si bien le proverbe : quand le chat n'est pas là, les souris dansent...

Après le dîner, je décidai de prendre un bain très chaud et, avant d'entrer dans la baignoire, jetai comme d'habitude un coup d'œil au miroir de la salle de bains. « Tu n'as pas l'air en si mauvais état que cela! lançai-je à la Jill debout en face de moi. Au fond, à ton âge, ce qui compte ce n'est plus la quantité, mais la qualité... »

Très fière d'être suffisamment en forme pour pouvoir encore plaisanter, je me prélassai longuement dans mon bain. Puis, après avoir passé un peignoir, je rejoignis Charlie dans le salon.

Je m'approchai alors de la table basse sur laquelle étaient posés les quatre galets que j'avais rapportés à la maison lors de la précédente séance.

– Aujourd'hui, c'était ma cinquième séance! rappelai-je à Charlie. Il ne m'en reste plus que trois... Je crois que le plus difficile est passé!

Comme il acquiesçait, tout heureux, je lui demandai :

– Lequel de ces galets vais-je jeter à la mer?

– Le plus gros, proposa Charlie.

– Dommage! C'est aussi le plus beau...

– Je ne suis pas d'accord! dit-il. A cause de ses veinures, il me fait penser à une plaie.

Convaincue par cet argument, je pris le fameux galet et sortis. Comme c'était marée haute, la mer atteignait presque les fondations de la maison et je n'eus aucun mal à y lancer le galet qui disparut aussitôt.

– Peut-être aurait-il mieux valu que ce soit moi qui le lance dans l'eau, dit Charlie. Comme ça au moins, nous aurions été sûrs que la prochaine marée n'allait pas le ramener sur la plage.

– Je l'ai lancé de toutes mes forces, Charlie! me défendis-je.

– Bien sûr, chérie! acquiesça-t-il en riant. Je disais ça pour plaisanter.

Je passai le reste de la soirée à regarder la télévision, sans éprouver aucun malaise. Mais, au moment de me coucher, je me sentis soudain fiévreuse et nauséeuse. Je montai dans ma chambre et m'obligeai à méditer, comme chaque soir, en écoutant la bande enregistrée.

Quand Charlie m'eut rejointe, nous nous couchâmes et je plaçai ma tête au creux de son épaule jusqu'à ce que mes yeux se ferment. Juste avant de m'endormir, je m'adressai une dernière fois à mes globules blancs : « Vous savez ce que vous avez à faire, leur dis-je. Le traitement chimiothérapique d'aujourd'hui ne s'adresse qu'aux cellules cancéreuses. Je l'ai fait pour le bien de mon corps! »

Le lendemain matin, je me sentis trop faible pour me lever et passai une partie de la journée couchée, toute frissonnante de fièvre.

En fin de journée, je sortis avec Charlie et nous allâmes une fois de plus visiter la maison de Jack, ce qui me remonta considérablement le moral.

Le mercredi, je retrouvai une partie de mon énergie et, comme Charlie devait passer la journée en ville, j'allai déjeuner avec Alan au restaurant *La Scala*.

Depuis près de deux semaines, Alan essayait de joindre Bernard Dowson sans y parvenir. La secrétaire de Bernard lui avait dit qu'il avait été appelé d'urgence dans sa famille et qu'il ne serait de retour que le premier octobre.

– Comment Bernard a-t-il pu abandonner ses patients alors qu'ils ont tellement besoin de lui... remarqua Alan tandis que nous déjeunions.

Pour ma part, cela faisait quinze jours que je n'avais pas vu Bernard et les séances sur la table électromagnétique commençaient à me manquer. De plus, j'avais terminé les vitamines et les gouttes qu'il m'avait prescrites. J'étais très étonnée de son absence, et même un peu inquiète à son sujet.

Ce pressentiment était fondé, comme je l'appris le jour où je me rendis chez Sue Colin.

– Quelqu'un a dénoncé Bernard auprès de l'American Medical Association sous prétexte qu'il vendait des vitamines, m'expliqua Sue. En tant que guérisseur homéopathe, il lui est formellement interdit de donner des médicaments à ses clients. Ces accusations me rendent malade! ajouta Sue. Bernard aide les gens qui viennent le voir et il obtient d'excellents résultats.

Je savais qu'aux État-Unis, les médecins homéopathes n'avaient pas le droit de faire de diagnostic. Mais dans mon cas, Bernard n'avait commis aucune faute puisque, lorsque j'étais allée le voir pour la première fois, je connaissais déjà la nature de ma maladie.

– Le président Reagan lui-même va voir des homéopathes... reprit Sue.

– La famille royale d'Angleterre se soigne, elle aussi, à l'homéopathie, ajoutai-je.

En l'absence de Bernard, j'avais compris que j'étais désireuse de reprendre mon traitement sur la table électromagnétique. Je jugeai que pour guérir, en plus des séances de chimiothérapie, je n'avais pas trop du secours de la médecine holistique et de l'homéopathie.

21

Peu après ma cinquième séance de chimiothérapie, Alan me parla à nouveau de chirurgie esthétique. Il avait découvert un chirurgien fantastique et il aurait voulu que j'aille le voir. Je lui répondis que je n'étais toujours pas prête à me faire poser un implant. En effet, de quoi aurais-je l'air dans dix ans, avec un sein gauche qui trahirait mon âge et un sein droit beau et ferme comme celui d'une toute jeune femme?

– Tu n'as qu'à te refaire faire les deux seins, me dit Alan.

En entendant sa proposition, j'imaginai une des girls des spectacles de Las Vegas arrivant en scène et dévoilant soudain un corps vieillissant, mais pourvu d'une poitrine jeune et belle... Ce serait absolument ridicule!

– Non, Alan! dis-je. Ce que tu me proposes suppose une seconde opération et, dans la mesure du possible, c'est une chose que je préfère éviter...

Alan m'annonça alors qu'il avait réussi à joindre Bernard Dowson par l'intermédiaire de sa secrétaire et qu'il avait pris rendez-vous pour moi dans quinze jours. Bernard avait promis de m'envoyer un flacon de gouttes extrêmement puissantes qui étaient censées remplacer le traitement sur la table éléctromagnétique.

Le mercredi, comme je me sentais toujours aussi fatiguée, je passai la journée étendue sur le divan du salon à boire du jus de pastèque et de l'eau dans l'espoir de nettoyer mon organisme et de faire cesser les nausées. J'ajoutai à ma diète un peu de curry car j'avais remarqué que ce mélange d'épices me nettoyait parfois l'estomac. Comme les gouttes de Bernard étaient arrivées par la poste, je commençai aussi à les prendre, à raison de dix gouttes quatre fois par jour.

Cela faisait maintenant plus de deux ans que j'étais à moitié invalide et, soudain, je n'en pouvais plus. J'avais envie de courir un cent mètres, de monter un coursier fringant, de galoper à travers champs et de sauter des obstacles... Faute de pouvoir satisfaire mes désirs, je m'attelai une fois de plus au travail de galérien que supposait la guérison : je bus un autre verre de jus de pastèque, branchai ma cassette et méditai.

Je savais pertinemment que je n'avais pas le droit de me plaindre. A cause de ma fortune, je ne connaissais que la version grand luxe de la maladie. J'avais la chance d'être entourée par des gens qui s'occupaient à ma place de la maison et des chevaux, et de pouvoir payer Dino et Antonio, ce qui me soulageait de toutes les tâches domestiques. L'argent me permettait aussi de suivre les différents traitements qu'exigeait mon état de santé. Mais qu'en aurait-il été si je n'avais pas disposé d'aussi importantes ressources? Aux Etats-Unis où les soins médicaux sont à la charge de l'usager, une maladie aussi grave que le cancer peut mettre toute une famille sur la paille, obligeant les gens à changer leur mode de vie, détruisant d'un coup leurs projets et leurs rêves... Là encore, je faisais partie des privilégiés.

Pourtant, cela ne m'empêchait pas d'être désespérée. J'avais l'impression que je n'étais plus du tout désirable et j'aurais aimé retrouver mes longs cheveux blonds et ma poitrine intacte.

J'éprouvais aussi un sentiment de colère vague. J'en voulais soudain au monde entier, sans bien savoir à qui je pourrais reprocher ce qui m'arrivait.

J'étais si abattue que je me demandais même si je ne faisais pas une erreur en voulant acheter la maison de Jack. Les négociations avec les propriétaires étaient au point mort et je craignais qu'après avoir acheté cette maison au prix fort, nous découvrions soudain des vices cachés ou des inconvénients auxquels nous n'avions pas pensé jusque-là.

Allongée dans mon lit, j'avais une folle envie de prendre ma voiture et de filer à grande vitesse sur la route. Puis, quelques secondes plus tard, je me demandais : « Pour aller où? », et la tête cachée sous les couvertures, je me disais que je ne m'étais jamais autant ennuyée que depuis que j'avais le cancer.

Quelques jours plus tard, mon humeur chagrine fut temporairement égayée par la visite de mon fils Valentin.

Il arriva chez nous en compagnie de son ami Marty. Il avait l'air préoccupé ce qui, en général, signifiait qu'il désirait parler seul à seul avec Charlie.

Comme je n'avais aucune envie de quitter le divan du salon où j'étais installée, je lui demandai aussitôt :

– Qu'est-ce qui ne va pas, Val? Tu as l'air bien inquiet...

– Rien de grave, maman, répondit-il. Disons que j'aimerais mieux ne pas parler de cela devant toi...

Espérant que Marty allait l'aider, il lui lança un coup d'œil. Mais celui-ci, au lieu de prendre la parole, regarda ostensiblement ses pieds, de l'air de dire qu'il n'avait rien à voir avec toute cette affaire.

– Charlie, dis-je, demande à Valentin de nous dire ce qui se passe...

Prenant son courage à deux mains, Valentin nous annonça alors :

– J'ai attrapé des morpions!

– Quoi! m'écriai-je. Des morpions... Quitte cette chaise immédiatement, Val!

Val m'obéit aussitôt. Puis, voyant que j'éclatais de rire, tout penaud, il se rassit sur sa chaise.

– Excuse-moi, Val, repris-je. J'étais tellement surprise que je n'ai pu m'empêcher de te taquiner.

Voyant que nous prenions plutôt bien la chose, Marty semblait maintenant plus à l'aise

– Comment as-tu su ce que tu avais? demandai-je alors à Valentin.

– Ça me grattait et ça me démangeait tellement qu'à la fin, j'ai réussi à découvrir ces fameux trucs...

– Quels trucs? demandai-je en éclatant à nouveau de rire.

– Ces fichus poux! Tu veux voir ce que c'est, me proposa Val en baissant les mains comme s'il s'apprêtait à ouvrir sa braguette.

– Non, Val! S'il te plaît... implorai-je.

– Je n'ai plus rien, maman! dit-il en riant à son tour. Je suis allé voir Ray Weston et il m'a donné un shampooing qui m'a permis de m'en débarrasser.

– Je ne sais pas avec qui tu les as attrapés, mais j'espère que c'est bien fini... Ça m'ennuierait pour toi, ajoutai-je, incapable de garder mon sérieux, qu'à l'avenir tu sois obligé de porter un collier anti-puces autour du cou et autour de... tu vois ce que je veux dire!

– Maman, tu exagères!

– Comment a réagi Ray Weston? interrogea Charlie.

– Ce cher docteur Weston a mis ses lunettes, puis il s'est penché vers moi pour m'examiner. « Attention, Docteur! l'ai-je prévenu, n'approchez pas trop votre barbe! Ces petites bêtes-là sont des championnes du saut en hauteur... »

Ce fut au tour de Charlie de rire aux éclats.

– Tu ne peux pas imaginer ce que c'est, Charlie! reprit Valentin. Pendant des jours et des jours, je me suis gratté sans savoir ce qui m'arrivait... Même si j'ai l'air de plaisanter aujourd'hui, ajouta-t-il, j'aimerais bien que vous ne racontiez cette histoire à personne.

– Et moi qui comptais écrire ça dans mon livre! dis-je.

– Tu oserais faire une chose pareille! s'écria Valentin, indigné.

– Ne t'inquiète pas, Val! A la place, je peux très bien écrire : « Mon fils Val vint nous rendre visite un jour avec son ami Marty et nous annonça que celui-ci avait des morpions... »

– Holà! C'est que je ne suis pas d'accord... intervint Marty.

– C'est pourtant exactement ce que je vais écrire, repris-je le plus sérieusement du monde, et j'ajouterai même : « Mon fils Valentin était bien la dernière personne au monde que j'aurais soupçonnée de fréquenter un garçon qui avait des morpions... »

Comprenant que je plaisantais, les deux garçons éclatèrent de rire.

– Je vais me baigner, annonça Valentin.

– Je t'interdis d'utiliser nos serviettes! le menaçai-je gentiment.

– Mais, maman, je n'ai plus rien...

Je quittai le divan où j'étais assise et l'embrassai tendrement.

– N'oublie pas le collier anti-puces! lui rappelai-je au moment où il quittait la pièce.

Il me fallut plusieurs mois pour le convaincre que cette histoire, somme toute amusante, pouvait figurer dans le livre que j'étais en train d'écrire. Le jour où il me donna enfin son accord, il me dit :

– Quand tu raconteras cet événement, je tiens à ce que tu précises : « Mon fils Val était un garçon tellement propre que jamais je n'aurais imaginé qu'il puisse un jour attraper des morpions. »

Comme je ne disais rien, il ajouta en riant :

– Écris ce que tu veux, maman! Je te laisse carte blanche...

Le lendemain de la visite de Val, je reçus un coup de fil de Jason.

– Bon anniversaire, maman! me dit-il.

– Quel anniversaire? demandai-je, tout étonnée.

– Ton anniversaire de mariage, pardi! Nous sommes le 5 octobre...

Jason avait parfaitement raison et, lorsqu'il eut raccroché, j'annonçai à Charlie :

– C'est notre anniversaire de mariage, chéri!

– Tu plaisantes?

– Pas du tout! Cela fait quinze ans que nous oublions régulièrement de fêter cette date et cette année, une fois de plus, nous avons failli à la tradition.

Un peu plus tard, Charlie reçut un coup de fil de l'agent immobilier qui s'occupait de la vente de la maison de Jack et, après avoir raccroché, il m'annonça que l'affaire ne se faisait pas : finalement, nous n'achèterions pas cette maison. J'étais déçue bien sûr mais, compte tenu de mon état d'esprit actuel, cette nouvelle ne me surprit pas outre mesure.

– Sortons! proposai-je à Charlie. Allons dîner dans un restaurant mexicain.

– Et ton régime alors?

– Je m'en fiche! Aujourd'hui, c'est notre anniversaire de mariage et j'ai décidé de fêter l'événement en mangeant de la cuisine mexicaine.

J'avalai donc un énorme repas mexicain que je fis passer avec un verre de vin blanc.

Depuis trois jours, je n'arrêtais pas de manger. Cela ne me faisait aucun bien, mais c'était la seule chose que j'avais envie de faire. On aurait dit que j'avais décidé de remplir mon corps à ras bord afin de vérifier quelle quantité exacte de nourriture il était capable d'engranger. Toute la journée, je mâchais et mastiquais, de préférence des aliments qui m'étaient interdits depuis deux mois, comme par exemple les biscuits au chocolat. Pour me taquiner, Charlie m'appelait maintenant son « petit cochon rose ».

Après le repas mexicain, je montai dans ma chambre pour méditer.

Arrivée au point 12 de la méditation, lorsque les globules blancs se jettent sur les cellules cancéreuses, je me joignis à eux et m'imaginai à la tête d'une importante troupe de requins. Sur mon ordre, les requins se jetèrent sur la tumeur et la dévorèrent à pleines dents. Poings fermés, dents serrées, pleine de hargne et de détermination, je me délectai en imaginant le bruit que faisaient les dents acérées au moment où elles déchiquetaient la tumeur.

Ensuite, je terminai ma méditation et, très fière de moi, allai me coucher.

Le lendemain soir, Charlie et moi organisâmes à *La Scala* un dîner qui réunissait nos amis cavaliers. Nous avions invité Kathy Kuzner, Susie Dotan, Pesty et Valentin. Pour la circonstance, je portais une culotte de cheval en crêpe blanc, un chemisier blanc en soie, une veste de smoking gris foncé finement rayée de blanc et, sur la tête, une toque noire.

Pendant tout le repas, Charlie me couva des yeux, heureux de voir que je plaisantais et m'amusais à nouveau. Ma semaine de déprime était terminée.

Le lundi matin, sept jours exactement après ma cinquième séance de chimiothérapie, je proposai à Charlie :

– Allons faire un footing.

Pour la première fois depuis mon opération, je recommençai à courir. Il faisait un temps magnifique et j'étais simplement vêtue d'un short et d'un tee-shirt. Encadrée par Charlie et Cassie, je parcourus sans difficulté deux fois un kilomètre et demi en quatorze minutes. Je courus à grandes foulées en balançant les bras et le buste bien droit, tout heureuse de voir que mon corps soutenait sans difficulté le rythme qui lui était imposé. J'avais bien cru que je ne pourrais jamais refaire du footing et voilà que je recommençais à courir. Quelle joie!

Un peu plus tard ce jour-là, alors que je montais Cadok, je décidai soudain de le faire sauter, chose qu'il n'avait pas faite depuis son accident.

Pour commencer, je demandai à Sue Overholt de placer une barre à quinze centimètres du sol. Dès qu'il aperçut l'obstacle, Cadok dressa les oreilles et, alors que je le faisais trotter en direction de la barre, je sentis ses flancs tressaillir, un peu comme s'il disait : « Une barre! Elle pense que je suis encore capable de sauter! » Il sauta l'obstacle sans difficulté, trébucha légèrement en retombant sur le sol, mais se redressa aussitôt. Il hennit joyeusement puis partit au petit galop.

– Il peut encore sauter, Sue! m'écriai-je, tout heureuse. Il est parfaitement capable maintenant de lever son arrière-train. Relève un peu la barre, demandai-je.

Lorsque Cadok franchit la barre une seconde fois, je flattai son encolure et lui dis :

– Nous avons réussi, mon vieux pote! Et ce n'était qu'un début...

Ensuite, je l'emmenai moi-même à l'écurie et lui donnai son bain. Il semblait tout heureux que je m'occupe ainsi de lui et, de mon côté, je me dis que cette journée représentait pour nous deux un nouveau départ.

Pour autant, mes ennuis n'étaient pas terminés. En rentrant chez moi, comme j'éprouvais une douleur sous l'aisselle droite, je me déshabillai et regardai mon bras. La peau était distendue en trois endroits par de petites boules et je reconnus aussitôt un début de phlébite, exactement au même endroit qu'après mon opération. J'étais furieuse de penser que mon jogging du matin en était peut-être la cause. Mais, au lieu de me faire du souci, je demandai à Charlie d'ouvrir une bouteille de Marqués de Riscal pour le dîner et je dormis, allongée sur le dos, mon bras posé sur un oreiller placé derrière ma tête.

22

– Eh bien, que se passe-t-il? me demanda Sue à son cabinet, le lendemain matin.

Je haussai les épaules.

– Cette phlébite du côté où j'ai été opérée m'inquiète. Elle va de l'aisselle jusqu'au coude et je suis incapable de lever le bras. C'est comme si l'on m'avait posé un garrot. Je suis sûre que c'est à cause des marches, mais je ne veux pas y renoncer. Il n'est pas question que je cède.

– Vous êtes incroyable, Jill. Toujours la même. Votre corps vous dit qu'il a besoin de repos. Vous exigez trop de lui.

– Mais Sue, c'est tellement frustrant. Je commence à peine à aller mieux qu'il m'arrive quelque chose. Au moment où je me dis avec plaisir que je peux poursuivre une activité, en l'occurrence marcher, quelque chose se produit qui m'en empêche.

– Je sais que c'est difficile, mais vous devez écouter votre corps. Il ne ment jamais et il vous demande de vous reposer, maintenant. La cicatrisation est trop fraîche.

– Mais, Sue, l'intervention remonte à trois mois.

– Peu importe, c'est encore prématuré.

– Je me sens tellement frustrée, tellement en colère. Le reste de mon corps aime marcher. Il en est capable.

– Mais ce n'est pas le cas d'une certaine partie de vous-même qui est en train de vous le dire. Avez-vous l'intention d'attendre qu'elle le hurle?

Comme tout le monde à la maison, j'ai toujours éprouvé des réticences à céder aux ennuis physiques. Charlie est tellement fort, physiquement et mentalement, qu'il admet difficilement qu'on puisse se blesser. Je me souviens d'une mauvaise chute à ski après laquelle il m'a dit de me relever et de me secouer, sûr que je n'avais rien de grave. J'ai essayé et, malgré la douleur, j'ai décidé de continuer. Il m'a fallu une demi-heure, agrippée aux bâtons d'un autre skieur, pour arriver en bas de la piste. Ma jambe était cassée. J'en ai été quitte pour quatre mois de béquilles. Tout le monde trouvait que je m'en tirais plutôt bien. Quand j'avais à me servir de béquilles, je les décorais de rubans multicolores assortis à mes toilettes. Du moins, à ma première jambe cassée. A la troisième fracture, car je me cassais régulièrement quelque chose, j'ai arrêté. En revanche, je faisais très attention à m'habiller mieux que d'habitude et de manière à masquer plâtres et broches. J'ai toujours eu des accidents. Voilà probablement pourquoi je suis spécialiste de la convalescence élégante. Il m'est arrivé d'avoir l'impression de mieux me débrouiller malade que bien portante.

Avant l'opération, j'avais épuisé mon système, brûlé de plus en plus de mes réserves d'énergie jusqu'à les vider complètement, sans pour autant vouloir admettre qu'il fallait les reconstituer. En outre, j'avais abandonné mes exutoires. Il y avait deux ans que je n'étais pas montée sur une scène ou un plateau. En raison de blessures, je ne pouvais faire d'équitation. Les haras de Californie et du Vermont, dont je m'occupais alors, me causaient des soucis, car les affaires n'étaient pas bonnes. Il y avait aussi la peur sourde que ma jambe ne guérisse pas. Enfin, à la mort de Hilary, la mère de Katrina, je n'ai plus eu de temps libre, de temps à moi. Élever Katrina n'était pas suffisant. Tout à fait légitimement, elle avait besoin de davantage. De plus, décidée à ne spolier en rien ma Zuleika, je lui donnais plus encore de moi-même. Je donnais, ouvrais les bras aussi grand que je pouvais.

Pour finir, mon corps m'a posé un ultimatum. Depuis le début de l'année, il m'avertissait à coups de maux de tête, de douleurs dorsales, d'insomnies. Sans oublier ma jambe qui refusait de guérir. A présent, il attaquait de front, avec un cancer du sein. « Écoute! » criait-il. Et enfin, j'écoutais.

D'abord, j'avais jugé impossible de changer. Je restais sourde aux injonctions du docteur Simonton qui s'efforçait de me faire comprendre que je le devais pourtant. Je cherchais à me justifier en tout...

Soudain, Sue me demanda de repenser à toutes les blessures et à toutes les maladies dont j'avais souffert jusque-là. Je songeai alors aussitôt au livre dans lequel le docteur Simonton demande au lecteur de réfléchir à toutes les maladies qui ont ponctué son existence et aux événements qui les ont précédées ou qui les ont entourées.

Je remontai donc le chemin de ma mémoire à la recherche des incidents et des maladies de mon adolescence et des premières années de ma vie d'adulte.

Je me rappelai un accident de patinage qui s'était produit au cours de ma treizième année. Un patineur m'avait bousculée, me blessant à la jambe, à la suite de quoi j'étais restée six semaines clouée au lit et avais découvert mon allergie à la pénicilline. Ensuite, à dix-huit ans, alors que je dansais dans la Compagnie des Ballets de

Monte-Carlo, je m'étais donné une entorse avec déchirure des ligaments de la cheville droite. La maîtresse de ballet m'avait plongé la cheville dans de la glace pour l'insensibiliser, et cette nuit-là je dansai, affaiblissant à jamais ladite cheville et détruisant par là même occasion tout espoir de devenir une grande danseuse. Durant ma dix-neuvième année, j'eus trois accidents de voiture. L'un me coûta une cheville et un autre, deux mois d'hôpital et un rôle fantastique dans un film important. « Un suicide professionnel », m'avait écrit Bill Watts, mon agent de l'époque, dans un télégramme qu'il m'envoya à l'hôpital.

Puis je me souvins de ma quatrième grossesse.

Après la naissance de Paul, mon premier fils, j'avais fait deux fausses couches. Aussi, pour m'aider à mener à terme cette quatrième grossesse, on me faisait des piqûres.

C'était en 1961, année au cours de laquelle David décrocha un rôle dans *La grande évasion*, qui devait se tourner en Allemagne. Nous avions toujours besoin d'argent. En bonne épouse, je devais l'accompagner, ainsi que Paul. Je venais d'être hospitalisée trois semaines à cause de ma grossesse. Je sortis de l'hôpital dans un fauteuil roulant et montai dans la Jaguar de David, où m'attendaient Paul et ma mère, venue pour m'aider.

Outre la traversée de la Manche en car-ferry, le long trajet jusqu'à Munich nous conduisait à travers la Forêt-Noire allemande. Soudain, sur l'autoroute, David dut freiner brusquement. Il devait rouler à près de cent soixante kilomètres à l'heure lorsqu'un énorme cerf surgit devant la voiture. Nous l'évitâmes de justesse. J'eus le temps de m'arc-bouter avec les pieds sur le tableau de bord puis je me trouvai projetée en avant dans une position fœtale. Sous le choc, une douleur fulgurante me transperça. Paul et ma mère, assis à l'arrière, avaient été fortement secoués mais ils étaient indemnes.

Le lendemain, alors que nous avions repris la route, je perdis les eaux. Pour ne pas souiller les sièges en cuir de la Jaguar, je m'enveloppai dans une couverture tandis que nous foncions vers Munich dans la nuit. Nous n'avions pas prévu de nous y arrêter, mais j'étais en si piteux état – épuisée, faible et tremblante – que David prit deux chambres au *Four Seasons Hotel*.

Le jour suivant était un 2 juin, date prophétique, puisque c'était l'anniversaire de Paul. J'allai me coucher tandis que David et ma mère descendaient au restaurant avec Paul. Je me retrouvai seule dans la chambre. Allongée dans la lumière tamisée, je sentis bientôt une présence dans la pièce, une silhouette sombre et fantomatique qui se tenait derrière mon épaule droite. C'était un Indien. Il se tenait là, immobile. Sa présence me réconfortait. Je savais qu'il veillait sur moi, qu'il n'était là que pour me tenir compagnie.

Jamais auparavant je n'avais vécu pareille expérience. Ni jamais depuis. Cependant, j'éprouvais la sensation intense de ne plus être seule, l'impression qu'un être patient et doux prenait soin de moi. Je ne ressentais aucune peur mais au contraire de l'apaisement. J'avais besoin qu'on veille sur moi. Nous traversions une très mauvaise passe, le bébé et moi. Le bébé était mort, ou était en train de mourir en moi, mais je ne le savais pas encore.

David, ma mère et Paul remontèrent. Apparemment, j'allais bien. Je ne perdais plus d'eaux. David décida qu'il valait mieux nous reposer une journée avant de reprendre la route vers Posenhaufen, notre destination finale. Le lendemain, je restai donc au lit. Nous pensions tous que j'allais bien, car les saignements qui avaient été source d'inquiétude depuis le début de ma grossesse n'avaient pas repris. Je commandai une bouteille de champagne pour fêter notre arrivée à Munich et le troisième anniversaire de Paul, à qui je permis, sous le regard réprobateur de ma mère, de tremper ses lèvres dans une coupe. Paul était ravi. Heureux de faire la fête, nous gloussions et riions tous les deux, moi couchée, lui assis sur mon lit.

Au matin, nous sommes partis pour Posenhaufen, où nous attendait un tournage de trois mois. Aussitôt arrivée, je décidai de m'aliter pour me reposer. Mais au bout d'une semaine, je recommençai à saigner. David trouva un médecin qui ne parlait qu'allemand. Nous ne parlions qu'anglais et un peu français. Il déclara que tout était *sehr gut*. Je faisais confiance à tous les médecins, David et ma mère aussi. Nous nous sentions donc tous *sehr gut*. Il me dit de rester alitée, ou du moins est-ce ce que nous avons cru comprendre. Il plaça son stéthoscope sur mon abdomen et écouta. Puis, d'un air approbateur, fit signe à David d'approcher pour écouter à son tour les battements de cœur du bébé. Avec l'aide d'un dictionnaire, nous finîmes par comprendre qu'il serait absent deux semaines, mais qu'il passerait me voir dès son retour. Très bien. *Sehr gut*. J'avais la bénédiction du corps médical allemand. Ma mère resterait jusqu'à ce que je sois capable de m'occuper de mon fils. Pour le moment, je devais garder le lit.

Puis, vers minuit, deux semaines après la perte des eaux, j'ai commencé à avoir des contractions. Je souffrais terriblement, mais nous fîmes comme s'il ne se passait rien, espérant que la douleur disparaîtrait. Ce n'était peut-être qu'une indigestion ou des gaz. Ma mère, elle, m'entendit gémir de l'autre côté de la cloison et accourut. Elle comprit tout de suite. Je souffrais de plus en plus. Elle me fit mordre dans une brosse à cheveux. Maintenant je comprenais ce qui se passait. Je reconnaissais ces douleurs effroyables. David se précipita pour appeler du secours. Il n'y avait personne au standard. Il quitta l'hôtel à la recherche d'un médecin ou d'un hôpital. Je hurlais : « Mon Dieu, aide-moi. Au secours! » Tout ce vacarme attira Paul dans ma chambre. Ma mère, qui ne voulait pas qu'il me voie dans cet état, le ramena dans la sienne. Entre-temps je m'étais levée et, accroupie par terre, j'accouchai d'un petit garçon. Nous étions seuls, lui et moi. Prématuré de six mois, il ne respirait pas. Quant à moi, ma vie ne tenait qu'à un fil. Une hémorragie s'était déclenchée. Trop faible pour me hisser sur le lit, je restai assise par terre auprès de mon bébé sans vie. Mon corps n'avait pas encore expulsé le placenta, je saignais abondamment.

C'est alors que ma mère revint, nous découvrant ainsi, sa fille et son petit-fils baignant dans une mare de sang.

Ensuite, à l'hôpital, durant une longue période, dès que mon état s'améliorait suffisamment pour que le médecin décide de signer mon bon de sortie, une autre hémorragie se déclenchait. Le sang jaillissait de mon corps à profusion. Des douleurs semblables à celles de l'enfantement précédaient l'expulsion de caillots énormes, dont certains atteignaient la taille d'un fœtus de deux livres. Je n'eus bientôt plus qu'un souffle de vie. Je ne pouvais perdre davantage de sang sans perdre également la vie. Je me vidais plus vite que l'on ne me transfusait. Un jour, dans les brumes de l'agonie, je compris que j'étais en train de mourir.

Mon petit Paul me rendait visite tous les jours. Il avait l'air solitaire et perdu de voir sa mère alitée en cet endroit étrange. Pour le faire sourire, je dessinais des masques sur des oranges. Il voulait que je rentre à la maison. Je lui manquais. Je savais que je luttais contre la mort. Je savais que si je n'arrêtais pas de saigner, je mourrais. Je me souviens avoir pensé : « Quel dommage. J'ai un petit garçon qui a besoin de moi. Quel gâchis. Je suis en train de mourir. »

Une nuit, le docteur Wilburger m'a emmenée en salle d'opération. Je ne sais pas ce qu'il a fait. A mon avis, il s'agissait d'un curetage et de quelques « réparations ». Ne parlant qu'allemand, tout ce qu'il sut me dire en anglais tandis que j'attendais l'anesthésie fut : « Exploration, pas opération. » Il le répéta deux fois, très distinctement. Merci de ces paroles réconfortantes. Je commençai à lutter dès cet instant, juste avant de sombrer. Je me rends compte aujourd'hui que c'est ma force vitale intérieure qui a pris le dessus. Je désirais ardemment vivre pour mon fils. Comprenant soudain que cela dépendait de moi, j'avais commencé à me battre avant même de céder au sommeil artificiel. Je suis convaincue à présent que cette grave maladie, comme toutes les autres, constituait une sorte d'entraînement. Elle servait à forger mon aptitude à comprendre la douleur et ma capacité à affronter cette situation éprouvante qui aujourd'hui mettait ma vie en danger.

A Sue, je dis :

– Je crois avoir été malade ou accidentée toute ma vie. Je me revois rentrer de l'école sous la pluie en sautant dans des flaques d'eau et avoir aussitôt mal à la gorge et les ganglions enflés.

Je lui parlai aussi de la maladie de Pinkus qui m'avait frappée alors que j'avais tout juste dix mois.

– Voilà, Sue. Je comprends pourquoi j'ai des trésors de patience quand je tombe malade. C'est parce que je me suis entraînée bébé, tranquillement assise dans une cage en verre. Cela m'a conditionnée pour le restant de mes jours.

– Oui, vous attendiez que quelqu'un vienne vous prendre dans ses bras et veille sur vous. Est-ce toujours le cas?

– Je ne sais pas. Je n'y ai jamais réfléchi. Je ne sais vraiment que vous dire.

– Essayez de définir ce que vous éprouvez véritablement. Que ressentez-vous pendant que vous attendez?

– Je me sens isolée. Le cancer donne un sentiment d'isolement. Je suis comme engourdie, vide.

– Aimez-vous cette sensation de vide, d'isolement? Aimez-vous étouffer vos sentiments?

– Non, mais jusqu'ici, cela marchait.

– Voulez-vous continuer ainsi?

– Non, évidemment pas.

Elle me dit de m'habituer à être consciente de mes sentiments, à les affronter, à ne pas me plonger dans mes rêveries ou dans le vide quand je suis inquiète, à toucher mon pull-over, à me frotter la peau pour savoir quelle sensation j'éprouve. Cela avait beau sembler facile, je savais que ce ne le serait pas, bien au contraire. J'étais trop experte dans l'art de me défiler en étouffant mes sentiments dès qu'ils devenaient trop dérangeants. Je me demandais à quoi cela pouvait bien ressembler de vivre ses sentiments vingt-quatre heures sur vingt-quatre, ce devait être l'enfer. J'avais toujours été rêveuse. Rêver me protégeait, assourdissait les cris de protestation qui s'élevaient sous mon crâne. Mais je décidai de suivre la suggestion de Sue et de rester éveillée

J'avais l'impression qu'il me fallait mourir pour pouvoir enfin vivre.

J'étais convaincue à présent que certaines de mes habitudes de toujours devaient disparaître si je voulais survivre.

Quand j'arrivai en vue de la maison du front de mer, ma décision était arrêtée. J'agirais davantage pour mon bien-être. Je ne ferais pas trois kilomètres de marche aujourd'hui. J'irais voir Cadok, mais je ne le monterais pas. Je laisserais mon bras se reposer.

J'appelai Mitchell Karlan pour lui parler de ma phlébite. Selon lui, il était anormal de voir apparaître une phlébite aussi longtemps après l'opération. Il pensait que j'avais dû trop marcher. Il me conseilla de me plonger dans un jacuzzi ou de me faire des compresses chaudes le long du bras. Il me dit encore de le rappeler le lendemain et de passer le voir le vendredi si la phlébite ne s'était pas résorbée.

C'était le vingt et unième anniversaire de Valentin, qui vint déjeuner à la maison avec Paul. Je lui offris une Rolex. Il était enchanté.

J'aimais énormément la compagnie de Valentin-le-Grand, mon Valentin de deux mètres et quelques.

Parfois, surtout avec Val, j'avais l'impression de rétrécir à vue d'œil. Tout le monde autour de moi semblait grandir démesurément alors que je rapetissais de plus en plus. Heureusement, une petite voix rassurante me soufflait que ce n'était pas vrai. Et je savais qu'elle avait raison, cette voix, car je grandissais intérieurement. Je savais que si j'avais le courage de continuer à ôter un à un les voiles qui me séparaient de la connaissance de moi-même, je continuerais du même coup à grandir et à apprendre. Depuis ma plus tendre enfance, il ne s'était pratiquement pas passé d'année sans que je souffre de quelque mal physique. Les blessures et les maladies étaient allées en s'aggravant, jusqu'au jour où j'avais décroché le jack-pot : un cancer. Peut-être ce petit bébé isolé dans sa cage de verre savait-il déjà que cela arriverait, que cette maladie était inscrite dans son destin. On a toujours admiré et vanté la façon dont j'affrontais mes déboires physiques. Personne ne savait se rétablir mieux que moi. Cette fois c'était fini. Je voulais guérir une fois pour toutes. Je voulais réussir à me passer de mon cancer.

23

L'immense maison de Bel Air se révoltait contre mon absence. Tel un enfant gâté, elle commençait à exiger de l'attention. Il n'y avait pas cinq minutes que j'avais franchi le seuil que déjà j'avais les nerfs à vif.

« Prends soin de nous », criaient les objets.

« Le personnel ne nous fait pas suffisamment briller », se plaignait l'argenterie.

« Je suis couvert de poussière », geignaient l'horloge de grand-père et le piano à queue.

« J'ai besoin de cire », gémissaient les parquets.

Les fenêtres se coinçaient. « De l'air ! » suffoquaient les douze chambres à l'unisson.

« On ferait mieux de jeter un œil à mon four », se lamentait la cuisine.

Le personnel, attendant mes directives, énonçait la liste des problèmes que posait l'entretien de la maison en mon absence. Après les avoir tous écoutés, j'allai au chenil. Mon petit colley, Friday, qu'on avait envoyé toiletter à la Bowser Boutique, était rentré propre et tondu comme un caniche, ce qui lui donnait un air comique. En effet, comme à un caniche, on lui avait laissé une touffe de poils au bout de la queue. Je lui fis des compliments, lui assurai que sa nouvelle coupe me plaisait, mais il ne sembla pas convaincu. En plus, pour ajouter à sa honte, il avait attrapé des puces.

Ma belle Celia, que j'avais ramenée de la plage blanche, propre et ébouriffée, était toute sale et aussi couverte de puces. A croire que personne ne se préoccupait des animaux et de la maison autant que moi. C'était simple, il y avait trop de choses. Chaque fois que je passais à la maison, je comprenais combien il était urgent que je change tout cela. Les biens matériels sont un lourd fardeau. Il m'arrivait de souhaiter que la maison brûle entièrement, à l'exception, bien sûr, de mes animaux.

J'avais envie d'une vie plus simple, plus intime. Peut-être pourrais-je délimiter un appartement au milieu de toutes ces pièces. Mais après tout, pourquoi ne pas demander davantage? Pourquoi ne pas avoir une petite maison au lieu d'un petit appartement dans une grande maison! J'avais trop de vêtements, trop de bibelots, trop de tasses et de soucoupes, de draps, de chaussures, de sacs, de chiens, de chevaux, d'enfants, de personnel, de maisons et c'étaient eux qui étaient en train de devenir mes maîtres. Eh bien, c'en était assez. J'allais simplifier.

Je commençais à croire que tous mes maux étaient liés à des attentes. Pour peu que je croie que quelque chose allait arriver, ça arrivait effectivement. Comme si une phlébite au bras droit ne me suffisait pas, à cause de l'aiguille utilisée lors de la chimiothérapie, une autre apparut sous le bras gauche. Mitchell Karlan me prescrivit un anti-inflammatoire et du repos. Du repos, du repos et encore du repos. Maudit repos! J'en avais assez de me reposer. Je me faisais l'impression d'un pantin attendant de prendre vie. Je devais m'efforcer de changer de vie. Je devais croire que je pouvais accomplir des choses sans tomber malade, que je pourrais un jour mener une vie saine et normale.

J'avais deux livres de chevet, *Getting well again* de O. Carl Simonton et *Healing from within* (Guérir de l'intérieur) de Dennis T. Jaffe. Je les gardais toujours à portée de main. Ils disaient la même chose en termes différents, à savoir que les tensions et le découragement rendent malade, et qu'il est possible de guérir grâce à son esprit. Le cancer survient lorsque le système immunitaire cesse de fonctionner normalement et ne combat plus les cellules cancéreuses. Nous ne disposons pour toute notre vie que d'une certaine somme d'énergie, et les ennuis surviennent si nous l'utilisons trop vite. Quand cela se produit, nos corps sont incapables de résister à la moindre tension, ce qui fait que nous nous brisons. J'appris que notre façon de réagir aux tensions est pour partie héréditaire et pour partie le résultat de l'éducation ou de l'influence des proches. Je pensais aux nombreuses maladies de mon père.

Ainsi, je lus que certaines personnes réagissent au stress en contractant les muscles de leur estomac et en respirant superficiellement, afin d'étouffer leurs émotions. Des années plus tard, elles souffrent de maladies pulmonaires, comme l'emphysème, surtout si elles ont les poumons irrités par le tabac. Il y a aussi les gens qui réagissent en enflammant les parois de leur estomac, accroissant ainsi le risque d'ulcère et de colite. Je pensais à nouveau à mon père. D'autres réagissent aux agressions affectives à la façon de lutteurs, en explosant. Bravo Charlie, continue d'exploser! C'est leur façon de résister ou de relâcher toute tension. D'autres, qui refusent d'exprimer ce qu'ils ressentent, concentrent la tension dans une partie de leur être, où elle transparaît alors sous forme de maux de tête ou de dos, par exemple. Une autre catégorie encore répond au stress par l'inquiétude, l'anxiété, la dépression ou la nervosité chronique. Je me range dans cette dernière catégorie.

Entièrement vidé de son énergie, le corps cesse de se défendre. Résultat : il s'épuise. Je me souviens des mois qui ont précédé mon opération. Quoi que j'entreprenne, je me sentais continuellement épuisée. Il me faudrait apprendre à réagir différemment aux tensions. Car s'il était évident que je ne réussirais pas à me protéger des plaies et des bosses de la vie quotidienne, je pouvais néanmoins apprendre à les accepter différemment, en prenant la vie comme elle vient et en me réservant chaque jour un moment de solitude et de méditation.

Plus facile à dire qu'à mettre en pratique, certes. Quand je m'énerverai à propos de choses que je penserai devoir faire, il me sera difficile de me dire : « Eh là! doucement, ma fille. Chaque chose en son temps. Fais ce que tu as à faire maintenant et ne pense pas au reste. » Il ne sera pas facile de méditer quand mon cerveau sera trop stimulé, trop anxieux. Mais je trouverai bien un moyen. Il le faudra.

Un jour, après être passée à Bel Air, je rentrai désespérée à la maison de la plage, me demandant comment je pourrais faire face à tout ce que l'on exigeait de moi. Croyez-le ou non, il était à nouveau question d'acheter la maison de Jack. Je savais que cela signifierait énormément de travail. La rénover serait un jeu, mais déménager d'abord de la maison de la plage à celle de Bel Air puis emménager ensuite dans celle de Jack serait une autre paire de manches. Et moi j'étais celle qui décidais de chaque chose, qui disais à chacun comment les opérations doivent se dérouler. A ce stade de mon traitement, la perspective d'un déménagement ne me réjouissait guère. Bien sûr, tout ne devait pas nécessairement se faire sur-le-champ, et je n'avais pas à organiser ni à penser dès maintenant. L'heure venue, j'assumerais ces responsabilités une à une, en essayant de ne pas me laisser déborder ni, plus important, de les prendre trop à cœur.

L'esprit plein de ces pensées, je descendis avec Cassie me promener sur la plage. Là, je me calmai enfin et pris conscience du ciel bleu, de la mer et du sable sous mes pieds. Cassie semblait percevoir mes pensées. Au début, elle me dévisageait d'un air angoissé puis marchait au pas près de moi sans me quitter des yeux. Quand je fus plus détendue, son attention se relâcha et elle se mit à courir en avant, me rapportant des bouts de bois et des galets pour que je les lui lance. Moi aussi, je cherchais des choses à ramasser, des dons de l'océan. Je trouvai une magnifique plume de mouette, longue et robuste. Et aussi une pierre blanche en forme de larme. Une larme et une plume. Je regagnai la maison avec mes trésors.

Quand j'entrai, Charlie grogna.

– Jill, je te l'ai répété mille fois, arrête de ramasser des plumes. Elles sont probablement infestées de mites.

Je me contentai de sourire.

– Ce sont des cadeaux de l'océan.

– Pas les plumes, Jill. Elles sont mitées.

Ne lui prêtant plus attention, je lavai ma plume et la plaçai dans un petit vase avec le reste de ma collection. A mon avis, elles n'avaient pas de mites.

J'avais décidé de changer d'agent artistique. Celui qui me représentait depuis un an était un homme charmant mais, malheureusement, il avait des problèmes personnels. Je pris donc rendez-vous avec un autre. Je voulais paraître sous mon plus beau jour, ce qui donna à Alan l'occasion de me maquiller. Avec un peu d'appréhension, je m'installai en plein soleil près d'une fenêtre et n'osai me regarder avant qu'il ait terminé. Il fit des merveilles. Sans trop de maquillage, il m'avait rendu un visage éclatant de santé, en accentuant les yeux et en rehaussant légèrement mon teint. Nous avions pensé que je porterais peut-être ma perruque, mais elle me mettait mal à l'aise.

– C'est la tête que j'ai, Alan. Je crois plus honnête de ma part d'y aller avec mes cheveux courts. Je me sens davantage moi-même.

J'enfilai une combinaison de coton couleur pêche, me coiffai et partis à mon rendez-vous.

L'imprésario était un garçon de trente-six ans, dynamique. Nous bavardâmes autour d'une tasse de café. Débordant d'énergie, il ne cessait de m'interrompre. A sa manière désordonnée de passer d'un sujet à l'autre, il cherchait à s'exprimer et à mieux comprendre son interlocuteur. Il m'entraîna ainsi dans sa valse verbale jusqu'au moment où nous trouvâmes un rythme qui nous convenait à tous deux. Il me demanda pourquoi je n'avais pas travaillé davantage.

Je lui dis qu'en épousant Charlie, j'avais dû revoir l'ordre de mes priorités. Je ne pouvais travailler à un bout de la planète pendant que lui travaillait à l'autre. J'avais décidé de rester auprès de lui et d'élever les enfants à ses côtés. Je ne l'avais jamais regretté.

– Je pense que vous avez eu raison, approuva-t-il avant de me demander si je voulais que son agence me représente.

– Oui, mais il y a quelque chose que vous devez savoir.

– Oh, et de quoi s'agit-il?

– Je suis malade. J'ai un cancer, mais je vais mieux et, comme vous pouvez le voir, j'ai l'air bien et je me sens bien.

Ses yeux s'écarquillèrent. Je lui expliquai que l'idée de ce cancer ne m'inquiétait pas et que j'aimerais qu'il en aille de même pour lui. Je lui racontai que l'approche holistique que je pratiquais m'aidait à me sentir bien. J'avais à peine terminé mon explication qu'il m'apprenait que son frère était atteint d'un cancer. Aussitôt, je me lançai dans une croisade pour qu'il le convainque d'essayer un traitement holistique.

Ce fut un entretien intéressant et, j'en suis sûre, différent de ceux qu'il avait d'ordinaire avec des actrices. Quand je quittai son bureau, j'avais un nouvel imprésario et lui une nouvelle cliente, encore que cancéreuse. J'étais heureuse de m'être laissé maquiller par Alan, de m'être habillée et de ressembler à ma vieille amie, Jill Ireland, l'actrice. L'esprit l'avait certainement emporté sur la matière. Même mes cheveux semblaient plus épais aujourd'hui. Ils étaient toujours très courts, mais – était-ce possible? – un duvet se formait sur les plaques chauves. Ma coiffure était plutôt flatteuse, comme si j'avais simplement porté mes cheveux très très courts. Le visage maquillé par un professionnel, mes yeux agrandis, cette coupe passait parfaitement. Vive moi! Vive Alan! Vive tout le monde! Si seulement je pouvais me débarrasser de cette maudite phlébite, peut-être y verrais-je plus clair.

Mon nouvel impresario me demanda bientôt des photographies ainsi qu'une biographie. Je n'avais pas de biographie, aussi Alan et Jimmy, l'ami avec lequel il vivait, établirent la liste des films et des pièces qui avaient jalonné ma carrière. Ensuite Jimmy la tapa puis Alan la déposa chez mon impresario avec un jeu de photographies prises peu avant ma maladie.

La dernière fois que j'avais regardé ces clichés remontait à avant mon opération. Ce que j'y découvrais à présent, c'était une femme éblouissante en robe de soirée, du moins pour le haut de son corps. Car on ne voyait pas qu'en bas, Jill portait des blue-jeans dont une jambe était décousue en raison d'un plâtre de marche. Le photographe avait choisi un éclairage parfait. J'étais merveilleusement coiffée et maquillée, et les épreuves avaient été retouchées avec art. Le produit fini était fantastique. J'étudiais à présent ces photographies d'un œil froid. Je savais que c'était moi que je regardais, je me rappelais parfaitement le jour où elles avaient été prises, mais je les considérais avec un grand détachement tant je me sentais différente de cette femme dont la jambe cassée refusait de se ressouder. A l'époque, je pensais connaître le sens du mot patience.

24

Entre ma cinquième et ma sixième chimiothérapie, je trouvai une distraction, un peu excentrique mais charmante, pour dissiper l'épais nuage qui assombrissait la plupart de mes jours. L'astrologie.

Il y avait vingt ans que je n'avais pas consulté d'astrologue. Chakrapani était fort réputé et différent de ses collègues. Très qualifié, après trente ans de pratique, il passait pour l'un des grands de l'astrologie indienne. Chakrapani se fondait sur le système védique. Un ami prit rendez-vous pour moi, n'indiquant que la date, le lieu et l'heure de ma naissance. J'attendais avec impatience ce petit divertissement.

Chakrapani, un petit homme joyeux et amical, sembla prendre plaisir à tracer mon thème astral. Nous avons beaucoup ri ensemble. Au début, j'eus du mal à le comprendre. Il s'exprimait d'une drôle de voix chantante, mélange d'accent indien et de ce qui ressemblait à des intonations yiddish new-yorkaises. Bien qu'Anglaise, j'avais beaucoup de mal à contenir mon rire avec l'impression d'entendre Peter Sellers imitant un Indien. Je me demandais si Alan, qui m'avait accompagnée, pensait la même chose que moi. Je n'osais croiser son regard de peur d'éclater de rire.

Chakrapani remua des papiers sur son bureau, se pencha et me dévisagea d'un œil scrutateur. Puis il s'adossa dans son fauteuil, ferma les yeux et commença de sa voix chantante.

– Il se dégage de ce thème astral un pouvoir fantastique. Il renferme beaucoup d'énergie. Vous êtes une femme de profondeur. Il y a dans votre personnalité une dimension formidable. Vous êtes quelqu'un de très fort, quand bien même votre esprit fonctionne vingt-cinq heures sur vingt-quatre. Comprenez-vous? Cela signifie qu'il est trop occupé.

Alan éclata de rire. Il ne pouvait plus se contenir et je risquais de l'imiter. Je lui jetai un regard noir : Alan, tais-toi!

– Trop occupé?
– Il travaille vingt-cinq heures pour des journées qui en comptent vingt-quatre. Qu'est-ce que cela signifie? Qu'il en fait trop. Vous êtes une femme qui a affronté la vie, relevé ses défis comme personne d'autre. Ai-je raison?
Alan hochait la tête de haut en bas comme un vieux mandarin et ponctuait ses hochements de « Oh, oui! Oh, oui! »
– Vous avez connu des hauts et des bas comme personne. Vous avez traversé la vie comme personne. Vous ne voulez rien savoir de la façon dont vous vous en êtes sortie. Je dirais que vous avez connu, plutôt vécu, des miracles dans votre vie, parce qu'à certains moments, vous avez pensé que c'était fini pour vous et que personne ne pourrait vous sauver. Que vous alliez partir pour de bon. Ne l'avez-vous pas pensé? Oui. Eh bien, d'une manière ou d'une autre, à mesure que le temps a passé, vous avez été sauvée et protégée.
Assise sur une petite chaise noire inconfortable, je restais parfaitement silencieuse. Je ne savais que penser. Je lui en avais peu dit, bien décidée à ne rien lui révéler de plus. Je voulais que tout vienne de lui. Quant à Alan, qui riait et approuvait toujours, il passait un bon moment.
– Voilà la puissance de Guru. Guru a le pouvoir de protéger. Il se tient toujours derrière vous. Quand bien même, en 1984, vous avez connu des ennuis et des problèmes et des tensions et de l'anxiété, des difficultés, des problèmes et encore des problèmes. En 1985 aussi, cela ne fait aucun doute.
Il psalmodia ce petit discours avec la virtuosité d'un commissaire-priseur. La rapidité de son débit me stupéfiait.
– 1984 est une des années les plus pénibles que vous ayez vécues dernièrement. Je parle de juin, juillet et août en particulier. Toute l'année, oui, mais avec des points culminants. Vous en voyez la fin.
J'étais soudain très intéressée.
– Même en ce qui concerne la santé? Ma santé me préoccupe beaucoup en ce moment.
Il hocha la tête d'un air solennel.
– Dans tous les domaines. Tout ce qui s'y rattache. Tout se termine de la même façon.
Mon Dieu, combien je souhaitais qu'il ait raison.
Après un autre regard rapide au thème astral, il poursuivit :
– Très bien. A présent, votre signe ascendant est occupé par Guru. Guru est la planète de la connaissance et de la sagesse, de la science et de l'étude, de la croissance et du progrès, de la prospérité et de la dignité.
Il avait repris sa psalmodie rapide. Mais je n'avais plus envie de rire. Car c'était ma vie qu'il psalmodiait et j'étais suspendue à ses lèvres.
– Une femme de dignité. Vous apportez un certain degré de

dignité partout où vous allez. Rahu vous a aussi causé quelques problèmes de santé, sous la forme d'éruptions cutanées, d'allergies et de coupure, de blessure, une opération.

Holà! A ces mots, je sursautai, concentrant à nouveau toute mon attention.

– Il vous cause même cela. Et il a commencé avec force aux environs de janvier 1982. Peu à peu, il vous a rattrapée.

Littéralement captivée, je retenais mon souffle.

– Et 1983, 1984, vous avez souffert de... Vous avez été en contact avec la médecine et des médecins comme personne, surtout en janvier, février, mars, avril, mai, juin, juillet et août 1984. Voilà le pouvoir de ce Rahu. Rahu s'intéresse à votre santé.

Je ne pouvais en croire mes oreilles. Il était vraiment lancé. Je l'interrompis :

– J'espère que c'est terminé. J'espère que les maladies sont terminées.

– Je pense que c'est terminé, mais il vous faut rester très prudente. Vous devez vous montrer très prudente au sujet de votre corps. Il est brûlant.

Brûlant. J'étais stupéfaite. Personne ne savait que depuis le début de la chimiothérapie, j'éprouvais des sensations de brûlures.

– Le corps est brûlant à l'intérieur. Quand le corps brûle, vous courez vers les ennuis. Il devient trop chaud à force de trop penser, de trop vous inquiéter, de trop de tension et de manque de sommeil. C'est pourquoi vous devriez manger beaucoup d'aliments refroidissants, au lieu de beaucoup de viande. La viande est contre-indiquée ici, parce qu'elle produit trop de chaleur dans le corps. Pourquoi ne mangez-vous pas des légumes cuits à la vapeur et ne buvez-vous pas beaucoup d'eau? Oui, beaucoup d'eau. L'eau est indiquée pour vous, parce qu'elle maintiendra la température normale de votre corps.

– J'ai été très malade, intervins-je.

– Il va te le dire, dit Alan.

– A partir de 1965, vous avez commencé à être de plus en plus malade. En 1954 et 1955 aussi, vous avez eu des problèmes de santé. Alors, cela remonte à loin. Lorsque vous étiez enfant, c'est là que réside votre problème de santé. Mais vous êtes très robuste. Je dois vous le dire également. Vous êtes solide comme un roc. Et vous avez des problèmes de santé. Les deux sont vrais. Votre corps est robuste. Il peut supporter les tensions. Il peut tout supporter. Il est en acier. Ce qui signifie qu'en cas de coupure, de blessure ou d'opération, il guérit. C'est ce que cela veut dire. Il a le pouvoir de guérir. Et celui de souffrir, et la souffrance est là, bien entendu. Les deux sont là.

Il marqua une courte pause, puis me sourit gentiment.

– Vous êtes une femme d'opposés, une femme de contradictions, une révolutionnaire peu conventionnelle. Vous êtes douée d'un grand sens de justice et d'équité, de droiture et d'honnêteté. Tout cela est vrai. Cependant, en même temps, vous voulez n'en faire qu'à votre tête. Vous n'écoutez personne.

– Oh, Chakrapani, vous ne croyez pas si bien dire, commenta Alan.

– Tais-toi, Alan. C'est mon thème astral.

Chakrapani fit bruire les papiers posés devant lui.

– En 1986, 1987, 1988, les choses iront mieux pour vous.

– Je suis ravie d'apprendre que je serai encore là.

– Vous avez une longue vie devant vous. Ne vous ai-je pas dit que vous êtes solide comme un roc?

– Je l'espère.

– Ne vous l'ai-je pas dit?

– En effet, vous me l'avez dit. Ainsi, d'après vous, je vais vivre longtemps? Vous le voyez dans mon thème?

– Bien sûr.

– A cette étape de ma vie, cela a beaucoup d'importance pour moi.

– Oui, vous vivrez longtemps. Cela ne fait aucun doute.

– J'ai un cancer...

– Cela n'a aucune importance.

– Et j'ai été opérée...

– Aucune importance.

– Mais je me sens forte intérieurement.

– C'est dans votre nature.

– Voilà un bon point. Vous me prédisez une longue vie?

– Oui, assurément. Vous avez souffert physiquement. Ce n'est pas grave.

J'approuvais.

– Peu m'importe de souffrir si j'en tire quelque chose de positif, si je ne souffre pas pour rien, si cette souffrance se révèle constructive.

Alan posa gentiment la main sur mon épaule.

– Mais Jill, c'est ce qui est en train de t'arriver. Maintenant.

– Vous avez une volonté formidable. Quoi que vous acceptiez, vous êtes capable de vous y tenir par votre seule volonté. C'est une force vitale.

Il continua encore et encore, de sa voix chantante.

– Je vous l'assure, votre chance s'améliorera en février, mars, avril et mai 1985. Quelque chose changera alors qui vous comblera de joie.

Je rayonnais.

– Évidemment, il s'agira de plusieurs mariages.

– De combien? demandai-je dans une exclamation joyeuse.

– Je ne sais pas.

– Vous ne savez pas? Eh bien, donnez-moi une idée approximative.

Nous riions tous trois de bon cœur. Mais je m'inquiétai soudain.

– Par mariages, vous entendez des mariages ou juste des associations?

– Des mariages.
– Des mariages. Et vous en voyez plus d'un?
– Oui.
– Eh bien, je me contente d'un seul pour le moment. Et plus de deux? insistai-je, déclenchant à nouveau nos rires.

Mais Chakrapani n'était pas disposé à discuter plus avant de mes situations maritales. Pour couper court à toute autre question, il ferma les yeux et, les mains jointes, s'adossa à son fauteuil. Il y eut un silence durant lequel il sembla réfléchir intensément. Puis, soudain, il me regarda d'un air interrogateur.

– La douzième maison. Comment va votre jambe? Avez-vous jamais eu des douleurs à la jambe?

Sa perspicacité devenait troublante.

– Je me suis en effet cassé la jambe et l'os a mis longtemps à se ressouder. Il m'arrive encore d'avoir mal.
– Oui, c'est effectivement cela.
– Je me suis blessée quatre fois.
– Vous devriez faire attention. C'est l'aspect de Saturne sur le Soleil en Mars et Mercure. C'est la raison de vos problèmes à la jambe.
– Cela va durer toute ma vie?
– Oui, il vous faudra y prêter une attention particulière, ne jamais prendre de risques.
– Pensez-vous que je devrais cesser l'équitation et les concours équestres?
– Entièrement.

J'eus l'impression que le ciel me tombait sur la tête.

– Complètement? Vous croyez? Vous en êtes certain?
– Oui.
– J'adore l'équitation. Je n'ai aucune envie d'arrêter.
– Eh bien, si vous tenez à souffrir, faites-en à votre tête.
– Non, je ne veux pas souffrir, mais j'aime monter mes chevaux. Vous croyez vraiment que je devrais renoncer à l'équitation?
– Oui. Vous voyez ces problèmes, eh bien, continuer reviendrait à en créer d'autres pour votre jambe.
– Et la course à pied?
– Mauvais. Nager. Pourquoi ne nagez-vous pas?
– Je suis une piètre nageuse. Et cela me fait mal aux oreilles.
– Pourquoi nager vous ferait-il mal aux oreilles?
– Parce que si l'eau entre dans mes oreilles...
– Bouchez-les.
– Et je dois me mouiller.
– Bouchez-vous les oreilles. Vous pouvez vous mouiller.
– Non. Je n'aime pas me mouiller.

Chakrapani me dévisagea un instant puis, comprenant que je plaisantais, il se détendit, se laissa aller dans son fauteuil et partit d'un rire tonitruant.

Bien que cela ne m'enchantât guère, je finis par dire :

– Je vais suivre vos conseils au sujet de mes jambes et des risques. Je ne prendrai aucun risque.

Toutefois, au fond de mon cœur, je savais que rien au monde ne me ferait renoncer au plaisir de monter mes chevaux.

– Votre cycle saturnien a commencé. Il vous élèvera comme personne d'autre. En 1983, le passage de Saturne a commencé à vous être bénéfique. Quand bien même vous avez souffert en 1984, cela n'a rien à voir avec Saturne. Saturne ne l'a laissé se produire que pour l'extirper. La souffrance était là avant. Elle était là depuis 1975. Elle a grandi petit à petit. A cause d'émotions, de tensions, de frustrations, en 1975, 1976, 1977, 1978, 1979, 1980, 1981, 1982 – même 1983. C'est d'avoir étouffé vos sentiments, réprimé vos émotions qui vous a causé ce genre de problème.

Il me semblait avoir déjà entendu ce discours. J'avais de plus en plus l'impression d'entendre une version indienne du docteur Simonton.

– Vous maîtrisez beaucoup de choses, sans les raisonner ni chercher à les comprendre. Maîtriser ne vaut rien. C'est comprendre qui importe. Est-ce que vous me suivez?

Tout ce qu'il disait me devenait de plus en plus familier. Sue Colin n'aurait pas su mieux le formuler. Les paroles d'une chanson me revinrent alors en mémoire.

Depuis combien de temps est-ce que cela dure?
J'en pleurerais des larmes glacées
Où étais-je toutes ces années?

Je commençais à saisir ce qu'ils me disaient tous. Comment avais-je pu mettre autant de temps à comprendre ces choses que tout le monde sauf moi semblait comprendre si bien?

Chakrapani consulta à nouveau mon thème astral en parlant dans sa barbe.

– A mesure que vos problèmes de santé surviennent, votre chance grandit.

– A mesure qu'ils surviennent, ma chance grandit?

– Oui, tout cela est lié. Le chef de la neuvième maison situé dans la cinquième maison a amené des obstacles et des difficultés avec les enfants. Comment cela? Des obstacles et des difficultés avec les enfants. Avortement, fausse couche, accouchement difficile. Des problèmes de santé avec vos enfants?

J'étais obligée d'acquiescer. Accouchements difficiles et fausses couches avaient effectivement été mon lot. J'étais abasourdie. Comment pouvait-il lire tout cela dans mon thème astral? Il poursuivait.

– Et si les enfants sont nés, des problèmes de santé avec eux?

– Non, pas pour le moment.

J'avais oublié les calculs rénaux de Paul.

– Pas pour le moment? Parfait.

Je n'arrivais pas à croire que j'étais assise dans la maison de cet homme étrange, à écouter ce que Charlie ne manquerait pas d'appeler des contes de diseuses de bonne aventure. J'avais l'impression que Chakrapani, tel un magicien, tirait ma vie d'un grand chapeau. Même Alan ne savait rien de mes fausses couches. Chakrapani commença à parler de ce que j'identifiai comme mes espoirs de nouvelle maison.

– Vous aurez de la chance avec une propriété qui viendra à vous.

– Une propriété?

Voilà une bonne nouvelle!

– Oui.

– Vous voulez dire...

– De la terre. Un immeuble. Oui. La chance est inscrite là. Et vous aurez une des plus belles maisons qui existent. Vous l'aurez.

– Très bien.

Chakrapani reprit son souffle, puis, de plus belle :

– Maladies, discussions, conflits et luttes.

Je voulais l'arrêter. J'avais eu ma part de luttes et de conflits.

– Quoi qu'il en soit, vous êtes toujours protégée par l'aspect de Guru. C'est pourquoi je vous dis de prendre soin de votre jambe.

Oh, non! Pas ma jambe. Pas encore!

– Ne prenez aucun risque. Vous traversez en ce moment le cycle de Saturne et le cycle principal de Saturne continue jusqu'en avril 1986. D'ici avril 1986, votre vie s'enracine. Oui. 1987 sera une de vos meilleures années.

– Formidable. Il est bien temps après toutes ces luttes, ces conflits et ces discussions.

– Oui, 1987. Cela signifie toutefois que jusqu'en 1986, vous rencontrerez quelques anicroches. Je ne veux vous faire aucune fausse promesse. D'accord? Elles y sont jusqu'en 1986. Espérons-le, cela se terminera là.

– Voyez-vous des problèmes de santé en 1985?

– Des inquiétudes. Pas des problèmes. L'impression d'être limitée. Cela signifie que je veux que vous soyez prudente, c'est tout, pour ce qui est de votre alimentation et de vos activités. Ne prenez pas de risques physiques.

– Je vais devoir arrêter le jumping alors?

– Vous devriez sauter du deuxième étage de cet immeuble, me répondit Chakrapani, déclenchant l'hilarité générale.

– A mon avis, au moins pas de jumping, insista Alan d'un ton sentencieux.

Eh bien, ils avaient décidé de m'immobiliser tout à fait. Je me sentais soudain fatiguée, mais j'avais encore des questions à poser. Je voulais tout, qu'il me rassure complètement, qu'il me donne sa bénédiction, qu'il me rende mes espoirs.

– Chakrapani, ce qui m'inquiète le plus, c'est le temps qu'il me reste à vivre. Avec un cancer, vous savez, on vit en suspens... Je suis solide, comme vous dites, mais de temps en temps, mon Dieu, peut-être que je me fais vraiment des idées. Peut-être que je ne suis pas si solide...

– Je connais des gens qui vivent depuis vingt-cinq ans avec un cancer, dit-il doucement.

– Oh, j'ai l'intention de vivre longtemps, mais en même temps, il arrive que je m'inquiète vraiment. Et les statistiques ne jouent pas en ma faveur.

Je me sentais vulnérable. J'étais prête à accepter tout ce qu'il me dirait.

– N'ayez aucune crainte. Aucune crainte pour votre vie. Je vous l'ai dit, vous avez un problème de santé, mais vous avez un corps d'acier.

– J'ai toujours eu des accidents. Toute ma vie.

– Il n'empêche que vous y survivez. Vous avez une constitution de fer. Aujourd'hui même, vous semblez forte.

– J'ai un problème de phlébite.

– C'est normal, avec toute cette tension.

– La tension? Une tension physique?

– Mentale. Vous avez subi une énorme tension mentale.

Devinant ma détresse, Alan préféra changer de sujet.

– Reparlons plutôt de ton espérance de vie. Est-ce que Jill vivra assez longtemps pour être une vieille femme?

– Oui.

– Bon, est-ce que tu es contente? Il te voit en vieille bonne femme. Satisfaite? Tu vas devenir une vieille chipie. Heureuse?

Cela eut beau nous faire tous rire, je n'en avais pas assez. Je voulais qu'il me rende tout, mon innocence, mon avenir.

– Mais je ne veux pas être une vieille bonne femme malade. Je veux être une vieille femme pleine de santé, active...

– Oh, oui! Vous resterez active.

– Vous ne me voyez pas avec des cannes?

– Non.

– Mais moi, je la vois comme une sacrée vieille enquiquineuse.

Alan en avait assez. Il avait faim et plus qu'une seule envie : aller déjeuner.

– Mais vous ne me voyez pas comme une vieille impotente... Je le supporterais difficilement. Je veux rester solide.

– Vous ne serez jamais impotente.

– Jamais?

– Jamais.

– Alors, tout va bien. Merci beaucoup.

Je réglai Chakrapani qui nous raccompagna à la porte. J'en avais eu pour le moindre *cent* des cent dollars que m'avait coûté la consultation. J'avais fait une affaire, je venais de m'acheter à prix modique une longue vie pleine de santé.

25

Les révélations de Chakrapani me donnèrent amplement matière à réflexion. Le fait que je doive cesser l'équitation à cause de mes jambes m'avait marquée, même si à l'époque je ne montais pas à cause de ma double phlébite. Mitchell Karlan m'avait dit que je ne devais pas conduire non plus, ni faire de longues marches, ni quoi que ce soit de fatigant tant que la phlébite n'aurait pas disparu.

Alan vint me chercher le jeudi matin pour m'emmener à mes rendez-vous. Le premier était avec Michael, mon cancérologue, pour une analyse de sang, qui se déroula bien. Le deuxième était avec mon chirurgien ou, plus précisément, avec son associé, le docteur Uyeda, car Mitch était absent.

Alan était surexcité. Il m'avait pris un rendez-vous chez un plasticien de renom qui, assurait-il, me créerait une paire de seins parfaits, « de pures merveilles ». Selon lui, je devais à tout prix me faire opérer avant Noël. J'estimais quant à moi que c'était un peu tôt, mais je me laissais gagner par l'enthousiasme d'Alan. Si bien qu'en arrivant au cabinet médical, il m'avait pratiquement convaincue de subir l'intervention et d'en profiter pour me faire raccourcir le bout du nez. En fait, s'il fallait l'en croire, je serais en meilleur état après qu'avant le cancer.

Nous passâmes d'abord chez Bernard Dowson, qui avait repris ses activités. La différence était qu'il allait « m'enseigner la méditation ». Comme il espérait continuer à travailler quarante ans encore, il devait se protéger. J'étais heureuse de le revoir, quel que soit le nom qu'il donnait à sa pratique, car grâce à lui, je me sentais mieux.

Alan et moi sortîmes d'excellente humeur de notre séance d'électromagnétisme. C'est donc avec un sentiment de bien-être que j'attendais de connaître l'opinion du docteur Uyeda sur la date de mon éventuelle opération de chirurgie reconstructive. Le docteur Uyeda m'examina puis, avec douceur mais fermeté, me dit que je devrais attendre une année au moins après la fin de la chimiothérapie. Il m'expliqua qu'on ne pouvait attendre de guérison complète dans un délai plus court. En outre, il fallait tenir compte du stade auquel ma tumeur avait été prise avant de décider si je pouvais effectivement recourir à la chirurgie reconstructive. En effet, dans certains cas, ce type d'intervention n'est pas recommandé. Par conséquent, mieux valait attendre. Enfin, la chirurgie reconstructive rend parfois plus délicat le diagnostic du cancer.

J'appelai Alan, qui se trouvait dans la salle d'attente, pour que le docteur Uyeda lui répète ce qu'il m'avait dit. Alan fut à la fois stupéfait et déçu. Le docteur Uyeda insista beaucoup sur le fait qu'il fallait tout particulièrement tenir compte du stade auquel la tumeur avait été retirée et qu'on ne saurait, dans certains cas, recommander la chirurgie reconstructive.

De retour dans la voiture, Alan était hors de lui. Furieux.

– Eh bien, dit-il. Je n'ai aucune confiance dans l'ordre des médecins. Ton médecin est charmant et je le respecte, ce qu'il a dit aussi, mais personnellement, je crois au traitement holistique.

Quant à moi, je me sentais quelque peu déconcertée. Je trouvais au « stade de la tumeur » des résonances sinistres. Une vague de découragement me gagnait, tant à cause d'Alan que des paroles du docteur Uyeda. Alan se tourmentait tellement que je ne voulais pas qu'il remarque combien j'étais déçue au sujet de l'opération. Il avait du mal à accepter les raisons du médecin. Je lui fis remarquer que je devais être réaliste, que le cancer pouvait réapparaître et que je risquais de perdre aussi le sein gauche.

Alan refusa avec véhémence de m'écouter.

– Non, je ne veux pas en entendre parler. Il n'y aura pas d'autre tumeur et l'idée de te voir vivre avec une épée au-dessus de la tête me déplaît profondément.

– Je ne vis pas avec une épée au-dessus de la tête, Alan. Il y a bien une épée, mais elle n'est pas au-dessus de ma tête. Elle se promène du côté droit et cela, je le sais. Cela ne m'inquiète pas, alors, je t'en prie, ne sois pas triste.

Il n'y avait personne à la maison du front de mer quand nous rentrâmes, et j'avais oublié ma clé. Charlie était allé encourager Zuleika dans une compétition de natation qui se déroulait à son école. Alan escalada le mur pour m'ouvrir. Nous étions abattus et mal à l'aise. Il se servit un verre de vin et alluma une cigarette pendant que je descendais marcher sur la plage avec Cassie.

Ce que le médecin avait dit – « le stade de la tumeur », « peu recommandable dans certains cas », « peut-être que dans le cas de Jill ce n'est pas recommandable », « les rechutes surviennent habituellement dans le courant des deux premières années » – me hantait. Cassie fonçait sur les mouettes. J'aurais voulu courir avec elle, foncer droit devant en abandonnant derrière moi mes pensées lugubres. Assez étrangement, je ne me sentais pas vraiment découragée ou effrayée. Juste un peu abattue.

Ces quelques derniers jours, malgré la phlébite, je sentais intimement que je n'avais plus de cancer. Mais maintenant, bien sûr, je savais qu'il me faudrait attendre deux années pour en être sûre. Je connaîtrais, à n'en pas douter, des moments d'angoisse et de peur. Et après! Personne n'avait dit que ce serait facile. Il y avait vingt minutes que j'étais sur la plage. Je tournai le dos au soleil et repris le chemin de la maison. Je me sentais mieux. Une fois encore, la mer avait eu sur moi le même effet apaisant.

Comme je m'y attendais, Alan était parti, en laissant un petit mot disant qu'il appellerait plus tard. Il m'aimait tellement, ma maladie lui tenait tellement à cœur que ces petits contretemps le démoralisaient. Il avait alors des problèmes dans sa propre vie, et je pensais qu'il avait peut-être choisi de s'inquiéter pour moi plutôt que pour lui-même. J'avais l'impression de le décevoir. Je voulais guérir pour un tel ami, si indispensable. Je n'étais pas pressée de faire remodeler mon sein mais pour Alan, je l'aurais fait volontiers. Je ne pouvais résister devant son enthousiasme à me voir plus belle que jamais.

Je devais repartir de zéro. Peut-être nous étions-nous, Alan et moi, montrés un peu trop présomptueux à propos de ma guérison complète. Je devais tout reprendre du début. Recommencer à méditer trois fois par jour. J'en étais arrivée à ne plus le faire qu'une fois. Et surveiller à nouveau mon alimentation, chose que je ne faisais plus non plus. Je n'étais pas au bout de mes peines. La route était encore longue avant que je puisse me sentir définitivement sauvée. Je me remémorai ces deux vers :

Les forêts sont belles, sombres et profondes,
Mais j'ai mes promesses à tenir.

C'était la mi-octobre, trois jours avant ma sixième chimiothérapie. J'étais résolue à bien me comporter jusque-là mais, par esprit de contradiction, alors même que j'avais décidé de surveiller mon régime, je me retrouvai en train de fouiller la maison à la recherche du chocolat que j'avais caché un jour. Je me préparai une tasse de thé. « Tu n'as pas le moral, ma chérie? Fais-toi une tasse de thé. » Avec un sentiment de culpabilité et l'impression d'agir sournoisement, je me glissai dans la petite chambre inoccupée où je m'isolais habituellement pour méditer et écrire. Le chocolat n'était pas très bon, mais je le mangeai quand même.

Je n'avais pas compris à quel point je comptais sur la chirurgie reconstructive. En fait, je ne m'en étais pas rendu compte jusqu'au jour où l'on m'avait dit qu'elle n'était pas souhaitable dans certains cas. Tant que j'avais le choix, je pouvais décider librement d'y recourir ou non, mais si ce choix m'était refusé, comment réagirais-je? J'avais besoin de Charlie. Je voulais lui parler. Je m'assis en tailleur par terre, le dos au mur dans un coin de la pièce, pour méditer. Mais le petit cochon de Charlie était incapable de se concentrer. Je repensais au matin même, alors que secouée dans ma vieille guimbarde, Cassie installée à l'arrière avec son air de chien battu, j'avais demandé à Alan s'il pensait que je rejouerais un jour malgré mon handicap.

– Mais certainement, m'avait-il répondu. Seulement, il te faudra un super-rôle et un grand metteur en scène. Une femme peut-être, ou un homosexuel.

– Fantastique, avais-je rétorqué. Je n'ai plus qu'à passer une annonce dans les journaux professionnels : « Actrice mono-sein cherche travail avec metteur en scène pédé compréhensif. »

– Mais tu ne seras pas mono-sein, mon ange. Nous allons te faire remodeler. Ils vont être magnifiques, des chefs-d'œuvre.

Je fermai les yeux et, à nouveau, essayai de méditer. Avec succès, cette fois. J'avais apparemment réussi à éloigner les pensées qui tourbillonnaient dans ma tête. Ma méditation se déroula parfaitement bien. Mes globules blancs, tout à leur tâche, parcouraient mon corps avec diligence, chassant et détruisant les cellules cancéreuses à mesure qu'ils les débusquaient. Quand j'en eus terminé avec cette partie de ma méditation, je m'attaquai à mes convictions.

Je repensai aux révélations de Chakrapani, à ce qu'il m'avait assuré concernant mon thème astral très puissant. Je travaillai le sentiment de puissance. Il avait dit que j'avais un corps d'acier. Je me remémorai toutes les choses positives qu'il m'avait dites, afin de me convaincre que je guérirais et que je vivrais longtemps, en pleine santé. Si je me laissais aller à penser que le cancer réapparaîtrait d'ici à deux ans, il réapparaîtrait sûrement. En revanche, si je me persuadais profondément que cela ne se produirait pas – que mes globules blancs anéantiraient toutes les cellules cancéreuses qui empoisonnaient mon système –, je savais que je gagnerais. Dommage que ce ne soit pas si facile. Il faut un énorme effort de volonté pour changer ses propres convictions. Le docteur Simonton le savait en me demandant de me concentrer sur des images positives de santé et de pouvoir, de serrer le poing pour renforcer ces images salutaires.

Grâce à cette méthode, je commençais à me penser dotée d'un corps d'acier, capable de supporter beaucoup de choses. Dès que je doutais ou m'affolais, il suffisait que je serre le poing pour éprouver les sensations positives associées à ce geste. Une fois encore, je me rendais compte que le corps médical ne pouvait guérir seul une maladie comme le cancer. Il fallait que le malade apprenne à se guérir, à affronter l'avenir autant que le présent. Je comprenais également qu'une grande partie de mon désarroi ce jour-là avait été causée par la révélation de mon mal tel que le considérait la médecine : « Nous savons encore très peu de chose du cancer ou de la façon de le traiter », avait reconnu le docteur Uyeda. « Nous retirons la tumeur et tous les tissus qui l'entourent. Nous le traitons à coups de canon. C'est le mieux que nous puissions faire pour le moment. » Et comme je trouvais primitif de trancher ainsi dans un corps! Combien il était important de rester en contact avec ses globules blancs, de veiller à ce qu'ils poursuivent leur travail sans relâche. La pensée détient un pouvoir immense. Il suffit de l'exploiter, de la faire travailler pour nous, de la guider comme nous l'entendons. Je crois que dans ce domaine, tout ce qui peut aider le malade à prendre le contrôle de son propre corps est positif. Depuis plusieurs mois, mon esprit se débattait dans tous les sens, mais il commençait maintenant à s'apaiser.

Le lendemain de ma visite au docteur Uyeda, Charlie et moi dûmes nous rendre à l'évidence, les négociations pour l'achat de la maison ne prenaient pas le tour que nous avions espéré. J'avais pensé qu'il s'agissait seulement d'une question de formalités et que nous aurions la maison pour Noël. Mais nous n'étions pas plus avancés que trois mois auparavant. Chaque fois que nous avions été sur le point de signer l'acte de vente, les vendeurs avançaient une nouvelle clause tout à fait inacceptable. La maison me faisait tellement envie que Charlie se trouvait dans une situation délicate, incapable de discuter efficacement. Les propriétaires savaient combien je la convoitais. Ils savaient également que j'étais malade, et le bruit circulait que Charles Bronson offrirait à sa femme tout ce qu'elle voudrait.

J'appelai donc notre agent immobilier.

– Madeline, lui dis-je, j'en ai assez. Je veux que vous appeliez les Skinner pour les prier de remettre leur maison en vente. Moi, je reprends mes billes et je rentre chez moi.

Elle n'en croyait pas ses oreilles.

– Mais Jill, la maison est parfaite pour vous!

– Elle l'était, Madeline, il y a trois mois. Mais ils nous ont laissé trop de temps pour réfléchir et aujourd'hui, je n'ai qu'une chose à leur dire : qu'ils se la mettent où je pense.

Madeline était choquée.

– Vous voulez dire que vous ne voulez plus de la maison? C'est bien cela?

– Je veux dire que la maison ne m'intéresse plus, un point c'est tout.

Elle raccrocha. Mon cœur battait la chamade. Était-ce bien moi qui avais parlé ainsi?

Charlie, qui se le demandait aussi, me regardait d'un air désapprobateur.

– Mais Jill, tu as pourtant envie de cette maison.

– C'est vrai, Charlie, beaucoup. Mais je ne laisserai personne se payer ma tête et la tienne par la même occasion.

Le téléphone sonna alors que je lui disais le fond de ma pensée. C'était le supérieur hiérarchique de Madeline à l'agence immobilière, une femme très calme. Je lui répétais ce que j'avais dit précédemment.

– Nous avons suffisamment d'argent pour chercher ailleurs. Dites à vos clients qu'ils remettent la maison sur le marché, et si d'aventure nous ne trouvions pas quelque chose qui nous convienne mieux, il se peut que nous nous y intéressions à nouveau, s'ils baissent leur prix.

– Très bien, dit-elle.

Et ce fut tout.

A nouveau, je sentais mon cœur battre la chamade. J'avais la nausée. Que m'arrivait-il? Tout simplement que j'en avais assez. Je suis d'une nature aimable. Je laisse les gens profiter longtemps de moi avant de me rebiffer, mais quand cela arrive, je peux me montrer implacable. Chakrapani avait raison. Je savais qu'en l'occurrence il s'agissait d'une question délicate qui nous tenait à cœur, à Charlie et à moi, mais l'énergie m'habitait et je n'allais pas me laisser faire. Le téléphone sonna à nouveau. C'était une fois de plus l'agence immobilière.

– Les Skinner voudraient savoir si vous accepteriez de les rencontrer dimanche.

C'est Charlie qui avait décroché.

– Dimanche? l'entendis-je dire. Je ne sais pas si nous sommes libres dimanche. Je vais demander à ma femme.

Ce qu'il fit en aparté. J'étais contre. En revanche ces appels répétés montraient clairement que la balle avait changé de camp.

– Non, répondis-je. Qu'ils aillent au diable. Je ne veux pas les rencontrer. Dis-leur que je n'en ai aucune envie.

Charlie transmit... que nous n'étions pas intéressés, que pour notre part, nous considérions les négociations rompues et il raccrocha. Oh, mon Dieu, je ne pouvais le croire. Qu'avais-je fait? J'attrapai l'énorme revue illustrée des propriétés immobilières et me mis derechef à la feuilleter.

– Viens t'asseoir, dis-je à Charlie. Nous avons à parler. Où allons-nous vivre?

Le regard fixe, Charlie me dévisagea longuement.

– Pourquoi pas en Oregon?

J'accueillis la proposition en riant.

– Bon, si tu ne veux pas être sérieux, ce n'est pas la peine d'en parler. Il n'y a qu'une chose à faire, monter nous coucher.

– Je te suis.

Et nous sommes montés pour une longue sieste câline.

Ce soir-là, au dîner, Alan était d'humeur particulièrement joyeuse. Avec son ami Jimmy, il nous avait rejoints, Charlie, Zuleika et moi, dans un restaurant rustique du Topanga Canyon. Katrina, qui se trouvait à un cours de danse classique, passerait la nuit chez une amie. Alan nous apprit qu'il avait décroché du travail dans un film avec Jill Clayburgh qui se tournerait au Cape Cod. Inconsciemment, je me demandais comment je ferais sans lui. Depuis que je vivais sur la plage, il avait toujours été là dès que j'avais eu besoin de lui. Quand j'étais trop mal pour conduire, il m'avait servi de chauffeur. Quand j'étais démoralisée, il me remontait le moral. Cependant, j'étais heureuse pour lui. Il me manquerait, certes, mais grâce à lui j'étais tellement plus forte à présent, tellement plus indépendante. Ce fut donc un dîner de fête. Nous bûmes du vin diététique, dégustâmes des mets diététiques. Puis nous nous sommes embrassés, et j'ai dit à Alan que je le verrais la semaine suivante.

26

Le lendemain, j'allai chez l'esthéticienne pour me faire épiler les jambes et teindre les cils. Je ne m'étais jamais fait teindre les cils, et l'idée m'amusait. Ma phlébite me faisait toujours souffrir. Cependant, j'essayais de ne pas y penser. La jeune fille qui s'occupait de moi me demanda comment j'allais. Sans savoir précisément où, elle savait que j'avais un cancer. Je lui dis donc que j'avais subi une mastectomie. Elle sembla intéressée. Contrairement à beaucoup de gens, elle me posa des questions, et je sentis qu'elle voulait vraiment connaître les réponses. Elle me demanda comment j'avais su que j'avais un cancer et si c'était douloureux. Je lui répondis que l'ablation du sein ne provoque pas de douleurs, parce qu'on retire beaucoup de nerfs. En fait, près de cinq mois après l'intervention, je n'avais encore retrouvé aucune sensibilité sous le bras ni le long du côté. Je lui dis qu'il ne fallait pas avoir peur de ce type d'intervention, que ce n'était pas si terrible. Elle me remercia.

La teinture de mes cils ne fut pas une réussite, on ne voyait aucune différence. J'avais des cils longs et très blonds. Après la teinture, ils étaient toujours aussi blonds. Oh, après tout, il avait été amusant d'essayer et j'avais pris plaisir à parler avec l'esthéticienne!

Dans le petit centre commercial de Malibu où je faisais mes achats, les gens étaient habitués à me voir déambuler les cheveux courts, Cassie sur les talons. J'avais lié quelques connaissances et amitiés naissantes. Toutes les personnes à qui je parlais semblaient savoir que nous étions en train d'acheter une maison sur la vieille route de Malibu. Le bruit en avait couru bien vite!

Aussi, je dus changer de version.

– Eh bien, il se peut que nous ne l'achetions pas, expliquai-je autour de moi. Les négociations sont trop ardues, nous ne sommes plus sur les rangs. J'ai commencé à chercher ailleurs.

J'espérais que mes paroles parviendraient aux oreilles de l'agent immobilier et des Skinner.

La douleur à mon bras gauche devint pénible. J'appelai Ray Weston qui me conseilla d'appliquer des compresses chaudes. J'avais cessé de prendre les comprimés qu'il m'avait prescrits quand Bernard, après les avoir testés, m'avait appris qu'ils étaient toxiques. Les maux de tête et d'estomac dont je souffrais depuis que je les prenais avaient disparu aussitôt. Je me demande dans quelle mesure ma réaction était ou non psychosomatique. Je me faisais un tel monde de tout à cette époque, qu'une grande partie de mes maux devaient être psychosomatiques. La moindre douleur m'inquiétait. Pas la douleur elle-même, mais ce qu'elle pouvait cacher. J'étais un cas typique, classique. Dans mes lectures approfondies sur le sujet, j'apprenais que tous les gens atteints d'un cancer en arrivaient à penser que le moindre bobo était un cancer, et voilà que je faisais la même chose. Mais je ne pouvais nier ces douleurs. Et s'il s'était vraiment agi de cancer? Je restai éveillée la nuit entière, à bercer mon bras. Je craignais que la phlébite ne repousse la sixième chimiothérapie prévue pour le lundi suivant. Je redoutais également qu'on m'enfonce une aiguille dans une veine pleine de caillots. En dépit de mon inquiétude, je décidai de me rendre au rendez-vous du lundi et d'en discuter avec Michael.

Au matin, je fis quelque chose de nouveau pour moi. J'écoutai mon corps se plaindre que je lui en demandais trop. Je ne me sentais pas bien. Mon bras me faisait mal et j'étais exténuée. Je l'avouai à Charlie et à Zuleika et leur demandai s'ils voulaient bien aller sans moi au concours hippique. C'était une décision difficile à prendre. Je m'étais fait une joie de revoir tous mes copains et j'avais toujours aimé voir Zuleika monter. Néanmoins, je fis ce que tout le monde me conseillait depuis trois mois : je restai à la maison et je me soignai.

A six heures, après avoir dit au revoir à Zuleika et à Charlie, je remontai me coucher et m'endormis. Je me réveillai à dix heures et demie. Après m'être fait du thé et des toasts, je regagnai mon lit et appelai ma mère en Angleterre. Nous parlâmes pendant une heure et demie. Je ne pris pas la peine de m'habiller. Je laissai Cassie descendre sur la plage avec le doberman des voisins. Je lus un peu, puis méditai, m'abandonnant au plaisir d'un temps non compté. Je plaçai une compresse chaude sur mon bras, en prenant soin de le garder en l'air, comme prescrit.

Plus tard, Paul et Priscilla, sa petite amie, passèrent me voir pour me parler de la randonnée pédestre qu'ils préparaient. Paul était un marcheur-né. Priscilla n'était pas vraiment emballée. Elle se demandait s'ils ne pourraient pas emporter une douche et des toilettes portatives qu'ils installeraient dans leur tente. L'idée nous amusa et nous lui expliquâmes qu'elle n'avait pas compris ce que signifiait camper : une sorte de retour à la nature, et il fallait qu'elle accepte l'idée d'un peu de crasse.

Katrina, rentrée entre-temps, écouta notre conversation avant de donner son avis.

– Oh, moi je suis allée camper une fois, dit-elle. Je suis restée deux jours sans aller aux toilettes parce qu'on voulait que je fasse dans une fosse.

– Mon Dieu, mais comment as-tu fait?

– Je me suis gavée de fromage. J'ai refusé d'aller dans leur fosse. Cela ne m'aurait rien fait si j'avais eu une fosse à moi, mais je devais utiliser celle de tout le monde et on me regardait.

– Eh bien, pas étonnant que tu n'aies pas voulu y aller, commentai-je. Moi, je n'irais pas si tout le monde me regardait.

Nous essayâmes de convaincre Priscilla qu'il était possible d'uriner debout. Katrina la mit en garde contre le lierre vénéneux et les orties. A mesure que nous parlions, l'enthousiasme de Priscilla sombrait. Elle finit par suggérer de descendre dans un motel, ce qui n'empêcherait pas Paul de faire de longues marches.

– Pas question, s'insurgea l'intéressé. Tu vas camper.

Ce fut un après-midi agréable. J'appréciais leur compagnie à un moment où je faisais ce que je voulais et ce dont j'avais besoin : me reposer. Priscilla montait un modèle réduit d'avion sous la véranda, Cassie dormait sur une planche et Paul regardait la télévision. Je me retirai à l'étage pour méditer.

Katrina et Zuleika, comme leurs amies Marine et Rachel, étaient fascinées de me voir méditer. Elles m'avaient demandé si elles pouvaient se joindre à moi. Nous nous asseyions donc en tailleur par terre, un morceau de cristal dans une main, et je les guidais, leur enjoignant de se détendre, leur décrivant d'une voix apaisante des scènes agréables qu'elles devaient visualiser. Je leur avais enregistré des cassettes et, tous les soirs, après leurs devoirs, j'entendais ma voix sortir de leurs chambres.

Ce soir-là, j'entrai dans celle de Zuleika pour lui souhaiter bonne nuit. Allongée sur son lit, un cristal dans une main, elle écoutait la cassette que je lui avais préparée. Cette image m'émut au plus profond de mon être. Je promis de lui en enregistrer une autre. Elle avait pratiquement mémorisé celle qu'elle était en train d'écouter.

Avant d'aller me coucher, tandis que je buvais une bouteille de vin blanc, je dis à Charlie que je ne voulais pas mourir d'un cancer. Je n'étais pas triste. J'étais même plutôt gaie.

– Il n'est pas question que je meure du cancer, lui affirmai-je.

– Si c'est ce que tu as décidé, tu auras probablement raison.

– Et comment! Avant, je prendrai ma voiture et je roulerai jusqu'au bout de San Vincente Boulevard puis je me lancerai sur l'autoroute de la Côte pacifique.

– Peut-être que tu n'en mourrais pas.

– Si on m'apprenait que j'étais en phase terminale, je mettrais de l'ordre dans mes affaires, voilà ce que je ferais.

Je n'en pensais pas un mot, du moins le croyais-je, mais je le dis quand même.

La sixième chimiothérapie était prévue pour le lendemain et je montai me coucher légèrement éméchée.

Je me réveillai à six heures et demie et pris mon Decadron, l'anti-inflammatoire annonciateur d'une journée de chimiothérapie. Je devais en prendre un toutes les six heures, c'est pourquoi je le prenais aussi tôt que possible pour pouvoir en prendre un autre avant la chimiothérapie. Puis je réveillai doucement Zuleika. Je m'allongeai près d'elle et la tins dans mes bras.

– Je t'aime très fort, ma chérie. Passe une bonne journée. A ce soir.

– Je t'aime aussi, maman. A plus tard.

Je passai le reste de la matinée au lit, la tête sous les couvertures. Je n'avais envie de parler à personne.

Cette sixième séance se transforma en une demi-heure de rigolade. Je ne m'étais jamais habituée à l'odeur du casque à glace. Il dégageait un relent particulier de caoutchouc qui me donnait immanquablement la nausée. Aussi, dès que Michelle le plaçait au-dessus de ma tête, je recouvrais mon visage d'un mouchoir en papier, ce qui n'était pas particulièrement aimable pour Charlie qui me tenait la main pendant la séance. Je décidai donc de prendre deux Kleenex et de m'en mettre un dans chaque narine. On aurait dit que deux coulées de morve me pendaient du nez, ce qui fit rire Michelle et Charlie aux larmes.

– Michelle, commençai-je sèchement d'une voix nasale. Vous moquez-vous toujours de vos patients? Est-ce ainsi qu'on les traite ici?

Elle reprit aussitôt son sérieux.

– Oh, non. Nous travaillons très sérieusement.

– Alors, pourquoi riez-vous?

Elle éclata à nouveau de rire. Ma question suivante portait sur la chirurgie reconstructive. Elle me dit avoir connu beaucoup de femmes qui y avaient recouru et qui s'en trouvaient heureuses.

– Mais Michelle, repris-je. Que se passera-t-il si je me fais poser un implant mammaire? A soixante ans, si je vis jusque-là, je me retrouverai avec un sein ferme de jeune fille alors que l'autre pendouillera lamentablement.

Je déclenchai un nouveau rire hystérique.

– Michelle, je vous en prie, je parle sérieusement.

Je m'amusais follement, mais l'aiguille dans mon bras risquait de bouger, aussi m'efforçais-je de garder mon sérieux. Je demandai des nouvelles d'une malade très sympathique que j'avais vue la semaine précédente lors de mon contrôle sanguin. Elle était sortie de sa séance en pleine forme. Faisant remarquer que nous devions garder les cheveux courts pendant un moment, elle m'avait conseillé des shampooings, et recommandé de me peigner et de toucher mes cheveux le moins possible.

– Michelle, quelle femme! Je ne sors pas de mes séances aussi remontée. Est-ce à dire que je suis la seule qui pleurniche, geins et se lamente?

– Jill, vous ne vous lamentez pas, m'assura-t-elle en riant de plus belle.

– Et pour ce qui est de pleurnicher et de geindre?

– Eh bien, un peu peut-être.

Nous avons tous trois ri de bon cœur. Cela faisait du bien, mais nous étions bruyants.

– Mon Dieu, les gens vont se demander ce qui se passe ici, fis-je remarquer. Nous avons chaque fois notre demi-heure de folie.

Michael entra à ce moment dans la pièce.

– Que se passe-t-il ici? demanda-t-il.

– Ce n'est que Michelle qui s'amuse en me faisant mon traitement.

Je lui demandai ce qu'il pensait de la chirurgie reconstructive et lui dis qu'Alan était pour.

– Ne le faites pas pour Alan, me répondit-il. Si vous devez le faire, faites-le pour vous-même. C'est une intervention importante et, comme dans toute intervention, il existe un risque opératoire. Mais je vous dirai ceci, Jill : toutes les femmes que je connais et qui y ont recouru sont ravies. Cela résout tellement de problèmes. Vous pouvez vous habiller normalement et vous vous sentez revitalisée et entière à nouveau.

Ses paroles me redonnèrent du courage. Elles me réchauffaient autant le cœur que d'avoir vu Michelle rire à gorge déployée pendant ma chimiothérapie. Et j'adore voir mon mari rire aux larmes. En fait, pour ce seul spectacle, je me mettrais un Kleenex dans chaque narine tous les jours.

Je me sentais bien en rentrant à la maison. Je pris la plus grosse pierre posée sur la table du salon et la jetai dans l'océan. Il n'en restait plus que deux petites sur la table. Hourra!

J'aurais dû me douter que la nausée et la douleur qui suivaient la chimiothérapie me rattraperaient, et elles le firent en plein dîner. Le premier signe de cette nausée rappelle les symptômes de la grippe : courbatures, migraine et vague nausée. Cela ne vaut cependant que pour les dosages moyens.

Je pris *Anatomy of an illness* (Anatomie d'une maladie) de Norman Cousins et montai me coucher. Je lus combien le rire pouvait se révéler salutaire. Norman Cousins avait loué des cassettes de films comiques pour les visionner dans sa chambre d'hôpital, persuadé de recouvrer la santé grâce au rire. De fait, il riait même la nuit, provoquant les plaintes d'autres patients. Le rire guérit. Parfois, il est difficile de rire, mais avec Alan, cela n'arrivait jamais. Pas plus qu'avec Michelle. Quand je me trouvais avec elle, même si c'était pour ces redoutables chimiothérapies, nous riions beaucoup.

Alan partait le jeudi pour la Nouvelle-Angleterre. Néanmoins, il m'accompagnerait chez Bernard pour une séance d'électromagnétisme. Ce serait sa dernière avant six semaines. Je lui dis espérer que Jimmy viendrait me voir de temps en temps. Je savais qu'il se sentirait seul sans Alan.

Alan pensait passer ses week-ends à New York, où il avait prévu de revoir un de nos vieux amis communs, Bobby, qui était aussi merveilleux acteur que chanteur ou danseur. Il avait de très graves ennuis de santé, aussi lui envoyai-je par Alan un pendant de cristal que je pris dans mon coffret à bijoux. Je voulais qu'il ait sur son cœur la protection d'un cristal. Je voulais aussi lui envoyer un exemplaire du livre de Jaffe, *Healing from within* (Guérir de l'intérieur).

Bobby était très gentil avec les enfants quand ils étaient petits. A l'époque, il était jeune, éclatant de santé. Il adorait les enfants. Il faisait d'énormes gâteaux au chocolat que Jason, Valentin et Paul dévoraient à belles dents. Pour eux, il était Tante Bobby. Jason, qui nous avait entendus l'appeler Tante, pensait que nous disions Tonto, et pour lui, il resta Tonto. A présent, je voulais lui envoyer un peu d'affection à New York, où il traversait de durs moments.

27

Le lendemain de ma sixième chimiothérapie, écarlate, brûlante, j'étais l'ombre de moi-même. Une bouffée de chaleur intense m'avait envahie. Michelle m'avait dit que d'autres patients lui avaient parlé de ce phénomène étrange, aussi je savais qu'il faisait suite au traitement. J'espérais seulement que cela n'irait pas en empirant. Je me demandais de combien de degrés ma température pourrait encore monter après les deux traitements qu'il me restait. Après chaque séance, je devenais bouillante et le restais durant les trois semaines qui séparaient les traitements.

Mon imprésario appela pour me demander de passer à son bureau. J'avais retenu l'attention d'un producteur, me dit-il. Je déplaçai le rendez-vous à la semaine suivante en lui expliquant que pour cette semaine, c'était « cuit ». Le mot était de circonstance, mais je ne pense pas qu'il ait saisi l'allusion. D'ailleurs, je voulais qu'il comprenne « occupé », même si moi je me sentais cuite à point.

Je me traînais toute la semaine. Toutes les cinq minutes, nuit et jour, j'avais des poussées de fièvre suivies de vagues de frissons. Cinq jours durant, j'eus du mal à dormir. Mon visage, mon cou et mes épaules avaient viré au rouge vif. J'avais les cheveux et le corps trempés de sueur. J'étais une véritable loque.

Tiraillée par une douleur épouvantable à l'ovaire droit, j'appelai Michael. Il m'expliqua que la chimiothérapie avait parfois un effet cumulatif et que c'était probablement ce qui m'arrivait. Il n'y avait aucune raison de s'inquiéter, car la chimiothérapie pouvait provoquer une irritation des ovaires.

J'appelai Ray Weston. Après m'avoir écoutée avec bienveillance, il me suggéra de prendre deux Ascriptin.

Personne ne m'apportait de réponse. Il ne me restait qu'à m'armer de patience. Je buvais autant d'eau que je pouvais. J'aurais voulu en boire dix verres par jour, mais à cause des nausées, je m'arrêtais à six. J'espérais nettoyer ainsi mon corps de tous ces produits chimiques. J'arrêtai aussi de méditer. J'étais tout bonnement incapable de me concentrer. Néanmoins, le dimanche suivant, j'allais mieux. Je me réveillai certaine d'avoir pris le virage vers la septième chimiothérapie. Je me levai et, pour la première fois depuis longtemps, du moins depuis que je souffrais de phlébite, je fis quelques exercices d'étirement et de musculation. C'était un commencement. Parfait, j'allais m'en sortir une fois encore. En avant, toute.

Le dimanche, je méditai en attendant avec impatience la semaine qui s'annonçait. Pour la première fois depuis cinq jours, j'étais pleine d'entrain et d'optimisme. De ma chambre, je voyais l'océan par la large baie qui ouvrait sur la véranda. C'était une merveilleuse journée ensoleillée de fin d'octobre. L'océan calme scintillait. Comme c'était dimanche, il y avait toutes sortes d'activités, dont une course de kayak. Confortablement installée sur mon lit à boire mon thé à petites gorgées, je regardais les concurrents s'éloigner à coups de pagaie. Un drôle de petit avion survola la véranda, piloté par quelqu'un qui semblait pédaler. Cet étrange engin à ciel ouvert avec ses ailes en toile rouge et vert éclatants me fit penser à un dessin animé. Le pilote était installé de façon précaire, à la merci des éléments. S'il s'était retourné et m'avait regardée – il était passé tout près de la véranda –, je lui aurais offert une tasse de thé. La journée promettait d'être colorée et riche en divertissements.

L'après-midi, je devais assister à un concours hippique auquel Zuleika participait. Nous nous y étions rendus la veille. Malgré mes nausées, j'avais pris plaisir à voir ma fille se classer honorablement.

Nous étions pressés, nous avions quitté la maison en retard. Charlie fonça jusqu'à ce que je lui demande de s'arrêter sur le bas-côté. A peine avais-je ouvert la portière que je vomissais. Après m'être épongé le front, je refermai d'un claquement sec et dis à Charlie de démarrer. Nous arrivâmes à temps pour le passage de Zuleika, et le reste de la journée se déroula dans la bonne humeur.

L'écurie pour laquelle Zuleika montait était représentée par des gens adorables. La fille de son entraîneur, Rainie Rose, qui avait six ans, venait de participer à son tout premier concours et avait remporté un ruban. Très fière, elle organisa une démonstration – à pied – dans la sellerie. Elle avait placé toutes sortes d'objets sur le sol – du liniment pour chevaux, des boîtes de bandages, des bombes, des cravaches –, autant d'obstacles que devraient franchir les victimes qu'elle avait fait aligner et parmi lesquelles se trouvaient les pères de certains concurrents, dont Charlie. J'eus la joie de voir mon mari participer au concours de saut d'obstacles de Rainie.

Quand tous les concurrents furent passés, elle annonça une nouvelle épreuve. Charlie fit alors son entrée pour un passage au pas, au trot puis au petit galop. Rainie jugeait les différentes allures. Je m'amusais follement. Charlie imita un cheval au trot puis au petit galop, selon les règles, bien sûr. Ensuite, Rainie annonça le trot assis. Charlie plia les genoux et trotta en position accroupie. Toute la salle hurlait de rire devant cet incroyable spectacle et Charlie fut déclaré vainqueur du concours pour son seul trot assis.

J'attirai Rainie sur mes genoux et lui demandai de me faire un câlin. Potelée, blonde, toute rose et blanche, Rainie était une vraie petite bohémienne de concours hippique. Elle grandissait dans cet environnement où tout le monde la connaissait et l'aimait.

J'étais infatigable ce jour-là, pleine d'énergie, et je m'amusais beaucoup.

En jeans, chaussettes jaune fluo et sweat-shirt assorti, coiffée d'un immense chapeau de cowboy en feutre marron, je donnais des instructions à Zuleika tout en m'affairant autour de son cheval, comme au bon vieux temps. J'étais heureuse de me sentir à nouveau moi-même. Tout le monde se cachait les yeux, faisant semblant d'être aveuglé par l'éclat de mes chaussettes et de mon sweat-shirt. De nouveau assurée de me sentir bien pendant deux semaines encore, j'étais aux anges.

Le lendemain matin, je m'étirai, enfilai des jeans, un sweat-shirt rose fluo et des chaussettes assorties que je roulais sur mes espadrilles. J'appelai Cassie et me dirigeai vers ma Corvette de vingt ans d'âge. Alors que je retirais la housse de protection, je m'entendis siffler par un gamin à bicyclette qui me félicita au passage pour le choix de mon rose. Pas mal pour une vieille, n'est-ce pas? Je casai Cassie à l'arrière et fis chauffer le moteur. D'habitude, je prenais la Jeep pour aller en ville, parce que Cassie y est plus à l'aise et que j'aime sa compagnie. Quand j'estimai que la Corvette était assez chaude, je tournai le bouton de la radio et démarrai pédale au plancher, comme dans la Jeep, prenant le virage à quatre-vingt-dix à l'heure dans un crissement de pneus.

La vieille voiture était en forme ce jour-là, prête pour un trot. La radio était réglée sur une bonne fréquence et je filais sur Pacific Coast Highway en chantant à tue-tête un vieil air sympa de Anne Murray. *Hey, hey, hey baby, I wanna know-o-o-o if I can be your girl, Padaboom, padaboom, padaboom...* Souvenirs des années soixante. Je me sentais si ragaillardie que dans ma joie je serrai le poing à la manière du docteur Simonton.

Soudain, la radio de ma vieille Corvette diffusa une chanson des Eagles, *Take it to the limit one more time* (Va au bout de tes limites une fois de plus). Très émouvante, elle réveilla en moi une petite voix que j'avais sciemment étouffée. Mais ce jour-là, je n'avais aucune envie d'être prudente.

Le pied à fond sur l'accélérateur, je me dirigeai résolument vers Cross Creek, où se trouve le haras. J'entrai dans la cour. L'endroit semblait désert. Tout était silencieux. Personne dans les manèges. Formidable!

Alors que j'allais droit à la stalle de mon grand alezan, Cadok, j'avais le cœur battant d'excitation et d'appréhension.

– Allez, Doc-Doc.

Je lui parlai autant pour le rassurer que pour me rassurer moi-même. Je le sortis de son box et l'attachai à une traverse avant d'ouvrir la porte de la sellerie. Je jetai un coup d'œil furtif à la ronde pour m'assurer que personne, en particulier Sue, ma secrétaire, ou tout autre adulte à même de me décourager dans mon entreprise, ne se trouvait dans les parages. La chanson des Eagles me trottait dans la tête. Très bien. J'allais le faire. J'allais me pousser dans mes retranchements une fois de plus et peut-être qu'après j'arrêterais. J'espérais que personne ne se montrerait. J'avais besoin de mon instant de vérité et je voulais l'affronter seule.

Je décrochai ma vieille selle Hermès, caressai du doigt la plaque en argent fin gravée à mon nom. Depuis deux ans, c'était surtout le petit derrière de Zuleika qui s'était assis dessus. Je posai la selle sur mon coffre de sellerie puis cherchai la bride de Cadok, la vieille bride de concours avec le mors en caoutchouc que j'avais utilisé lors de notre dernière sortie officielle. D'où je l'avais attaché, il m'observait d'un air entendu.

Avec une brosse douce, je lui lissai le poil. Puis, lui essuyant les yeux avec mes pouces, je lui murmurai des choses douces, après quoi je le sellai, laissant la bride pour le dernier moment.

Au fond de mon coffre, je retrouvai mes jambières en cuir bleu marine brodées à mon prénom autour de la ceinture. Je les enfilai avec un peu de difficulté. Me pencher pour remonter la fermeture Éclair le long de ma jambe droite était une opération douloureuse. Mais je réussis. Enfin, je bouclai mes éperons. Cette fois, j'étais prête.

Alors, après avoir pris une dernière grande inspiration pour dissiper toute tension, je passai la bride par-dessus la tête de Cadok et ajustai les éperons. Puis je grimpai sur mon coffre de sellerie et de là, sautai en selle. J'eus l'impression que Cadok sortait de l'écurie sur la pointe des sabots, comme si je lui avais transmis mes sentiments de prudence et de secret. Mais nous étions dehors à présent.

Je regardai le manège et les obstacles. Ils étaient tous placés à environ un mètre dix et pourtant, ils me semblaient aussi hauts que des montagnes. Celui que nous venions d'enjamber ne dépassait pas trente centimètres de hauteur, autant dire qu'il ne s'agissait pas véritablement d'un saut. Je me demandais quelle impression cela devait faire de franchir un obstacle avec un sein en moins. Mon instinct de conservation m'empêcherait-il de m'élancer? Aurais-je mal? Tomberais-je? Je devais en avoir le cœur net.

Après avoir échauffé Cadok, je le lançai au petit galop. Il dressa les oreilles. Je sentais qu'il m'écoutait. Il était de mon côté. J'avais toujours la chanson des Eagles en tête. Je savais que si je ne le faisais pas aujourd'hui, je ne le ferais jamais. J'encourageai donc Cadok d'une pression des deux jambes et d'un effleurement des éperons pour m'assurer de sa concentration et de sa coopération, puis je m'élançai vers un obstacle bas.

Nous le franchîmes.

Quel soulagement! Nous avions réussi!

Je ne sentais rien, aucune douleur. Absolument rien. Comme si je n'avais jamais été malade. Cadok qui, à l'évidence, avait apprécié était heureux lui aussi. Je décidai que c'était le moment ou jamais.

J'augmentai l'allure et, galopant autour du manège, nous franchîmes tous les obstacles qui se présentaient – l'oxer, la triple combinaison, la barrière à nouveau. C'était comme si ni l'un ni l'autre n'avions jamais été blessés. Grisée, je faisais corps avec ma monture. Une fois sautés tous les obstacles du manège, je le ramenai à l'arrêt. Je me rendis compte alors que je tremblais de la tête aux pieds, de soulagement ou d'épuisement probablement. Je me demandais comment j'allais descendre de cheval.

Assise tristement sur Cadok, étreinte par un sentiment de solitude, je savais que nous ne recommencerions jamais cette expérience. Tout en lui caressant l'encolure, je le promenai doucement au pas autour du manège ensoleillé. Je repensais à ce que nous venions d'accomplir, heureuse d'avoir éprouvé une fois encore la joie de sauter avec ce merveilleux vieux cheval, heureuse de m'être prouvé que j'en étais toujours capable. Maintenant que j'étais sûre de ne pas être une poule mouillée, je pouvais y renoncer.

Peut-être Chakrapani avait-il raison.

– Merci, Doc-Doc, lui dis-je doucement en lui flattant l'encolure. Merci pour tous les bons moments.

Je le ramenai à l'écurie et, déchaussant mon étrier gauche, je passai ma jambe droite par-dessus la selle et sautai à terre comme je l'avais fait des milliers de fois. Cette fois, néanmoins, dans la manœuvre, je m'éraflai profondément le côté droit contre la selle, ce qui m'arracha un cri de douleur. Une onde fulgurante me traversa le corps et, vulnérable à nouveau, je dus m'appuyer le front contre Cadok pour la laisser passer. Puis j'ôtai sa selle, précautionneusement. J'allais lui enlever la bride quand mon garçon d'écurie, Chewy, arriva. Il fut surpris de me trouver là avec le cheval, et moi je fus heureuse de le voir surgir à point nommé.

– Chewy, il s'est parfaitement comporté. Mais je me sens un peu fatiguée. Tu veux bien le bouchonner pour moi?

Chewy s'éloigna avec Cadok, pendant que je défaisais mes jambières avant de les plier avec soin en un petit paquet que je renfermai au fond de mon coffre.

Je rentrai à la maison l'esprit apaisé, vide de toute pensée, de toute question, de toute crainte. C'était une sensation merveilleuse.

Nous passâmes la plus grande partie de la semaine à visiter des maisons, dont deux ou trois nous plurent. Nous avions commencé à chercher dès l'instant où j'avais envoyé les Skinner au diable, mais nous n'avions rien vu d'intéressant jusqu'au moment où, tout à coup, nous nous retrouvions avec trois possibilités. Après le néant, c'était l'abondance. Nous avions le choix, nous avions les cartes en mains. La maison de Jack n'était plus la maison que je voulais mais seulement une parmi d'autres. Hourra! Je serrai à nouveau le poing.

28

Nous étions maintenant le 2 novembre. Il y avait cinq mois que j'avais été opérée. Demain, le 3, c'était l'anniversaire de Charlie. Je lui avais acheté une moto de cross bleu, blanc, rouge pour qu'il puisse faire des sorties avec Paul, Valentin et Tony, son fils. Paul devait la livrer à une heure du matin de façon à garder la surprise jusqu'au bout. Cette idée de venir en pleine nuit le rendait nerveux au point qu'il me fit promettre que si Charlie entendait du bruit dans le jardin, je l'empêcherais de lui tirer dessus.

J'essayai de rester éveillée jusqu'à une heure pour voir la moto arriver, mais je m'endormis. A cinq heures et demie, quand je me réveillai, je descendis la regarder et poser quelques autres cadeaux sur la chaise de Charlie. La moto attendait, rutilante, dans le patio de devant. Paul y avait accroché des ballons de baudruche et des rubans multicolores. Paul, si gentil, qui pensait à tout... Parmi les cadeaux que je déposais sur la chaise de Charlie, il y avait une grosse améthyste. Le violet est une couleur apaisante et il se dégageait de ce quartz d'un beau violet foncé une impression de puissance. J'espérais qu'il préserverait sa santé et son équilibre. Je me préparai une tasse de thé et regardai l'aube poindre sur l'anniversaire de Charlie.

J'observais à quel point j'allais mieux. Je me rappelais combien, au début, lorsque j'avais appris que j'avais un cancer, je m'étais sentie isolée et seule la plupart du temps. Même quand les gens me parlaient, essayaient de m'aider, leurs paroles me faisaient l'effet de petits cailloux lancés contre l'enveloppe extérieure de mon être. J'étais tellement renfermée en moi-même avec ma peur que rien ne m'atteignait. A présent, je me sentais mieux. Il y avait longtemps que le monstre de la terreur ne s'était plus manifesté. Je me maîtrisais davantage.

Je n'avais toujours pas subi le scanner des os et du foie et, si je pouvais m'en passer, je m'en passerais. Moi qui auparavant étais d'une régularité exemplaire, vingt-huit jours pile, je n'avais plus mes règles. Michael m'expliqua que cela arrivait souvent lors de la prise de médicaments. Mon gynécologue voulait m'examiner à cause de cette douleur persistante à l'ovaire droit, mais je lui dis que je préférais attendre la fin de la chimiothérapie. Si la douleur n'était pas liée au traitement, il était probable qu'on ne pourrait rien y faire tant que je ne l'aurais pas terminé. Si au contraire, il y avait un lien, les douleurs disparaîtraient probablement quand on arrêterait de me gorger de drogues. Peut-être que mes règles reviendraient, ou peut-être pas. D'après Michael, ce serait plutôt la deuxième éventualité, étant donné que j'approchais de la ménopause. J'avais toujours redouté l'arrêt de mes règles. Bien que je n'aie pas envisagé d'avoir d'autres enfants, l'idée même qu'un jour je n'aurais plus le choix m'attristait. C'était comme le début d'une fin. Pourtant, maintenant que je n'en avais pas eu depuis trois mois, je me rendais compte qu'elles ne me manquaient pas du tout. Bien au contraire, je souhaitais qu'elles ne réapparaissent pas. Après tout, je ne me sentais pas moins femme. Il n'y avait pas l'ombre d'un doute dans mon esprit à ce sujet. J'étais bel et bien une femme. Avec ou sans menstruations, avec un sein ou deux. Femme j'étais née, femme je resterais.

Partout où j'avais perdu mes cheveux, ils avaient repoussé d'un bon demi-centimètre. C'était certes court, mais ils n'étaient plus aussi fins et on ne voyait plus le cuir chevelu nulle part. Tout en buvant mon thé à petites gorgées, je me sentais apaisée. J'avais progressé mentalement et mes cheveux repoussaient. D'accord, j'avais besoin de plus d'exercice. Je pris la résolution matinale de monter Cadok le lendemain. Je décidai également de marcher chaque jour.

La plupart du temps, je me sentais bien. Pourtant, il m'était encore difficile de méditer. Parfois j'y parvenais; parfois mon esprit était ailleurs et il m'était pratiquement impossible de me concentrer ou de visualiser quoi que ce soit. Malgré cela, j'avais obtenu des résultats positifs. J'avais changé ma façon de voir ma maladie. Chaque jour au cours des cinq mois passés, je m'étais répété que le cancer était une maladie faible composée de cellules faibles et perturbées. Je m'étais bâti un nouveau système de convictions: j'étais plus forte que mes cellules cancéreuses. J'en tirais, je l'avoue, une certaine fierté. J'étais venue à bout de ces cinq mois. Il me restait deux chimiothérapies à affronter. Si tout se déroulait normalement, à Noël, je serais sauvée. Nous irions tous passer les fêtes dans le Vermont. Je pourrais repartir du bon pied avec la nouvelle année. Un nouveau départ.

Nous – Suzanne, Tony, Paul, Valentin, Katrina, Zuleika, Charlie et moi – célébrâmes l'anniversaire de Charlie dans un restaurant mexicain. Charlie présidait et j'étais installée à sa droite. La fête fut très réussie. Il ne manquait que Jason, retardé par une panne de voiture sur le chemin de la maison de la plage. Il nous retrouva plus tard à la maison avec un cadeau pour Charlie, une petite amie, Rena, et un estomac vide. Katrina et moi, nous préparâmes une énorme omelette pour les deux affamés. Katrina resta à bavarder avec eux dans la cuisine tandis que Charlie passait dans le salon avec Tony. Les autres étaient rentrés se coucher. Avant de partir Tony, catholique fervent, me dit :

– Je n'approuve pas certains des remèdes auxquels tu recours. Je suis certain que si tu priais la Sainte Vierge, elle t'aiderait. Tu es dans toutes mes prières, ajouta-t-il avant de me serrer dans ses bras et de m'embrasser.

Charlie avait reçu beaucoup de cadeaux, certains complétaient sa nouvelle moto, mais il y avait aussi cet énorme poing au bout d'une ficelle que Paul lui avait offert en même temps qu'un casque, ou le modèle réduit d'avion à faire voler sur la plage, de Jason, ou le couteau de lancer, de Katrina. Valentin lui avait offert une bourse qu'il pourrait passer à sa ceinture quand il ferait de la moto et, Zuleika, des lunettes de motocycliste. Charlie était heureux. Il empila son trésor autour de son bureau, où il resta un bon moment avant que nous regagnions la maison de Bel Air.

Dans une semaine, j'aurais à affronter la septième chimiothérapie et, selon mon habitude, je commençais à m'angoisser. Tout le monde me disait « plus que deux », mais moi, je pensais « encore deux » – deux mauvais moments à passer.

Sue Colin essaya de m'amener à me détendre. Je lui dis que je ne pouvais me permettre d'endormir ma vigilance. Si je ne faisais pas attention, la prochaine chimiothérapie serait peut-être celle qui aurait raison de moi.

– Ainsi, vous croyez toujours qu'elle pourrait vous achever? me demanda-t-elle.

– Oui.

La forte poussée de température qui avait suivi la sixième chimiothérapie m'avait montré les limites de ma résistance. J'expliquai à Sue que je devais combattre la fièvre comme j'avais combattu la réaction à la Compazine. Je ne pouvais l'accepter, il fallait que je me batte.

Elle me demanda si je pouvais la considérer comme une énergie apaisante.

– Rappelez-vous, la chaleur c'est de l'énergie.

– Non, elle est trop élevée. Si je méditais et me concentrais sur cette chaleur-là, mon cerveau frirait en un rien de temps. Ce serait fatal.

Sue me dit en riant que j'avais une imagination débordante, mais j'insistai. La seule façon de m'en sortir consistait à la supporter stoïquement. Ou encore, à sortir de mon corps en le laissant se débrouiller sans moi.

– Mais je ne veux pas que vous quittiez votre corps.

– Oh, pas pour de bon. Je compte revenir. Est-ce que ce n'est pas un peu lugubre?

Sue me répondit qu'elle aimerait me voir trouver un moyen de l'accepter.

– Non, je ne peux pas. C'est trop chaud.

Je lui expliquai que les gens atteints de maladies graves réagissent différemment. Certains refusent d'en parler, d'autres au contraire n'arrêtent pas, d'autres encore acquièrent une immense sagesse ou bien, touchés par une espèce de révélation, se mettent à aider leur prochain. Certains deviennent aigris et méchants, d'autres baissent les bras. D'autres encore se battent.

Sue me demanda de fermer les yeux et de me détendre. Elle m'amena à méditer en me demandant de penser à l'énergie de la terre qui passait par mes pieds, remontait tout le long de mon corps, puis emportait mon esprit vers un endroit où je me sentais en sécurité, heureuse, stimulée. Je pensais aussitôt au haras. Elle me dit de toucher un point de ma main pour ancrer ce sentiment. Je mis immédiatement deux doigts de ma main gauche dans ma main droite, comme le docteur Simonton me l'avait appris. C'était le geste qu'il employait pour ancrer les sentiments de paix et d'amour, tout comme le poing droit serré servait à ancrer les sentiments de force. Sue me demanda d'explorer mon corps à la recherche de tensions. J'utilisai un de mes globules blancs en guise de radar. Je l'envoyai jusqu'à la pointe de mes pieds, puis lui fis parcourir mes jambes et tout le reste de mon corps. La méditation était réussie et je me sentais effectivement détendue et stimulée. Au moment de nous dire au revoir, Sue me serra dans ses bras. Sue fait partie de ces thérapeutes qui touchent leurs patients, élément important, à mon sens, pour des gens atteints de maladies qui les isolent. Une étreinte peut se révéler très rassurante. Être malade, lutter contre une maladie donne un sentiment d'isolement et de solitude et, comme le dit un autocollant, un câlin, ça aide.

Je rentrai à la maison de bonne humeur, avant de ressortir avec Charlie pour ma prise de sang au cabinet de Michael, en vue de la septième chimiothérapie. Où qu'on se tournât dans le cabinet, il y avait des assiettes de sucreries, reliefs de Halloween. Je résistai à cause de l'analyse de sang.

– Je n'ai aucun moyen de vous convaincre de réduire ma chimiothérapie? demandai-je à Michael.

– Pourquoi?

– Eh bien, parce que la dernière fois, ma température a tellement monté que je redoute, avec l'effet cumulatif, de ne pouvoir le supporter cette fois si elle monte davantage encore.

– Désolé, Jill. Sauf si votre taux de globules blancs est trop faible, je crains de devoir être très dur.

– Laissez-moi une minute ou deux pour méditer, plaisantai-je. Et je verrai ce que je peux faire.

Je lui parlai également de mon ovaire douloureux et d'une douleur autour du foie. Il le palpa, appuya fortement sur le côté. Aucune douleur à l'examen, ce devait donc être une poussée de douleur ovarienne.

– Michael, puis-je vous poser une question? Si j'ai un autre cancer quelque part dans le corps, cette chimiothérapie m'en débarrassera-t-elle?

– Bon, écoutez, Jill. Ce n'est pas un autre cancer qui nous préoccupe, mais uniquement la possibilité que votre cancer du sein se métastase. Et ce pourrait être n'importe où, même dans des endroits auxquels nous n'avons pas pensé. Si tel était le cas, ce traitement s'en chargerait, espérons-le.

Il fallait que je sois particulièrement forte ce jour-là pour résister à cette conversation. Cependant, en quittant le cabinet, je fis deux choses, je fixai mon rendez-vous pour la septième chimiothérapie et je pris une poignée de bonbons que je mangeai dans l'ascenseur qui me ramenait à la rue.

– Charlie, dis-je en me glissant dans la voiture, je ne savais pas qu'il existait la possibilité d'une autre tumeur ailleurs dans mon corps.

– Si, tu le savais. C'est pourquoi tu as refusé de passer un scanner pour ton foie et tes os.

– Oh, oui. Probablement. Mais aujourd'hui, c'est la première fois que j'en parle ouvertement.

Je parlais bien d'une cellule égarée qui se fixait peut-être quelque part et qui allait grossir, mais sans jamais envisager qu'en ce moment même, je risquais d'avoir une autre tumeur. En vérité, jusqu'à ce jour, je n'étais pas prête à affronter cette éventualité.

Ce soir-là, Alan appela du tournage, au Cape Cod. Il avait lié amitié avec un des acteurs et appris que sa femme souffrait d'un cancer et qu'elle suivait un traitement par chimiothérapie. Alan lui avait parlé de notre amitié et de l'épreuve que je traversais. L'acteur lui avait demandé s'il pensait que je pouvais appeler sa jeune femme, car il était inquiet de la savoir seule. Je dis à Alan que je le ferais volontiers. Je connaissais le sentiment de solitude qu'on éprouve lorsque son mari est en train de tourner à des milliers de kilomètres. Sans compter qu'en plus, elle était malade. Nous avions certainement quantité de choses à nous dire. Alan et moi bavardâmes encore un moment. Je lui dis qu'il me manquait. Il me répondit qu'il adorait manquer à quelqu'un. Puis il me taquina au sujet de mon régime et nous nous souhaitâmes bonne nuit.

Le lendemain, j'appelai la femme de l'acteur. Elle s'appelait Willie. Elle semblait démoralisée. Elle avait une voix grave marquée d'un léger accent du Sud. Nous comparâmes nos impressions sur le traitement, les médecins, ce que nous ressentions. Willie souffrait d'un cancer de l'intestin grêle. Son chirurgien n'avait pu retirer toute la partie atteinte. Willie avait une petite fille de cinq mois. Comme elle s'était découvert une petite grosseur au bas de l'abdomen, elle pensait être à nouveau enceinte. Elle devait voir son médecin le lendemain. Elle avait peur que la tumeur grossisse. Nous évoquâmes le fait que pour nous, tout symptôme était synonyme de cancer. Elle rit quand je lui dis que je m'étais même trouvé un cancer au petit doigt. Le rire aidant, la conversation se détendit. Car nous n'étions que deux étrangères qui n'avaient pour tout point commun que leur maladie. Je n'avais aucun moyen de savoir à quoi elle ressemblait, je ne connaissais d'elle que sa voix. Nous discutâmes de son éventuelle grossesse. Je lui demandai si elle avait des symptômes comme les seins gonflés, des nausées ou de la fatigue. Je lui demandai si ses mamelons avaient viré au brun, signe certain de grossesse en ce qui me concernait. Elle me répondit en riant qu'elle était brune de la tête aux pieds.

– Oh, vous êtes noire.

– Oui.

Nous prîmes rendez-vous pour nous rencontrer le vendredi suivant. Je lui dis que j'aimerais connaître le résultat de sa visite chez le médecin et qu'elle pouvait m'appeler chaque fois qu'elle aurait envie de parler.

J'ajoutai quelque chose de nouveau à ma routine quotidienne, le *Yi king* ou *Livre des mutations*, principale source d'inspiration confucéenne et taoïste. Il s'agit d'un recueil d'oracles, petites paraboles philosophiques qui accompagnent une série d'hexagrammes.

On peut décrypter le *Yi king* de bien des façons. L'une consiste à compter cinquante tiges achillées d'un Achillea millefolium. Une autre fait intervenir six baguettes, des perles de couleur, des calculatrices et des ordinateurs préprogrammés! Pour ma part, je trouvais plus simple d'employer la méthode la plus usitée, à savoir de jeter trois pièces en l'air. Je prenais les pièces dans le creux de ma main, je les secouais puis je les lançais sur une surface plane. En tout, il faut lancer les pièces six fois, chaque figure obtenue représentant une ligne différente d'un hexagramme, que je reportais ensuite dans mon *Livre des mutations* afin de découvrir mon conseil chinois du jour.

Je les lançais le matin. Ce jour-là, j'obtins une merveilleuse « situation actuelle » et une « direction future du présent » accablante. Oh, zut! Cependant, cela avait un sens. Je me sentais bien à ce moment-là, mais la semaine à venir serait pénible à cause de la septième chimiothérapie, qui aurait lieu le lundi.

Le jour fatidique approchant, je me mis à avoir des crampes d'estomac. J'avais atteint le point de saturation pour ce qui était de l'effet cumulatif des produits chimiques. Je sentais venir les ennuis. Comme pour confirmer mon intuition, un énorme bouton se forma à la commissure des lèvres. J'aurais voulu à la fois que Michael diminue les doses et qu'il n'y change rien pour être sûre que nous tuions le cancer.

Bernard me dit que tout se passait bien pour autant qu'il puisse en juger. Selon lui, le cancer avait entièrement disparu. Il avait mis au point un nouveau liquide, à base d'alcool, riche en vitamines et en minéraux. J'en buvais quatre fois par jour, en même temps que l'eau qu'il avait électrisée. Tous les patients de Bernard se promenaient désormais avec deux flacons compte-gouttes bruns, l'un rempli d'eau électrisée et l'autre de la nouvelle mixture. Sue Colin m'avoua que les vitamines la stimulaient et je dus reconnaître que c'était aussi mon cas. Bernard m'expliqua que la mixture guérissait toutes sortes de maladies. Selon ses propres termes, il croyait « avoir résolu le problème ». Je le trouvais fascinant. Sue pensait que c'était un génie. Toujours est-il que grâce à lui, j'allais mon bonhomme de chemin.

Je paraissais bien, je me sentais bien et mes cheveux, quoique encore courts, avaient presque tous repoussé. J'étais dotée d'un bel appétit. En fait, les gens m'affirmaient que j'étais l'image même de la santé. Je faisais tout ce qu'il fallait pour. Je suivais une thérapie pour changer ma façon de considérer le cancer. Je faisais régulièrement des séances d'électromagnétisme et je méditais. Je subissais également une chimiothérapie et je m'astreignais à des examens médicaux réguliers. Il me restait à souhaiter ne pas faire de rechute dans les deux années à venir. Désormais, le temps allait devenir mon ami. Je ne haïrais plus chaque année qui s'écoulait en me laissant le sentiment de vieillir encore un peu. Dorénavant, à mesure que le temps passerait sans signe néfaste, je me sentirais rajeunir de mois en mois.

La veille de ma chimiothérapie, Katrina sortit avec des amis et Sue Overholt emmena Zuleika à un concours hippique. Je restai à la maison, heureuse de la partager et de partager l'océan avec Charlie.

Il faisait chaud sous la véranda. Confortablement installée dans un gros fauteuil gonflable orange, je me délassais, glissant dans une douce somnolence. Charlie lisait, assis à l'ombre d'un parasol. Je tournai la tête dans sa direction. Il était bronzé et musclé. Penché sur le journal, il plissait les yeux à cause de la lumière. Ses jambes, aux mollets noueux, étaient croisées et, d'un pied, il battait un rythme délicieux. Je regardai ce pied. Une fois, je lui avais dit qu'il avait des pieds de gentleman. Ils sont très beaux, lisses et dorés, bien proportionnés, sans callosités ni oignons. Ses ongles sont larges, bien dessinés et en les regardant, je me remémorai une anecdote.

Il y a de nombreuses années de cela, nous séjournions au *Grand Hôtel* de Brighton. Mon père se remettait d'une importante opération des intestins et nous avions fait le voyage pour le voir Zuleika n'avait que cinq ans et je venais de lui donner son premier flacon de vernis incolore pour qu'elle puisse « faire comme maman ». Une fois mes ongles et les siens faits, elle chercha une nouvelle victime. Elle lorgnait depuis un moment les pieds de son père. Comme maintenant, il était en train de lire le journal, pieds nus, les jambes croisées.

– Papa, est-ce que je peux te vernir les ongles de pied, s'il te plaît? finit-elle par lui demander.

Charlie abaissa son journal et lui sourit. Il n'a jamais su lui résister. Elle se tenait devant lui, son flacon de vernis incolore à la main. Cela avait l'air bien innocent.

– Bien sûr, ma chérie, dit-il en retournant à sa lecture.

Avec application, Zuleika lui vernit l'ongle du gros orteil.

– Hum, commenta-t-il après avoir jeté un coup d'œil. On dirait du jus de poulet.

– Papa! s'insurgea-t-elle, insultée.

– Mais non, je plaisante, ma chérie. Continue.

Et il disparut à nouveau derrière son journal.

Devant pareil tableau, je ne pus résister. Faisant signe à Zuleika de ne rien dire, j'entrepris de lui vernir les ongles de l'autre pied en rouge vif. C'était du plus bel effet sur ses gros ongles carrés. Je tendis la bouteille à Zuleika, qui se fit un plaisir de passer une couche étincelante sur son vernis incolore. Charlie ne tarda pas à se retrouver avec dix ongles de pied d'un rouge éclatant. Plongé dans son journal, il semblait nous avoir complètement oubliées. Nous nous retirâmes doucement et rangeâmes nos bouteilles. J'avais du mal à retenir mon fou rire. En revanche, Zuleika, qui ne voyait pas pourquoi son père ne devrait pas avoir les ongles de pied rouges, était si fière du résultat obtenu qu'elle voulut en faire profiter aussitôt l'intéressé.

– Papa, regarde.

Il baissa les yeux vers ses pieds.

– Tu ne m'avais pas dit que tu les vernirais en rouge. Où as-tu pris ce vernis?

– C'est une surprise, papa. C'est maman qui me l'a donné. C'est beau, dis?

Charlie remuait les doigts de pied tout en les regardant fixement.

– Comment est-ce que cela s'enlève?

Je lui fis mon plus beau sourire.

– Il suffit d'attendre qu'il parte tout seul. Je trouve cela ravissant.

Charlie fronça les sourcils.

– Combien de temps cela prend-il? Tu n'as pas quelque chose pour l'enlever?

– Non, je n'ai rien, mentis-je.

Zuleika avait l'air enchantée.

– Papa, ils sont si jolis. Est-ce que je peux dessiner des fleurs dessus? Maman a des tas de couleurs. Je peindrai des fleurs rose pâle. Tes ongles sont si beaux et si grands. J'y arriverais facilement. Dis oui, papa.

Charlie, devant un tel plaidoyer, se laissa attendrir.

– Mais oui, ma chérie, vas-y.

L'heure suivante fut consacrée à la décoration des ongles de pied de Charlie. Zuleika se servit d'un rose pâle argenté pour dessiner de petites roses sur l'ongle du gros orteil droit et d'un rose plus soutenu pour dessiner une pâquerette sur le gros orteil gauche. C'était tout un spectacle. Charlie resta assis patiemment en prenant bien garde de ne pas bouger pendant que les roses séchaient. Après avoir inspecté son chef-d'œuvre, Zuleika déclara que la pédicure avait terminé.

L'heure du thé approchait et nous devions aller le prendre chez grand-papa et grand-maman, comme Zuleika les appelait, à Seaford, dans le Sussex. Ce serait la deuxième fois que Zuleika irait chez eux. La première fois, quelques jours auparavant, avait été très spéciale. Mes parents nous guettaient derrière la grande fenêtre de leur salon. Aux yeux de Zuleika, le petit cottage et le joli jardin avec son allée qui menait jusqu'à la porte semblaient tirés de *L'oiseau bleu*, le film dans lequel Shirley Temple rend visite en rêve à ses grands-parents, et ils correspondaient à l'idée que se font toutes les petites filles de l'endroit où leurs grand-papa et grand-maman doivent vivre. Pour compléter le rêve, deux grands-parents aux cheveux blancs attendaient impatiemment son arrivée derrière leur fenêtre. Pour cette première visite, il faut reconnaître qu'ils la gâtèrent beaucoup. Elle tenait la vedette, qu'elle partageait avec Charlie, tandis que moi, j'étais reléguée au second plan.

Nous eûmes droit à un vrai thé anglais, avec concombre, cresson, tomate, jambon, sandwiches au fromage, cake, biscuits et, bien sûr, darjeeling, lait et sucre. Après quoi mon père, dont la convalescence se déroulait le mieux du monde et qui se sentait plein de vitalité, emmena Zuleika dans le jardin où, une fois sorties balles et battes, il l'entraîna dans une partie de cricket. Ma mère saisit l'occasion pour aller chercher ses albums. J'eus beau protester en me cachant la face, il était trop tard. Elle les avait déjà déposés cérémonieusement sur une table basse devant Charlie. Ils renfermaient des coupures de presse et des photographies. Charlie regarda attentivement les photos de moi bébé et trouva une ressemblance avec Zuleika au même âge. Tournant poliment les pages, il feuilleta les coupures de presse du début de ma carrière. Puis, soudain, il s'arrêta. Il me regarda d'un air narquois, regarda à nouveau la page, me regarda encore. La photographie qui retenait son attention avait été prise vers Pâques 1962. A l'époque, on me prenait immanquablement en photo à Noël et à Pâques, en costume approprié, bien entendu. Tous les acteurs sous contrat à la Rank étaient photographiés à ces moments de l'année à des fins publicitaires. Sur la photographie qui amusait tant Charlie, j'étais déguisée en poussin – justaucorps à plumes jaunes, calotte emplumée et chaussons de danse assortis. En équilibre sur une jambe, l'autre légèrement pliée, je posais à côté d'un œuf géant grotesque, ce qui était censé suggérer que je venais d'en sortir. La tête penchée de côté, j'avais le visage empreint d'une expression que j'espérais sexy. En fait, c'était une moue ridicule agrémentée d'un regard oblique sournois. Mes yeux cherchaient désespérément à se faire enjôleurs. J'avais l'air idiote et l'effet était complètement raté. Charlie ne put se retenir de rire.

– Qu'y a-t-il? demanda ma mère en se raidissant, car pour elle, ses albums étaient une affaire sérieuse. Qu'est-ce qui vous fait rire,

Charles? Je ne vous les aurais pas montrés si j'avais su que vous alliez rire.

Incapable de se contrôler, Charles riait aux larmes.

– Oh, mon Dieu, Jill. C'est tellement drôle. Déguisée en poussin. Je n'arrive pas à y croire. Mon Dieu, c'est tellement drôle.

Ma mère chaussa ses lunettes pour y regarder de plus près.

– Qu'est-ce qui vous fait rire? Elle est adorable.

Je riais, moi aussi.

– Oh, maman. J'aurais dû t'avertir qu'il rirait. Je n'aurai plus la paix maintenant. Il n'arrêtera pas de m'en reparler.

Mon père, qui venait de rentrer avec Zuleika, demanda ce qui arrivait, déclenchant à nouveau le fou rire de Charles. L'ambiance se détériorait à vue d'œil. Je pris donc ma fille, qui ne voulait pas partir, et mon mari, toujours secoué de rires, et nous rentrâmes à l'hôtel. Nous retrouverions mes parents le lendemain, à Brighton, loin des albums de souvenirs.

Le lendemain donc, tandis que, avec ma mère et Zuleika, nous nous promenions dans les ruelles du vieux Brighton, Charles et mon père filaient ensemble s'acheter des chemises. Ils s'entendaient bien. Mon père était fier et heureux à la fois de se trouver en compagnie de son célèbre gendre. En chemin, Charlie ayant remarqué des sandales qui lui plaisaient, ils entrèrent dans un élégant magasin typiquement britannique. Un homme en complet sombre s'approcha. Charlie lui indiqua les chaussures qu'il voulait. Le vendeur, très convenable, très anglais et fort courtois, lui apporta les sandales en cuir marron. Charlie s'assit et se déchaussa sans réfléchir, oubliant qu'il était pieds nus. Le vendeur et mon père baissèrent les yeux et découvrirent les ongles vernis ornés de roses et de pâquerettes qui les narguaient. On aurait entendu une mouche voler.

Visage impénétrable, Charlie les regarda regarder ses pieds. Le silence s'appesantit. Le vendeur fixa les ongles un instant encore.

– Ravissant, finit-il par lâcher avec un sourire malicieux.

Mon père restait sans voix. Il ne pouvait en croire ses yeux et, pour la première fois de sa vie, les mots lui manquaient.

– Me faut-il des chaussettes pour essayer les chaussures? demanda calmement Charlie, rompant le charme.

Charlie n'aime pas s'expliquer. Les chaussures furent essayées et payées sans autre commentaire. Portant son nouveau paquet, Charlie sortit nonchalamment du magasin, suivi par mon père incrédule.

Les deux hommes nous rejoignirent dans un square où nous nous étions fixé rendez-vous. Mon père était impatient de nous raconter ce qui était arrivé.

– Tu m'aurais donné une pichenette que je serais tombé raide, expliqua-t-il une fois assis sur un banc. Charles a enlevé ses chaussures, il avait les ongles de pied peints en rouge.

Il secouait la tête d'incrédulité. Zuleika intervint alors avec une fierté évidente.

– C'est moi qui les ai peints, grand-papa. N'est-ce pas qu'ils sont magnifiques? Veux-tu que je fasse les tiens aussi?

D'un ton catégorique mais poli, mon père déclina l'offre de sa petite-fille. Charlie garda le vernis pendant des semaines, attendant patiemment qu'il s'en aille. J'appréciais qu'il n'y attache pas d'importance et Zuleika était ravie. Nous avions même fini par nous y habituer tous les trois. Quand nous quittâmes l'Angleterre pour l'Espagne conservatrice, le garçon d'étage resta paralysé et sans voix pendant bien une minute le jour où Charlie vint rôder dans le salon de notre suite alors qu'il était en train de dresser la table pour dîner. Sortant de la douche, Charlie était en peignoir et pieds nus. Inconscient de la stupeur du garçon, il signa la fiche, lui donna un pourboire puis, le gratifiant d'un *Buenas noches*, s'assit tranquillement pour manger. C'en était trop pour la mentalité latine. Le vieux serveur ne pouvait en croire ses yeux. Voilà Charles Bronson, l'archétype du macho, assis avec sa femme et sa fille, en train de dîner calmement, avec les ongles de pied écarlates. Les yeux encore écarquillés, il sortit à reculons, se cognant dans la porte au passage, et oublia même de remercier Charlie pour le pourboire et de lui rendre son *Buenas noches*. Mon mari et ses pieds de gentleman.

Je restai encore un moment sous la véranda qui dominait la mer, à me souvenir. Ces années de la petite enfance de Zuleika avaient été heureuses. Je me levai enfin et allai embrasser Charlie.

– Allons nous promener, veux-tu?

Il me rendit mon baiser puis nous quittâmes la véranda pour descendre sur la plage. J'avais pris son bras et, tout en nous promenant nonchalamment, nous observions Cassie qui essayait d'attraper les bécasseaux. Elle adorait venir se promener avec nous deux. J'éprouvais un sentiment de douceur. Alors que nous marchions, je me disais que cet instant de paix et de tranquillité s'ajouterait à ma réserve de souvenirs, et que je l'extrairais, pour l'apprécier à nouveau, chaque fois que je le voudrais. Je serrai le poing pour mieux m'en convaincre.

Nous rentrâmes nous asseoir un moment, à regarder se fracasser sur le sable les énormes vagues que la pleine lune apportait immanquablement. La mer montait, la plage disparaissait, et les flots venaient battre contre les pilotis des maisons. Nous nous serions crus sur un bateau. Il ne nous restait plus qu'une semaine à passer dans cette maison. Je savais qu'elle me manquerait.

29

Le lendemain, je reçus une grosse enveloppe de Cape Cod. Elle contenait un petit chien beige en peluche tout poilu, que le voyage avait un peu écrasé, et une lettre de Alan. Voici ce qu'elle disait :

Je t'écris de la caravane de maquillage où je m'ennuie à mourir. J'aimerais être avec toi, à bord de ta vieille Granny, roulant en direction du cabinet de Bernard. Mais j'ai besoin de cet argent, alors c'est ici que je suis. Comme j'aimerais être un peu plus riche et peut-être un peu moins beau. Cela a toujours été une malédiction pour moi, ma beauté j'entends. J'aimerais te dire combien je suis persuadé tout au fond de moi que tu vas guérir et que tu te sentiras mieux que jamais. C'est la dernière ligne droite maintenant, ma chérie. Ensuite, tu seras sauvée pour de bon et s'ouvrira devant toi une nouvelle vie merveilleuse et pleine de santé. Voilà ce qui t'attend. Essaye de te raccrocher à cette idée quand tu n'as pas le moral. Et pour l'amour du ciel, ne sois pas si exigeante avec toi-même. Sois gentille avec Jill. Je pense beaucoup à toi et toujours avec énormément de tendresse. J'aimerais te dire quel être merveilleux tu es et à quel point le fait de te connaître m'apporte un sentiment de richesse et de plénitude. Mais au lieu de cela, j'ai l'impression de n'aligner que des âneries. Tu sauras les démêler. Quoi qu'il en soit, ma chérie, sache en ton for intérieur que tout se passera formidablement bien. Moi, je le sais. Et ne laisse pas se dissiper cette conviction. En moins de temps qu'il ne faut pour le dire, tout sera fini et nous rirons et continuerons comme si de rien n'était. Mes amitiés à Charlie et aux enfants, et un gros baiser à Cassie. Je t'embrasse, Alan.

P.S. Je t'envoie ce chien de garde pour qu'il surveille ton régime.

Nous devrions tous avoir un Alan dans notre vie.

Il avait demandé à son ami King Zimmerman de le remplacer

auprès de moi. C'est ainsi que le matin suivant, King vint me prendre pour m'emmener chez Bernard avant que nous déjeunions ensemble. Cassie n'acceptait pas vraiment King. Il était souvent monté en voiture avec Alan et moi, et s'était toujours assis à l'arrière avec elle, qui avait dû en conclure qu'il était le chien d'Alan! Elle traitait indubitablement le pauvre King avec beaucoup d'arrogance. Pendant ma séance d'électromagnétisme, il avait gentiment proposé de l'emmener faire un tour. Mais elle ne montra pas le moindre intérêt, refusa de le suivre et retourna s'asseoir dans la voiture sans même lui accorder un regard.

Après déjeuner, King me raccompagna à la maison et je fis une petite sieste avant de repartir avec Charlie, direction Beverly Hills, pour ma septième chimiothérapie. J'étais extrêmement fatiguée et je ressentais une gêne importante dans tout le côté droit de mon diaphragme, dans la région de ma cicatrice et sous l'aisselle. Je me demandais si je pouvais attribuer cette immense fatigue aux heures passées sur la table de Bernard. De toute façon, vers deux heures et demie, nous partîmes pour le cabinet de Michael.

Je lui dis combien j'étais fatiguée. Je fis ma prise de sang et lui montrai le bouton sur ma lèvre inférieure. Nous passâmes dans une des pièces où se déroulait habituellement la chimiothérapie. Il me donna une robe en papier et me laissa seule. J'enlevai ma chemise, mon soutien-gorge et mon sein droit.

– Quelle robe chic vous m'avez donnée, Michael! lui fis-je remarquer à son retour. Elle n'a pas de trous pour les bras.

Je me contentais donc de m'en envelopper.

Michael palpa doucement la cicatrice. Fascinée par les longs cheveux gris et raides au milieu de sa tignasse brune et bouclée, je me laissai aller à une impulsion et lui en arrachai un, ce qui ne manqua pas de l'agacer.

– Quand vous aurez terminé! lâcha-t-il en arrêtant sa palpation et en prenant son stéthoscope. Sentez-vous une douleur quelconque en inspirant?

Et il me demanda d'inspirer profondément à plusieurs reprises. Je ressentais, en effet, une certaine douleur.

En palpant, il avait découvert une enflure à droite de la cicatrice.

– Il y a un peu de fluide à cet endroit, Jill. Mais je ne pense pas qu'il y ait de quoi s'inquiéter. Cependant, si cela ne se résorbait pas rapidement, je vous demanderais de passer une radiographie. Pour le moment, j'insiste, il n'y a rien à craindre. Quant à votre chimiothérapie, je suis d'avis que vous ne la fassiez pas aujourd'hui. J'ai appris à respecter vos sentiments et ce que votre corps vous dit. La plupart du temps, vous aviez raison. Si vous m'affirmez comme la semaine dernière qu'il vous semble avoir atteint le maximum que vous pouvez supporter, je pense que vous avez besoin de davantage de temps de récupération. Il n'est pas inhabituel, lors d'une chimiothérapie aussi longue que la vôtre, d'espacer les toutes dernières séances. Pour le moment, votre organisme est saturé.

– Vous avez raison. J'ai l'impression d'en avoir jusque-là, confirmai-je en plaçant ma main à hauteur de mon nez.

– Je crois que ce serait plutôt jusque-là, dit-il en plaçant la sienne encore plus haut.

Charlie était déçu. Nous avions calculé qu'en ayant ma chimiothérapie aujourd'hui, le huitième et dernier traitement aurait lieu trois semaines avant Noël, ce qui m'aurait donné dix grands jours de repos avant de nous envoler pour passer les fêtes dans le Vermont. Par ailleurs, le lundi suivant, nous partions à Santa Barbara assister à un concours hippique, auquel participait Zuleika.

Nous passions toujours Thanksgiving [1] à Santa Barbara. Ces neuf dernières années, j'avais participé à ce que nous appelions le Concours de la Dinde [2]. Toute la famille se réunissait. C'était une véritable fête. Ma chimiothérapie était reportée d'une semaine entière, c'est-à-dire au lundi suivant, ce qui signifiait que je devrais prendre aussitôt après la route et que je donnerais à Charlie un nouveau sujet d'inquiétude. En outre, je n'aurais plus suffisamment de temps pour récupérer avant de partir pour le Vermont. Nous quittâmes le cabinet de Michael et rentrâmes à la maison dans un silence attristé.

Je m'inquiétais pour Charlie. Toute cette histoire n'avait pas été très drôle pour lui et je voyais qu'il commençait à en ressentir les contraintes. Je suis convaincue qu'il était autant prisonnier de ma maladie que moi-même. J'aurais aimé qu'il sorte et qu'il s'amuse un peu. J'essayai de le persuader de partir skier quelques jours pendant que Sue Overholt, Zuleika et moi nous irions à Santa Barbara. Mais il refusa.

– Non, me répondit-il. Je suis impliqué là-dedans jusqu'à ce que ce soit terminé, autant que toi.

D'une certaine manière, je m'inquiétais davantage de l'état d'esprit de Charlie à ce moment-là que du mien.

A la maison, Cassie sauta joyeusement autour de moi et quand je lui tournai le dos pour regarder la mer, d'un bond, elle posa ses pattes sur mes épaules. Puis, n'ayant toujours pas réussi à attirer mon attention, elle entreprit de défaire mes lacets.

– Qu'est-ce qu'il se passe, ma fille? Qu'est-ce que tu veux?

Sautant à nouveau, elle me jeta un petit aboiement aigu. Je savais qu'elle voulait aller se promener. Ce qui, après tout, n'était pas une si mauvaise idée.

Des nuages annonciateurs de tempête se regroupaient au-dessus de l'océan. L'hiver approchait. Je me dis qu'il y aurait peut-être une tempête cette nuit-là. J'aime les tempêtes. L'humidité et le temps couvert me rappellent l'Angleterre. Cassie et moi fîmes une promenade de trois quarts d'heure. En rentrant, je me sentais effectivement mieux. Armée d'une vieille serviette éponge, je séchai Cassie,

1. 4e jeudi de novembre.
2. *Turkey Show.*

que le froid n'empêchait nullement ae galoper dans les vagues à la poursuite des mouettes et des bécasseaux.

Nous dînâmes en silence, du moins Charlie et moi. Car à leur habitude, les filles, elles, étaient pleines d'entrain. Katrina avait un léger problème avec l'un de ses petits amis et Zuleika était ravie qu'elle le lui raconte. En fait, la seule chose que Zuleika appréciait davantage encore que les histoires de Katrina, c'était d'écouter à partir d'un autre récepteur les conversations de Katrina avec les petits amis en question. Personnellement, je trouvais cela extrêmement généreux de la part de Katrina de la laisser faire.

Plus tard dans la soirée, Alan appela de Cape Cod pour prendre des nouvelles de la chimiothérapie. Je lui racontai que j'y étais allée, que j'avais pris mes comprimés et qu'en définitive, il n'y avait pas eu de chimiothérapie. J'eus droit à un de ses fameux petits laïus d'encouragement.

– Vis au jour le jour, me dit-il. Tu ne l'as pas eue aujourd'hui. Et alors? Mieux vaut prendre ton temps. Il ne t'en reste plus que deux. Je sais que cela te démoralise, mais tout va bien se passer. Tout va merveilleusement se passer.

30

Alan m'avait rappelé qu'on diffusait ce soir-là à la télévision l'histoire de Thérésa Saldona, *Victims for Victims*. Hilary et moi avions attaché beaucoup d'importance à la voir participer à cette émission. Nous avions l'impression de l'avoir redécouverte en nous battant pour qu'elle obtienne un rôle dans *The Evil That Men Do* après qu'elle eut été sauvagement agressée dans une rue de Los Angeles. C'est Alan qui l'avait maquillée tant pour ce film que pour *Victims for Victims*.

Katrina et moi regardâmes l'émission dans ma chambre. Nous réagissions différemment. Katrina, qui avait vécu sa propre tragédie, se mettait en colère pendant les scènes où Thérésa se faisait poignarder sans que personne vienne à son secours. Elle avait vécu une expérience similaire : alors que sa mère agonisait d'une crise cardiaque dans ses bras, elle avait hurlé et appelé au secours. C'était l'été et les fenêtres étaient ouvertes, mais personne n'avait bougé. La même chose était arrivée à Thérésa, jusqu'à ce qu'un employé de chez Sparkletts, Jeff Burke, la secoure. Tout le monde avait entendu, mais les gens s'étaient contentés de s'attrouper et de regarder l'agression sans intervenir. Thérésa avait reconstitué très, très bien la scène. J'en pleurais. Les larmes de Katrina, elles, étaient des larmes de colère.

Charlie savait que l'histoire l'aurait démoralisé. Il avait donc préféré regarder un match de base-ball.

Dans notre chambre, appuyés à la fenêtre, nous regardions la mer se déchaîner. La tempête s'annonçait violente. Parfait, je voulais avoir vécu une vraie tempête sur la plage. Bien qu'elle ne semblât pas devoir donner toute sa puissance cette nuit, elle était assez impressionnante pour m'exciter. Nous voulions aussi qu'il pleuve des trombes sur une maison que nous espérions acheter, une jolie maison espagnole de plain-pied, située à trois kilomètres de la plage et à peu près autant du haras. J'étais tombée amoureuse de cette nouvelle maison. Bâtie le long d'une route calme, elle était entourée d'un haut mur espagnol, et dans son jardin étaient plantés quatre vieux chênes majestueux. Elle semblait parfaite. Nous espérions qu'une pluie torrentielle suffirait à la tester, car elle était construite dans une zone d'inondation reconnue. Terminée depuis deux ans, elle n'avait guère été soumise aux intempéries. Le ruisseau tout proche sortirait-il de son lit et l'inonderait-il? Nous voulions qu'elle ait eu son baptême de l'eau avant de nous engager véritablement.

Quant à la maison de Jack, nous étions contents de ne plus avoir à y penser, ni à la bande d'avocats qui en vivaient. C'est avec soulagement que nous avions tourné la page une fois pour toutes.

Je dis à Charlie que je m'inquiétais à cause de l'enflure douloureuse de ma cicatrice et de mon côté.

Il me dit de ne pas m'en faire et me rappela que Michael lui-même n'était pas préoccupé.

– Mais j'ai l'impression que ça empire.

– Ne t'inquiète pas, chérie. Si Michael avait pensé qu'il fallait s'en préoccuper, il t'aurait fait passer une radiographie.

Je me démoralisais à vue d'œil. Je ne prenais plus la peine de me maquiller. Je me contentais d'enfiler chaque jour ma combinaison grise. J'essayai de contacter le docteur Simonton. Il était l'homme de la situation. Lui m'aiderait à sortir de cette crise. Malheureusement, il ne serait pas de retour en Californie avant janvier. Rien ne me tirait de mon cafard. Je pris rendez-vous avec le docteur Karlan, qui était en train de pratiquer une biopsie dans l'hôpital proche du cabinet de Sue Colin quand je l'appelai. Je demandai à le voir le lendemain, ce qui me laissait le temps de rencontrer Sue avant.

Blottie dans un coin de son divan, je me pelotonnai dans mon pull-over.

– Eh bien, que se passe-t-il? me demanda-t-elle.

– Je me sens contrainte de toutes parts. Contrainte de quitter la maison de la plage, contrainte de remballer toutes les affaires pour rentrer à Bel Air, contrainte à cause de la nouvelle maison que nous allons acheter et parce qu'il faudra déménager de Bel Air, ce qui sera une tâche monumentale. Mon Dieu, rien que de décider quels meubles garder et quels autres laisser sera un vrai casse-tête. Ensuite, il y a ce qu'il faut entreposer : les tableaux, les papiers, les classeurs, les vêtements...

– Halte-là! Ne pensez pas à demain. Qu'est-ce qui vous inquiète par ailleurs?

– Je suis inquiète parce que la chimiothérapie a été reportée. Ce qui signifie que j'aurai un traitement la veille de mon départ pour Santa Barbara où je vais assister à une compétition de Zuleika.

– Alors, n'allez pas à Santa Barbara.

– Mais je veux y aller. J'ai vraiment envie de voir Zuleika monter.

– Eh bien, Jill, peut-être qu'en ce moment vous ne pouvez

simplement pas tout faire. Vous devez d'abord prendre soin de vous-même.

– Je m'inquiète aussi au sujet de Noël, Sue. Je crains de ne pas être assez bien pour aller dans le Vermont.

– Voulez-vous aller dans le Vermont?

– En ce moment, non. J'ai une peur panique de prendre l'avion rien qu'à l'idée de savoir que les portes sont verrouillées et que je n'ai aucun moyen de m'échapper. Je suis capable de m'affoler et de ne plus pouvoir respirer. Il y a environ neuf heures de voyage pour le Vermont – cinq heures et demie de vol jusqu'à Boston puis trois heures de route à partir de l'aéroport. Il fait si froid là-bas et il y a tant à faire une fois arrivé!

– Eh bien, vous ne devriez peut-être pas aller dans le Vermont.

– Je dois y aller, Sue. Je n'ai pas le choix. Charlie en rêve. C'est si important pour lui.

Voyant ma réaction à l'idée de décevoir Charlie, elle n'insista pas.

– Très bien, qu'est-ce qui vous inquiète encore?

– Je ne sais pas. Je sais qu'il ne me reste que deux chimiothérapies, mais je suis si fatiguée.

Sue me fit méditer. Elle me dit de visualiser une lumière blanche au-dessus de ma tête, puis à l'intérieur de ma tête et à travers mon corps, de la visualiser parcourant mon corps, me relaxant et m'emplissant d'une sensation de bien-être. Comme d'habitude, la relaxation m'apaisa et en quittant Sue, je me sentais un tout petit peu mieux.

Je pris le chemin du centre médical de Beverly Hills, où je devais voir Mitchell Karlan. Il était en salle d'opération quand j'arrivais. Il en sortit l'air affairé.

– Bonjour, Jill. Comment allez-vous? Suivez-moi, mon petit.

Il me conduisit dans une salle de réveil. Il y avait là une patiente avec son mari et sa mère, tous deux dans la même tenue verte qu'avaient portée Charlie et Paul. Allongée sur une table, elle attendait d'aller en biopsie – c'était Mitchell qui devait la pratiquer. Il m'emmena dans un coin de la pièce et tira des rideaux autour d'un lit. J'enlevai mon pull-over et ma chemise et lui montrai ma cicatrice.

– Levez les bras, mon petit, que je regarde cela.

Il ferma les yeux comme il le faisait toujours et commença à palper adroitement la cicatrice et l'aisselle.

– Voilà qui cicatrise admirablement. Vous allez très bien. Vous n'avez aucune raison de vous inquiéter. Il n'y a rien d'anormal.

– Mais pourquoi cette enflure et cette douleur?

– Eh bien, s'il vous arrive de faire travailler vos muscles un peu plus que d'ordinaire, c'est ce qui arrivera. Il me semble que vous commencez à retrouver une certaine sensibilité dans vos nerfs.

– Alors, je vais bien. Parfait. Et je n'ai aucune raison de m'inquiéter?

– Non, vous allez très bien, me confirma-t-il en m'embrassant. Vous avez une mine superbe. Toutefois, je veux vous revoir dans un mois.

Je le remerciai et le regardai marcher vers la femme qui attendait sa biopsie.

– Ne les laissez pas vous endormir avant mon retour, lui dit-il avant de sortir de la pièce.

– Oh, non. On va m'endormir? l'entendis-je répondre.

Je partis précipitamment. J'aurais aimé pouvoir la rassurer. Aurait-elle subi une mastectomie, je me serais peut-être avancée. Mais sachant qu'elle allait passer une biopsie, je pensais ne pas être forcément la personne la mieux placée pour lui parler.

Je rentrai à la maison de la plage où je passai la soirée assise sur le divan à démêler ce que je ressentais au moment de m'éloigner de l'océan. Cette maison qui m'avait été bénéfique tout l'été avait été témoin des moments pénibles de ma maladie. Il n'était pas donc étonnant au moment de la quitter que je me montre irritable et grognon. Une fois de plus, je me retrouvais dans l'expectative. J'attendais le lundi pour ma septième chimiothérapie, j'attendais de savoir si je serais assez bien pour aller passer Thanksgiving en famille à Santa Barbara, et enfin, j'attendais de savoir si nous allions acheter la nouvelle maison. Comme prévu, notre première offre avait été rejetée. Je ne savais vraiment pas ce qu'il allait en advenir.

Tandis que je ruminais sur mon divan, le téléphone sonna. Peu disposée à parler à qui que ce fût, je décrochai sans entrain.

– Allô, Jill?

D'abord, je ne reconnus pas cette voix, autrefois si familière que les mots qui suivirent auraient été superflus.

– C'est David à l'appareil.

David. C'était si inattendu que je faillis demander David qui. Et soudain, alors qu'une foule d'images déferlait en moi, je l'identifiai. Je le revoyais assis à son bureau en peignoir-éponge, la tête penchée de côté, les épaules légèrement voûtées. Je le revoyais penché au-dessus de l'électrophone, tournant le dos à la pièce, plongé dans un monde à lui, dirigeant le London Symphony Orchestra. David qui m'avait été si proche. David mon ex-mari qui me demandait comment j'allais, qui me disait qu'il était navré de me savoir malade.

Sa voix était si agréable, si chaude et familière que j'en étais troublée, prise au dépourvu. Ce ne serait pas une conversation aisée. Il y avait presque trois ans que nous ne nous étions pas parlé.

– C'est Paul qui m'a appris que tu étais souffrante.

David, l'éternel spécialiste des litotes. Eh bien, je suppose que me faire trancher un sein et subir six mois de chimiothérapie me rangeait dans la catégorie des gens souffrants.

– C'est vrai, mais je vais mieux. Je suis un traitement holistique et je me suis plongée dans la méditation. J'ai adopté ce qu'on appelle une bonne attitude.

– Tu as toujours su bien réagir.

– Je m'en tirerai. En fait, je me sens très bien. D'où appelles-tu?

– De Calgary. Je joue une pièce ici. C'est un vrai trou perdu. Je vis pratiquement comme un moine. Quand je ne suis pas au théâtre, je passe tout mon temps à lire dans ma chambre. C'est pire que la Sibérie. Je me fais l'effet d'un Soljenitsyne quelconque.

– Mince alors! dis-je, cherchant inexplicablement à lui parler avec la voix jeune et enthousiaste qu'il avait connue autrefois. J'ai une très bonne amie à Calgary, une de mes vieilles copines d'équitation, Dessa Davidson. Pourquoi ne l'appellerais-tu pas si tu te sens si seul? Elle est très drôle. Peut-être que tu pourrais dîner avec elle. Au moins, téléphone-lui pour lui dire bonjour de ma part. Elle est vraiment amusante. Elle est capable de faire tout un récital Stanley Holloway avec l'accent cockney. Elle te fera rire.

David semblait dubitatif.

– Une copine d'équitation doublée d'une imitatrice, hein?

– David, vraiment, appelle-la. Elle est super. Elle te remontera le moral. Sincèrement, elle est très jolie et elle a beaucoup de classe.

– D'accord. Donne-moi son numéro. Peut-être que je l'appellerai, après tout.

– Comment vont Katherine et les enfants?

– Oh, ils sont en pleine forme.

Et il me raconta ce qu'ils faisaient et leurs exploits.

J'aurais voulu lui dire combien j'étais touchée qu'il ait appelé, combien j'étais heureuse d'entendre sa voix, que je me sentais si démoralisée, que cette chimiothérapie qu'on me faisait était épouvantable, que j'avais perdu un sein. J'avais envie de lui rappeler le passé, de raviver notre jeunesse, mais ce genre de conversation appartenait à un autre temps, un autre lieu. Alors, au lieu de cela, je le remerciai du fond du cœur de penser à moi, lui dis de ne pas oublier d'appeler Dessa, de prendre soin de lui-même et de transmettre mes amitiés à Katherine.

Après une longue pause, nous nous dîmes au revoir.

Je me renfonçai dans mon divan. C'était gentil à lui d'avoir téléphoné. J'étais remplie de nostalgie. Comme il était adorable – comme nous l'étions tous deux. Je repensais aux années soixante.

Les brusques aboiements de Cassie sous la véranda me ramenèrent à la réalité. D'ailleurs, je suis encore sacrément adorable, me dis-je à moi-même en serrant le poing pour ponctuer cette pensée. J'allai voir pourquoi Cassie aboyait. Kate, le doberman des voisins, était en train de caracoler sur la plage, s'efforçant d'attirer Cassie dans ses jeux. J'ouvris le portail et les regardai s'ébattre. Il était évident que les deux chiennes étaient devenues très amies. Elles seraient probablement tristes de ne plus se revoir et je ne serais pas la seule à qui la plage manquerait.

Ce fut une période sombre pour moi, cela ne fait aucun doute. Ma fille, en revanche, était dans une forme éblouissante. Son travail acharné commençait à porter ses fruits. Elle se classait parmi les dix meilleurs cavaliers des finales du comté de Los Angeles. Charlie et moi assistâmes à l'une de ses sélections. J'avais du mal à croire que c'était Zuleika. Elle semblait plus grande et si à son aise sur Arrow, le cheval de Susan Dotan. Ils formaient un beau couple. J'étais à la fois fière et émue de voir combien ma petite fille avait progressé et mûri. Elle se comportait bien face aux autres cavalières dont certaines, âgées de dix-huit ans, étaient plus expérimentées qu'elle. Ouais, me dis-je à moi-même, cette gosse a de la classe.

Charlie, piégé par ma maladie, aurait aimé aller skier ou faire de la moto ou même s'envoler pour quelque part. J'aurais aimé qu'il le fasse. De savoir qu'il ne bougerait pas tant que je ne serais pas guérie me donnait un sentiment de culpabilité.

– Je ne partirai pas tant que tu n'iras pas bien, disait-il. J'en serais incapable.

Oh, bon sang, il fallait que je sois vite sur pieds ou tout le monde allait perdre patience.

Bien que le docteur Karlan m'ait assuré que tout allait bien, la douleur persistante que je ressentais sous ma cicatrice et autour des côtes m'inquiétait. Elle était tellement présente que parfois, il me semblait sentir de petites grosseurs nodulaires dans la région sensible. Je craignais qu'il ne s'agisse d'une thrombose ou d'une nouvelle phlébite. C'était un de ces grands jours où le côté hypocondriaque de ma personnalité reprenait le dessus.

Quatre mois après s'être fait opérer, mon père avait eu une attaque d'apoplexie et, selon son médecin, c'était dans l'opération qu'il fallait chercher la cause de son embolie. Je redoutais que cela ne m'arrive. Ma peur d'aller dans le Vermont s'amplifiait de jour en jour. A ma sempiternelle angoisse s'ajoutait maintenant la crainte d'avoir une attaque dans notre chalet du Vermont, d'où le plus proche hôpital se trouvait à une heure de voiture au moins. Je voulais dominer ces peurs, mais il semblait que je ne puisse faire autrement que de danser avec elles, comme aurait dit Sue Colin. Je dansais donc avec ma peur. C'était une danse déconcertante, peu gracieuse mais, puisque l'orchestre jouait, je n'avais pas le choix. En outre, à cette époque, j'avais une piètre image de moi-même. J'avais changé physiquement, j'avais dû prendre trois kilos. Avant l'opération, j'aurais trouvé que ces trois kilos me rendaient plus féminine, plus sensuelle. Pas maintenant. C'était une chose d'avoir une poitrine épanouie et des hanches arrondies, mais une tout autre d'avoir un unique sein gonflé, des hanches alourdies et des joues rebondies sous une coupe en brosse. Je me détestais et je n'aimais pas ma façon de penser. Pour tout dire, je n'aimais pas grand-chose.

Je n'aimais surtout pas, le samedi matin, me lever, coiffer Zuleika pour les finales de ses concours et me sentir trop mal pour l'accompagner. Je me revois au portail, agitant la main en regardant la voiture s'éloigner, Zuleika, magnifique dans sa tenue d'équitation, assise à côté de son père.

Je me souvenais de l'époque où c'était moi qui l'accompagnais, qui sellais ses chevaux, les montais avant elle, les étrillais et les bouchonnais, la coiffais, la préparais, la formais... Tout, et à présent, rien. Ma vie s'étriquait. Aussitôt que j'essayais de faire quelque chose, un obstacle se présentait – la phlébite, une enflure derrière le genou, des douleurs costales et des grosseurs autour de ma cicatrice.

J'avais beau toujours méditer une fois par jour, ma patience s'étiolait. Je pensais que peut-être en perdant du poids, je me sentirais mieux. Je décidais donc de travailler sur ma propre image durant ma méditation. D'abord une méditation d'apaisement, puis une méditation centrée sur mon image où je me voyais amincie, telle que j'aurais davantage aimé être. Je m'imaginais les cheveux longs, le corps svelte et musclé. J'acceptais très mal de perdre ma tonicité musculaire, mais peut-être que je pouvais la conserver mentalement. Cela valait la peine d'essayer.

Presque tout ce que nous possédions à la maison de la plage avait été emballé et rapporté à Bel Air, c'était donc l'un des derniers jours où je profitais de la vue sur l'océan depuis mon grand lit. Je savais que je ne vivrais probablement plus jamais dans une maison comme celle-ci. Je savais que nous avions peu de chance de l'acheter. J'aimais la maison que nous avions choisie et attendais avec impatience de connaître le résultat de l'offre que nous avions faite. Je savais que rien ne remplaçait la majesté et la puissance de l'océan près de soi. Pendant cinq mois, il m'avait fidèlement servie. Il avait été mon compagnon, mon ami, le pourvoyeur de mon énergie mentale et affective.

En dépit de mon abattement, tout au fond de mon être, j'étais persuadée de ne plus avoir de cancer. Ce qui m'irritait particulièrement, c'étaient les restrictions futiles que m'imposaient des ennuis de santé minimes. Toutes ces recommandations pour que je me repose et me ménage m'entravaient. J'étais sûre d'être à nouveau moi-même dans quelques mois, mais pour le moment, c'était sacrément désagréable de me sentir si près du but sans pouvoir l'atteindre plus vite. Je voyais la lumière au bout du tunnel, et j'étais impatiente de l'atteindre.

Puisque j'avais besoin de changement, le lendemain, en rentrant de chez Bernard, je décidai de me dorloter un peu. Je m'arrêtai dans un centre commercial où je savais trouver un des salons de beauté de Christine Valmay. Ah, m'offrir les soins d'une pédicure, quel luxe! Des ongles de pied d'un rouge soutenu, voilà qui me remonterait le moral à coup sûr.

Ma fidèle Cassie se trouvait à l'arrière de la Bronco. J'avais également emmené Little Joe Cocker, dit Leaky Joe ou encore L.J., le petit cocker spaniel fauve de mon fils Valentin. Dévoués autant l'un à l'autre qu'à moi-même, j'aimais leur compagnie.

Comme nous venions de faire une promenade sur la plage un peu plus tôt, je pensais qu'ils supporteraient de rester un moment dans la Bronco, le temps de mes soins au salon Valmay. Je baissai la vitre arrière de façon qu'ils ne manquent pas d'air, leur dis de se tenir tranquilles et rentrai dans la boutique.

C'était un beau salon accueillant. Les filles, qui me connaissaient, étaient heureuses de me revoir. Oui, elles pouvaient s'occuper de moi. Il n'y avait pas grand monde ce jour-là. Tandis que, les doigts plongés dans un petit bol, je bavardais avec Jane, la manucure, je sentais toute tension en moi retomber. Jane savait que je luttais contre un cancer. Nous en avions parlé à mon dernier passage. Une de ses amies, une jeune femme mère de deux enfants en bas âge, venait alors de commencer un traitement chimiothérapique. Je lui avais dit de lui transmettre tous mes vœux, de lui recommander quelques livres et de lui suggérer d'essayer la méditation. Jane me dit que son amie pratiquait la méditation, qu'elle allait assez bien et qu'elle me remerciait de mes vœux.

Les mains parfaitement manucurées, les ongles recouverts d'un vernis incolore, je prenais une tasse de thé pendant que mes pieds trempaient dans un bain d'eau savonneuse, quand tout le personnel de la boutique s'assembla le long de la vitrine qui donnait sur le parking.

– Je me demande ce qui se passe, dit une des filles. Il y a trois policiers qui encerclent cette voiture et il y a un bon moment qu'ils sont là.

– Mon Dieu, ils ont sorti leurs fusils, s'exclama une autre.

– Regardez cette foule. Qu'est-ce qui se passe?

Quelque chose me poussa à demander nonchalamment de quelle couleur était le véhicule en question.

– Marron.

Je me levai d'un bond, renversant l'eau, et courus vers la porte. Mon Dieu, c'était vrai. Une foule de badauds, deux voitures de police et trois policiers, dont l'un pointait sur la voiture un fusil de chasse impressionnant, encerclaient ma Bronco.

Pieds nus sur le gravier, je traversai le parking comme une fusée.

– Que faites-vous ici? Que se passe-t-il?

Un policier au visage sévère m'arrêta immédiatement.

– N'avancez pas plus. Si un de ces chiens bouge, je serai forcé de l'abattre.

– Oh, mon Dieu, non! Pourquoi?

– Ils ont bondi hors du véhicule et attaqué quelqu'un.

Je regardai à l'arrière de la Bronco et là, assis côte à côte, le regard agrandi par l'appréhension, se tenaient Cassie et Leaky Joe, sa petite tête fauve tout juste visible.

Bras écartés, je me jetai entre mes chiens et les policiers.

– Oh, je vous en prie, ne tirez pas! Il doit y avoir erreur! Ne tuez pas mes chiens! Laissez-moi remonter la vitre. Ils ne bougeront pas! Oh, je vous en prie!

J'éclatai en sanglots. C'était horrible, au beau milieu de tout ce monde. Cheveux en brosse et pieds mouillés, je devenais hystérique.

Soudain, Jane apparut à mon côté. Passant un bras autour de mes épaules, elle se tourna vers le policier armé du fusil.

– Pourquoi êtes-vous si durs avec elle?

L'air encore plus mesquin, il lui répondit de circuler, qu'elle faisait obstruction à la loi. Mais Jane ne céda pas.

– Certainement pas, lui rétorqua-t-elle. Cette dame est ma cliente, je reste avec elle. De toute façon, que s'est-il passé?

Un policier à l'air plus aimable s'avança vers moi.

– Allons, me dit-il d'un ton navré. Ne vous mettez pas dans cet état.

– Je suis désolée, je ne peux pas m'en empêcher. Je suis tellement bouleversée. Qui ont-ils attaqué?

– Cet homme là-bas.

Tout le monde regarda dans la direction qu'il indiquait. Et, oh, mon Dieu, malheur entre les malheurs, l'air terriblement embarrassé, une canne à la main, que vis-je? Un infirme. Pleurant de plus belle, j'allai vers lui.

– Je suis affreusement désolée de ce qui vient d'arriver. Où vous ont-ils mordu? Lequel vous a mordu?

– Eh bien, dit-il s'excusant presque, le petit s'est mis à aboyer quand je suis passé près de votre camionnette. Puis le berger allemand s'y est mis lui aussi. Ensuite, le petit a sauté par la vitre arrière, suivi du grand. Le petit m'a déchiré le pantalon et éraflé le mollet. Je veux seulement être sûr qu'ils sont bien vaccinés. Je ne suis pas blessé. Je vais bien. Je vous en prie, ne pleurez plus.

Je me sentais tellement coupable et tellement bouleversée que j'étais incapable de me ressaisir.

Déçu de nous voir nous entendre si bien, le policier mesquin pointa son fusil vers les chiens d'un air encore plus menaçant et m'annonça qu'il devait les mettre en fourrière. Je pleurais si fort que je commençais à claquer des dents.

– Dois-je appeler votre mari? me demanda Jane, qui avait remarqué que j'étais au bord de la crise de nerfs.

– Oui, sanglotai-je. Appelez Charlie.

Et je lui donnai le numéro.

– C'est la femme de Charles Bronson, lança-t-elle méchamment au policier avant de courir téléphoner du salon.

Il ne manquait plus que cela. Cette fois, soit il passait l'éponge, soit je me retrouvais dans de beaux draps. Je voyais déjà Charles décrochant l'appareil et accourant à ma rescousse. Mais peut-être prendrait-il le parti de la police et me reprocherait-il d'avoir laissé la vitre ouverte. Il en était capable. Battant en retraite, je hurlai à Jane de ne pas l'appeler.

Trop tard. Elle ne m'entendit pas.

Qu'allait-il se passer maintenant? Dans la voiture, Cassie louchait à force de se concentrer pour rester immobile, ce qui ne lui ressemblait pas, car d'habitude, en me voyant, elle remuait au moins la queue. Leaky Joe, comprenant le péril qui les menaçait, était assis à côté d'elle, tout aussi immobile, ses grands yeux noirs empreints de gravité. Je ne pouvais le croire.

– Êtes-vous certain qu'ils ont sauté hors de la voiture? Même le petit? Comment sont-ils rentrés? Le hayon est beaucoup trop haut.

Personne ne semblait savoir. L'espace d'un instant, je me demandai si Cassie avait attrapé Leaky Joe par la peau du cou pour le remonter dans la Bronco. Maintenant qu'il était acquis qu'il n'y aurait pas de massacre, les choses se calmaient. Je séchai mes pleurs. Le policier mesquin, qui n'était pas parvenu à convaincre le gentil infirme de porter plainte, était retourné au stand de beignets où j'appris qu'il passait le plus clair de sa ronde.

Le policier aimable me dit que je devrais enfermer mes chiens pendant un mois. Le troisième policier, qui avait réussi à tenir la foule à l'écart, s'efforçait à présent de la disperser. Tremblante, les vêtements en désordre, je m'assis à côté de l'infirme dans sa voiture pour bavarder un peu.

– Je suis tellement navrée. Puis-je vous acheter un autre pantalon?

– Non, ce ne sera pas nécessaire. Ce n'est qu'un vieux pantalon et il n'a qu'un petit accroc. Je suis désolé de vous voir si bouleversée.

Il était si gentil que je recommençai à pleurer. J'étais vraiment navrée de ce qui lui était arrivé.

– Cela a dû être affreux pour vous, de vous faire attaquer par deux chiens?

– Mais non. J'aime les chiens. Vous savez, ce doit être ma canne. Je l'ai levée en passant entre deux voitures pour arriver à la mienne. J'ai dû effrayer vos chiens. Mais c'est fini maintenant. Vous dites que leurs vaccins sont à jour?

– Oh, oui.

– Vous voyez, dit-il. J'ai eu une semaine difficile. J'ai des crises d'arthrite épouvantables.

– J'ai quelques problèmes, moi aussi, dis-je d'une petite voix.

– Je parie qu'ils ne sont pas aussi terribles que les miens.

Lui jetant un regard, je m'entendis dire :

– J'ai un cancer.

Ne sachant que répondre, il fixa le sol un moment puis, me regardant en face, il dit :

– Dieu que je suis désolé.

Nous restâmes assis dans sa voiture quelques instants encore. Puis nous nous souhaitâmes bonne chance. Il se mit au volant et partit. Je suivis sa voiture du regard jusqu'à ce qu'il ait quitté le parking, après quoi je retournai au salon attendre mon mari.

J'espérais qu'il se montrerait aussi compréhensif que la victime des chiens. J'attendis une demi-heure avec appréhension. Soudain, je le vis. Il traversait à pied le parking de sa démarche inimitable de rôdeur. Mon Dieu, pourvu qu'il ne soit pas fâché.

Décidant de lui en donner pour sa peine, je me jetai dans ses bras.

– Mon héros. Merci d'être venu. J'étais tellement désespérée.

Me serrant très fort contre lui, il jeta un coup d'œil désappointé à la ronde.

– Je savais que j'allais manquer la bagarre. Où sont-ils tous passés? Quelqu'un m'a appelé pour me dire que la police allait abattre les chiens.

– Charlie, tout est fini. Mais c'était horrible. Leaky Joe a mordu un infirme.

– Bon sang!

– Que Cassie a ensuite attaqué.

– Oh, non!

– Ensuite, la police est venue et ils voulaient les abattre. Je suis devenue hystérique et j'ai dit à tout le monde que j'avais un cancer.

Incrédule, Charlie secouait la tête.

– Où est ta voiture? finit-il par me demander, résigné et patient.

– Là-bas, lui dis-je en la montrant.

– Et les chiens?

– A l'arrière.

– Tes chaussures?

– Au salon.

– On va les chercher et on rentre, d'accord?

– D'accord. Merci encore d'être venu, Charlie.

Après avoir dit au revoir aux employées du salon, je le suivis dans ma voiture, mes deux bandits paisiblement endormis à l'arrière.

Il fallut ramener Cassie à Bel Air afin qu'elle purge sa peine enfermée dans notre cour.

Personne ne comprit jamais par quel miracle Leaky Joe avait réussi à regrimper dans la Bronco.

Le lendemain, un samedi, marquait l'avant-veille d'une nouvelle tentative de septième chimiothérapie. C'était également un grand jour pour Zuleika. En effet, on décernait la récompense la plus convoitée des cavaliers de moins de douze ans, la *Honor Darkar Medal*. La veille, elle avait passé le premier tour des finales. Au petit matin, je tressai ses cheveux avant de les ramasser soigneusement sous sa bombe. Charlie l'accompagna au second tour des épreuves. Si elle se classait dans les dix premiers, elle participerait le soir même à une finale d'un niveau particulièrement élevé. Elle avait bien monté mais accusait maintenant un peu de fatigue.

La journée de vendredi avait été éreintante. Entre les différentes épreuves, Zuleika avait passé seize heures en selle avec plus ou moins de bonheur.

Cependant, ses notes les plus basses étaient bien meilleures que celles obtenues jusque-là, et il en allait de même des plus hautes. Nous étions arrivés sur place avant huit heures. Je regardai son premier passage. Il était parfait, à l'exception d'un obstacle mal franchi pour lequel on lui infligea une pénalité. Je restai avec elle autant que possible, mais la fatigue et le froid me gagnant, Charlie me ramena à Bel Air, où je m'allongeai pour une sieste de une heure sur le grand lit de notre chambre nouvellement redécorée.

J'y puisai suffisamment de forces pour retourner voir Zuleika monter dans les finales du comté de Los Angeles, autre compétition prestigieuse de la soirée. Je savais que je ne pourrais continuer longtemps. Je me rendais compte qu'en restant debout jusqu'à dix heures le vendredi soir pour assister aux finales, je serais incapable de me lever à l'aube le lendemain. Je voulais tout voir, mais ne le pouvais pas, à l'époque du moins.

Les années précédentes, c'était moi qui montais et Zuleika qui attendait. Elle avait toujours été un compagnon agréable. Elle restait près de moi, attendant mon tour. Une fois, alors qu'elle devait avoir six ans, je participais à un concours de sauts d'obstacles. Je me tenais près de la balustrade à regarder les autres cavaliers effectuer leur parcours. Zuleika était consciente de ma concentration et de ma nervosité. A un moment donné où elle devait s'éloigner un instant, elle me glissa en me tapotant le bras :

– Maman, tâche de tenir bon, je n'en ai que pour une minute.

Comme si elle avait été la mère et moi l'enfant qui concourait. A présent, les rôles inversés, la situation était normale. J'étais la mère et elle, l'enfant qui participait au concours et qui gardait parfaitement son sang-froid.

De retour à la maison de la plage, je regardai la mer, pensive, me demandant si mes accès de dépression étaient normaux chez des gens endurant pareil supplice ou si j'étais un cas particulier. Avais-je toujours été ainsi? Avais-je eu souvent des chutes de moral? J'aurais sincèrement souhaité connaître une autre femme qui avait survécu au même traumatisme, quelqu'un avec qui j'aurais pu discuter. Ç'aurait été bien. Je décidai de trouver un moyen de venir en aide à d'autres femmes. Je savais combien j'aurais apprécié, avant d'être opérée, de parler à une femme dans mon cas, et plus tard aussi, aux différentes étapes du traitement. Je pensais que seule une personne dans ma position pouvait comprendre et peut-être me dire : « Vous allez vous en sortir. Ne vous en faites pas. En ce moment, vous vous sentez démoralisée, mais vous allez vous ressaisir. Vous verrez. Tout ira pour le mieux. » D'autres me disaient ces paroles, mais je les aurais trouvées beaucoup plus rassurantes dans la bouche d'une femme qui aurait survécu à ce cauchemar.

31

Le livre de Dennis Jaffe comporte de nombreux chapitres utiles sur la méditation. L'un d'eux, « Les chemins de la relaxation », proposent nombre d'exercices simples, que j'ajoutais à la cassette de relaxation du docteur Simonton. *Guérir de l'intérieur* était devenu ma Bible. J'en lisais un passage chaque soir avant de m'endormir. La pensée seule de le savoir à portée de main m'apaisait. Il m'apportait des réponses, me disait comment rester en bonne santé, comment éviter le stress et empêcher que mes anciennes habitudes nocives ne s'immiscent à nouveau dans ma vie.

Jaffe cite le *Bhagavad-Gītā*, texte sacré de l'Inde.

Le vent dévie le bateau
De sa course sur les eaux,
Les vents errants des sens
Entraînent l'homme à la dérive
Et le détournent dans son jugement.
Celui-là qui domine ses sens
A, je le dis, reçu la lumière.

En lisant, je me rappelais certains moments où mon esprit demeurait calme. Ils étaient rares, en vérité, mais merveilleux, comme parfois lorsque je montais l'un de mes chevaux et que tout se déroulait bien sur un parcours dans lequel j'étais profondément concentrée, ou quand je courais. Ou encore, comme autrefois, lorsque je peignais. Un, deux, trois, quatre, un, deux, trois, quatre. Compter ainsi semblait me plonger à l'intérieur de mon être ou plutôt, plonger mon esprit au fin fond de ma tête et lorsque j'y parvenais, mes pensées se calmaient. C'est un moment au cours duquel, excluant toute autre pensée, on se concentre entièrement sur une seule chose pour en retirer une sensation merveilleuse de plénitude, le sentiment d'être pleinement vivant. C'est ce que le psychologue et humaniste Abraham Maslow appelle les « sensations maximales ». Selon lui, plus grande est leur fréquence, meilleure et plus satisfaisante est la vie. Lawrence LeShan définit la méditation comme l'apprentissage des choses faites une à une. Il précise qu'en se concentrant sur une seule chose à la fois, qu'il s'agisse de sa respiration, de son jardin ou d'un jogging, non seulement on modifie son état de conscience, mais aussi, et de façon positive, son état psychologique. Je m'efforcerais à nouveau de vivre dans l'instant.

Je travaillais régulièrement sur le *Yi king*, lançant les trois pièces pour connaître mon avenir chinois.

Alors que, délaissant la sagesse de Jaffe, je réfléchissais au *Yi king*, Charlie téléphona pour me dire que Zuleika ne terminait pas dans les dix premiers et qu'elle ne participerait donc pas à la finale de ce soir-là. Elle avait fait un bon parcours, mais cela n'avait pas suffi.

Zuleika prit l'appareil pour me parler elle-même de son parcours.

Malgré son élimination, elle souhaitait toujours assister au dîner de gala.

Je lui dis que c'était très sportif de sa part, mais que personnellement, je préférais ne pas effectuer ce long déplacement en ville si elle ne montait pas. Elle sembla déçue. Charlie reprit l'appareil.

– Charlie, je préfère vraiment ne pas venir ce soir si ce n'est pas indispensable. Veux-tu l'expliquer à Zuleika. Je ne veux pas qu'elle pense à moi comme à quelqu'un de malade, mais seulement qu'elle comprenne que je dois économiser mes forces pour les moments où j'en aurai vraiment besoin. Assister à ce dîner ce soir représenterait une perte d'énergie, surtout si nous devons passer la semaine prochaine à Santa Barbara pour un autre concours hippique.

– Très bien, répondit-il. Je vais lui parler.

Je savais que Zuleika était déçue, autant que moi, mais je pense que cela nous forgeait le caractère, à toutes deux.

Cassie, sa peine purgée, avait besoin d'exercice. Je l'emmenai donc sur la plage. La promenade fut éprouvante, bien plus que quatre petites semaines auparavant. Si je me sentais plus calme, mieux mentalement, ce n'était à l'évidence pas le cas physiquement. La douleur au côté droit me harcela et m'inquiéta tout au long de la promenade. Ce n'était pas tant la douleur, supportable, qui m'inquiétait que ce qu'elle pouvait cacher. Naturellement, je me demandais s'il s'agissait d'une réapparition du cancer ou d'un caillot de sang. Je voulais oublier ces choses et ignorer la douleur. Heureusement, un membre au moins du clan féminin de la famille Bronson avait réussi son week-end. Katrina avait passé son permis de conduire avec succès et au premier essai, ce qui nous remplissait tous de joie. J'étais fière d'elle, de voir comme elle avait surmonté son malheur. Dorénavant, elle aussi conduirait. J'arrivais à peine à y croire. Un nouvel adolescent au volant dans la famille. Je me demandais quel genre de voiture lui acheter.

Cassie et moi marchâmes sur le sable pendant une demi-heure, ce qui me changea les idées. Comme tout le monde certainement, Cassie me trouvait assommante quand j'étais déprimée. Elle passait ses journées assise sous la véranda à me regarder d'un œil torve. Mais maintenant, elle fonçait droit dans les flots, chassant les mouettes comme si elle allait effectivement courir au sommet des vagues. A l'approche de l'hiver, nombre de maisons avaient leurs volets clos. Devant certaines, construites dangereusement près de l'océan, les propriétaires avaient dressé des palissades de contreplaqué afin de les protéger des vagues déferlantes et des tempêtes qui se déchaînaient à cette époque de l'année. Il y avait beaucoup plus de mouettes et de bécasseaux sur la plage aujourd'hui et Cassie s'en donnait à cœur joie. Quand nous rebroussâmes chemin, elle était couverte de sable, trempée et hors d'haleine. Et moi, bien délassée.

Il était encore tôt, aussi je sortis faire une balade dans ma vieille Corvette. Sa jauge d'essence était sur le zéro. J'espérais arriver jusqu'à ma station Chevron favorite où je lui offrirais une bonne rasade de super. Comme toujours, conduire me mettait de bonne humeur. La douleur et la sensation de pression contre mes côtes n'avaient pas disparu mais, depuis la promenade, je me sentais tellement mieux que je n'y prêtais pas attention. Au moins, je ne ruminais pas des idées morbides sur ce qu'elles pouvaient cacher. J'ai fait le plein et roulé un moment. J'aimais être moi-même. J'en pris note mentalement pour ne pas l'oublier. J'avais tellement été entourée toute la semaine que je n'avais pu me ménager un moment de solitude. Peut-être que la meilleure façon de traiter le cafard, après tout, consistait à s'isoler une journée et faire ce dont on a envie – méditer, se pencher sur le *Yi king*, se promener avec Cassie, conduire –, autant de nourritures du corps et de l'esprit, puisqu'elles prenaient soin de Jill. Peut-être était-il bon de se laisser sombrer dans le cafard pour mieux s'en sortir ensuite.

Je pris la direction de la maison que nous espérions acheter. C'était un endroit si agréable, à demi caché derrière un mur d'enceinte. Je me voyais franchir le seuil et trouver mes meubles favoris déjà installés. L'excursion était amusante mais limitée. Je fis vite demi-tour et pris le chemin du haras.

A présent, ma journée était complète. Je rendais visite aux chevaux qui ne participaient pas au concours hippique de Los Angeles. Le connemara, Turtle, me regarda d'un œil méchant. J'aurais parié qu'il n'avait pas été sorti. Pour vérifier, je me mis en quête de Julio, qui travaillait aux écuries depuis bientôt dix ans. Il m'assura que Sue Overholt allait venir s'occuper d'eux.

– En attendant, il leur faut de l'exercice! dis-je avant de reprendre la route de la maison.

Charlie et Zuleika étaient rentrés, ils semblaient de bonne

humeur. Zuleika, qui avait surmonté sa déception, pensait déjà aux prochaines compétitions. Tony arriva pour dîner, un bouquet de fleurs à la main et un sourire timide mais heureux aux lèvres.

Le lendemain, je restai à nouveau à la maison tandis que Charlie et Zuleika allaient suivre les finales. C'était une journée humide et brumeuse. Ce temps me rappelait l'Angleterre de mon enfance. Je parlai un long moment à ma mère au téléphone, puis à mon père, heureux de me savoir à l'autre bout du fil, même s'il ne pouvait que me dire « lo, lo, lo » et si, presque sourd, il ne m'entendait pas vraiment. C'était bon d'entendre sa voix, de communiquer avec lui au-delà des mots. En fait, il réussissait à donner différentes inflexions à l'unique syllabe qu'il prononçait. Quand il en avait assez, il me laissait au beau milieu d'une phrase, et ma mère reprenait le combiné. Je savais combien elle était contente d'avoir quelqu'un à qui parler, ce qu'elle ne pouvait plus faire avec mon père. Elle me souhaita bonne chance pour ma prochaine chimiothérapie. Elle penserait à moi. Puis elle me dit tendrement au revoir.

Alan m'appela. Il s'ennuyait à mourir sur le tournage et je sentais de la tristesse dans sa voix. Il glissa dans la conversation qu'un des preneurs de son faisait des remarques du genre : « Voilà la petite fleur. » Ou quand Alan parlait à la maquilleuse, il lui demandait s'il n'était pas « sa petite copine ». J'étais outrée. Quel abruti! Comment osait-il parler ainsi à mon ami? De quel droit se permettait-il cela? Ma colère ravissait Alan, il riait de ma rage et de mes écarts de langage.

– Oh, ce n'est pas grave, mon chou. Mais je dois faire attention, sinon tous les mauvais souvenirs de mon adolescence remonteraient à la surface et pour le coup, ce serait la déprime.

Je lui dis que je l'aimais beaucoup, qu'il était quelqu'un de bien, d'adorable, et que je haïssais ce salopard de macho qui s'arrogeait le droit de lui faire ce genre de remarques, et sur un plateau de cinéma, qui plus est! Bon sang, j'étais furieuse. Alan dit qu'il rappellerait le lendemain soir pour savoir comment s'était passée ma chimiothérapie.

Avant de lancer à nouveau les pièces du *Yi king*, je relus une fois encore le message de la veille. « Le temps joue sur la souplesse et la sensibilité de la nature. La nature suit avec intelligence les exigences de la saison. Elle reproduit, adapte et évolue comme il se doit. Lorsqu'elle est blessée, elle se guérit et maintient adroitement l'équilibre de son économie. » Je poursuivis. Une phrase semblait résumer ce que j'avais fait au cours des deux derniers jours. « Le pouvoir du temps s'accomplit en opposant une réponse naturelle à la myriade de choses qui vous entourent, une réponse en accord avec la nature. » En écoutant ce que je ressentais, au lieu de le combattre, en me reposant, en pensant et en me choyant mentalement et physiquement, j'avais réagi naturellement à la myriade de choses qui m'entouraient.

Plus loin, le message disait : « En conservant une attitude naturelle même face aux questions complexes des affaires et de la politique, vous pouvez être certain d'agir en harmonie avec votre propre nature. »

Ce jour-là, le message entier me semblait clair. « Vous pouvez commencer à trop compter sur votre propre force et oublier que la force mal employée peut se révéler dangereuse. » Je m'imaginais me cognant la tête contre les murs. « Le moment est à une étude subtile de l'oisiveté grâce à laquelle vous trouverez le vrai sens de votre vie. »

Cette phrase résumait mon attitude face à ma maladie. Je poursuivis ma lecture. « Consacrez intérieurement du temps à la pensée objective de ce que vous estimez être le sens de votre vie. Méditez l'idée que chaque chose sur terre, bonne ou mauvaise, vit de la nature. Efforcez-vous d'assouplir votre attitude et vos opinions afin de considérer le monde d'un esprit ouvert. » J'adorais ce qui suivait : « L'objectivité, qui garantira la pureté de vos réactions, vous donnera une grande force de caractère et le calme intérieur pour affronter le monde extérieur. » Si j'avais été une dame de l'Angleterre victorienne, j'aurais fait broder « Suivez votre nature » sur une marque fleurie. Bien sûr, en vraie dame de l'époque victorienne, je n'aurais pas traité le détracteur d'Alan d'abruti. J'allais beaucoup mieux aujourd'hui. Toutes mes pensées grotesquement sombres avaient disparu. Je savais que je n'aurais pu échapper à la déprime de la semaine passée qui, à présent, n'était qu'un vague souvenir. Je me sentais revigorée, prête à repartir de l'avant.

32

Lundi matin, jour J. Je me sentais toujours bien. Je pris mon premier comprimé de Decadron, puis retournai me blottir contre Charlie, qui réagit aussitôt avec tendresse. Je me dis que c'était une agréable façon de commencer la journée, et ce, quoi qu'il arrive ensuite.

Sue Overholt passa prendre Zuleika pour l'emmener à Santa Barbara, au grand concours hippique national auquel nous avions régulièrement assisté depuis neuf ans. Nous avions toujours aimé passer Thanksgiving au Biltmore de Santa Barbara. Toute la famille se réunissait autour du traditionnel dîner. Zuleika ne se rappelait pas avoir fêté Thanksgiving ailleurs.

Je lui dis que j'irais la rejoindre dès que je m'en sentirais capable. Rendez-vous avait été fixé pour plus tôt que d'habitude au cabinet de Michael. Charlie et moi partîmes donc de la maison à midi. Malgré ma belle humeur tout le long du chemin, quand la voiture s'engagea dans le parking souterrain, je ne pus réprimer un serrement de cœur.

La nausée et le vertige me prirent dès le casque de glace posé sur ma tête. Michelle m'administra le traitement lentement, mais à cause d'un mauvais choix de veine, ce fut un peu douloureux. Quand les trois produits m'eurent été injectés, je me sentis malade et déprimée. Je pensais qu'une sale nuit m'attendait, et j'avais raison. Je vomis jusqu'au matin et presque toute la journée du mardi encore. Vers la fin de l'après-midi, toutefois, mon organisme se ressaisit. Je décidai de partir pour le Turkey Show le lendemain même.

Le mercredi commença sur une note heureuse. L'agence immobilière appela pour nous annoncer que notre offre était acceptée. Nous achetions donc bien la maison. En roulant vers Santa Barbara, je discutai gaiement avec Charlie des projets pour notre nouvelle résidence. Charlie, qui redoutait de me voir déçue si, au dernier moment, l'affaire n'aboutissait pas, essaya de modérer mon enthousiasme, mais je me sentais si ragaillardie que je ne l'écoutais pas.

Nous nous installâmes au Biltmore. Zuleika et Sue n'étaient pas encore rentrées, ce qui nous donna le loisir, installés dans le hall de l'hôtel, de goûter quelques spécialités mexicaines au son d'un orchestre mariachi, tout en sirotant moi un verre de vin blanc, Charlie son éternel Campari soda. Depuis tant d'années que nous descendions au Biltmore, nous ne nous étions jamais accordé ce petit plaisir. Habituellement, je filais droit au centre équestre où se déroulait le concours pour monter ou m'occuper des chevaux. Et tous les jours, j'étais levée à six heures et partie à sept afin d'arriver à temps pour les premières épreuves. Je restais toute la journée sur place, ne rentrant qu'au soir à l'hôtel, sale et harassée, tout juste bonne pour une douche et un en-cas dans notre suite. Cette année, c'était différent. Je n'avais d'obligations ni envers moi-même, ni envers Zuleika, auprès de qui Sue Overholt me remplaçait.

La semaine qui suivait chaque traitement, mon moral oscillait entre le cafard le plus noir et le vague à l'âme, mais ne restait jamais au beau fixe. Et cette semaine à Santa Barbara fut particulièrement sombre. Nous allions de l'hôtel au lieu du concours, le Earl Warren Show Grounds. Tout le monde autour de moi semblait si fort et débordant de santé que j'avais l'impression d'être la seule malade au monde! Je montais Cadok avec le sentiment d'être une paria, persuadée que les gens me trouvaient une mine épouvantable et me donnaient peu de temps à vivre. C'était comme si je portais le mot « CANCER » écrit en toutes lettres dans le dos et sur mon front. J'attribuais mon piteux état mental à la chimiothérapie. Michael m'avait prévenue qu'une fois dissipé l'effet euphorisant du Decadron, je sombrerais dans cet état d'esprit. L'épuisement physique et mental qu'engendrait le combat que je menais contre les effets secondaires de la chimiothérapie ne devait pas non plus, à mon sens, y être étranger. La septième chimio ne m'affaiblit pas autant que la sixième, après laquelle j'étais si faible que je n'osais fermer les yeux ni cesser de me concentrer, de peur de mourir. Cette fois, je me sentais bien physiquement. Seul le moral était atteint.

Je décidai donc de faire avec, et de prendre les pensées comme elles venaient. Je me promenai au hasard entre les rangées de tentes qui abritaient les chevaux. Il régnait dans le centre équestre une atmosphère de carnaval. De la musique rock s'échappait des stalles de pansage. Les écuries affichaient les logos colorés des différents haras. Des stands vendaient des T-shirts, des bijoux, de la nourriture, des selles, des brides, des fers, des chiots et même des poneys miniatures. Montée sur Cadok, je traversai l'aire d'échauffement où des garçons d'écurie mexicains faisaient travailler des chevaux à la longe, tandis que des entraîneurs, de jeunes cavaliers et des concurrents de la catégorie amateur en montaient d'autres. C'était un véritable zoo, que dis-je, un champ de bataille. Des chevaux lancés au galop en tous sens soulevaient de la poussière. Nombre d'entre eux sautaient des obstacles d'échauffement disposés au centre du manège. Des voix hurlaient des « Attention! », « Têtes hautes! », j'entendis même une voix féminine vociférer un brutal « Arrache-lui les dents! » Les entraîneurs se donnaient à fond avec leurs élèves. Bien que Cadok fût un vétéran des concours équestres, cette ambiance le rendait nerveux. L'éloignant donc de ce chaos, je passai derrière la balustrade d'où je continuais de regarder, de me souvenir, tout en cherchant Zuleika des yeux.

J'eus une conversation réconfortante avec Tommy Lowe, entraîneur et ami. Il me demanda comment j'allais.

– Dieu, Tommy, que c'est dur ce satané truc! Je me sens si isolée et la chimio est tellement pénible. Je ne crois pas que je supporterais de repasser par là, si jamais... Non, je ne le crois pas.

– Moi, je peux te le dire, je n'en aurais pas le courage, grogna en réponse le beau, l'impétueux Tommy, ses yeux droits dans les miens.

J'étais ravie. J'avais enfin trouvé quelqu'un qui non seulement me laissait ronchonner et me plaindre mais qui, en plus, était d'accord avec moi. Il m'avait écoutée sans s'efforcer de me remonter le moral. Dieu merci. Il était parfait. Formidable. Un instant, je me sentis moins seule. Je me sentis même presque normale. Dieu bénisse Tom. Talentueux, sensible, avec des tas de problèmes de son côté, il avait su avoir précisément la réaction que j'attendais, une réaction honnête. Pas de foutaise ici. Du moins pas aujourd'hui.

Le soir de Thanksgiving, toute la famille se réunit pour un dîner au Biltmore. Je commandai du guacamole, des haricots sautés, de la sauce piquante et des tonnes de chips croustillantes pour accompagner le tout. Puis, alors que nous étions tous en train de nous dépêcher de terminer nos apéritifs, je laissai échapper un juron, détruisant à jamais mon image de mère : je venais de me casser une dent sur une chip! Elle s'était brisée presque net à hauteur de la gencive. Néanmoins, par je ne sais quel miracle, l'affreux incident avait été indolore. Alors, je l'oubliai pour profiter pleinement de ce dîner et de notre petite réunion familiale.

Couvant les miens d'un regard possessif, je me lançai et mastiquai sur mon chicot, heureuse de voir Jason et Tony glousser ensemble comme au temps où ils avaient six et huit ans. Les garçons, Paul, Tony, Jason et Valentin, avaient toujours été si proches que je les appelais les Gorilles de Bronson quand ils faisaient front contre le monde entier. Il leur arrivait, bien entendu, de se battre entre eux, mais qu'un étranger menaçât un membre du clan et gare à lui. Ils lui tombaient tous dessus à bras raccourcis. Suzanne, seule fille à ce moment-là, était taquinée, mais protégée et aimée d'eux tous sans distinction. C'était fantastique de se retrouver tous ensemble. Zuleika et Katrina, assises en bout de table, complotaient à voix basse, tête contre tête, en détaillant Rena, la très belle petite amie de Jason. Je savais qu'elles parlaient de son élégante jupe en cuir noir, de ses bottes et de son ravissant béret écossais piqué d'une épingle fantaisie scintillante. Suzanne les observait d'un petit air désabusé. A l'occasion de Thanksgiving, juste l'espace d'une soirée, les enfants redevenaient des enfants et cela me donnait une merveilleuse sensation de continuité.

Le dimanche, j'étais pratiquement à nouveau moi-même. Et, bien sûr, le lundi, je l'étais redevenue totalement. J'avais retrouvé mon énergie, et rien ne pouvait entamer mon moral. Je reste persuadée que c'était un grand soulagement pour Charlie, car toute une semaine durant, je venais d'être une piètre compagne. Je m'étais efforcée de ne pas l'accabler avec mes pensées morbides, mais je n'en avais pas pour autant réussi à devenir Little Mary Sunshine.

33

Quand nous rentrâmes à Bel Air, je regardai la maison d'un œil neuf. J'avais fait mes adieux à la maison de la plage le mercredi de notre départ à Santa Barbara. Maintenant, c'était de l'histoire ancienne. Ma vieille maison resplendissait. Les parquets et les boiseries, cirés de frais, luisaient de tout leur éclat. La table de la salle à manger, dressée pour le dîner, était splendide. Ce meuble ancien anglais pouvait accueillir jusqu'à douze convives. On avait sorti l'argenterie, les verres en cristal, ainsi que les sets et les serviettes en lin. Les murs étaient tendus de toile beige crème et le sol recouvert d'un tapis oriental crème, bleu pastel et vert. Des tableaux anciens étaient accrochés aux murs par des rubans cramoisis. Les bibelots en argent brillaient à la lueur des bougies. J'entrai dans la pièce, consciente que jamais de ma vie je ne retrouverais pareille salle à manger. Près de la fenêtre, le cheval de bois me regardait. Y aurait-il de la place pour lui dans la nouvelle maison? Il avait l'air inquiet.

De haut en bas, ma maison était magnifique. La chambre était finalement plus belle que je ne l'aurais pensé. Je lui disais affectueusement adieu et la quitterais dans toute sa splendeur. J'y avais vécu seize années, il était temps maintenant de partir. Pourtant, il serait difficile de se détacher de tant de beauté. Charlie était triste.

– Tu l'as superbement redécorée, Jill, disait-il en la parcourant.

Puis, plus tard :

– Cette maison est bâtie comme une forteresse.

Plus tard encore :

– Pourquoi en partir?

Je bondis.

– Douze chambres, Charlie. Douze chambres!

Néanmoins, nous étions tristes et appréhendions quelque peu le changement.

– Si tu aimes tant cette maison, suggérai-je, pourquoi ne pas y passer un dernier Noël? Laissons les enfants le fêter une dernière fois tous ensemble dans la maison qui les a vus grandir.

– Tu veux dire, ne pas aller dans le Vermont? me demanda Charlie d'un air à la fois choqué et outré.

Depuis des mois que je le ruminais, j'avais fini par le dire. Eh oui.

– C'est cela, ne pas aller dans le Vermont.

Ce que nous redoutions tous deux, pour des raisons différentes. Il y avait des mois que Charlie attendait ces vacances dans le Vermont. Il ne pouvait croire que je puisse suggérer de rester à Los Angeles. Je voulais avoir ma dernière chimiothérapie et ne pas bouger. De plus, la maison était belle et les enfants y avaient grandi. Il me semblait normal de vouloir y passer un dernier Noël. Le 25 décembre, le fils de Charlie, Tony, pourrait ainsi voir son père et sa mère, au lieu d'avoir à choisir. Je n'aurais pas à transporter tous les cadeaux ni à faire la multitude de choses qu'entraîne un départ aux sports d'hiver. Je pourrais me concentrer sur ma tâche : surmonter la dernière chimiothérapie et me remettre sur pied, sans avoir à penser au voyage épuisant qui m'attendrait.

Il y avait si longtemps que la tension s'accumulait que ce qui devait arriver arriva : la discussion dégénéra en une bonne dispute.

Charlie, comme la plupart des hommes devant une femme en pleurs, se sentait frustré, et il m'en voulait de le placer dans cette situation inconfortable. Ces deux sentiments l'empêchaient d'exprimer la tendresse dont j'avais besoin. Comme un drogué en manque, le fait que je sache quelles réserves immenses de compassion il cachait m'exaspérait davantage encore, ce qui avait pour effet d'éloigner toujours un peu plus de moi ce dont j'avais si désespérément besoin. Consciente qu'à chaque mot je m'enfonçais un peu plus, j'allai pourtant jusqu'à l'accuser d'indifférence.

Il était furieux. Je voulais qu'il m'aime, me comprenne, me prenne dans ses bras, mais il est difficile à un homme d'aimer et de serrer contre lui un cactus. Il ne pouvait s'empêcher de se demander jusqu'à quel point mon cancer affecterait le reste de sa vie, et le reste de notre vie commune.

Charlie a toujours su comment me mettre hors de moi et moi comment le pousser à bout à coup sûr. Nous tempêtâmes donc l'un contre l'autre, allant aussi loin que nous le pouvions ou l'osions. Quand nous en eûmes assez, nous nous reposâmes un moment, jusqu'à ce que l'un d'entre nous décide de relancer la dispute avec un autre grief. Nous avions accumulé tant de tension au cours des six longs mois de notre vie autour d'un cancer! J'avais le sentiment d'avoir tant perdu, et Charlie, lui, était resté à mes côtés à tous les instants. Il nous fallait exploser une bonne fois.

Nous allâmes nous coucher sans être plus avancés. Ma mère m'avait appris à ne jamais dormir sur une dispute. Charlie, lui, pensait qu'on pouvait tout à fait dormir après une bonne querelle. Du moins, lui le pouvait. Troublée, incapable de fermer l'œil, je ruminais mes pensées pendant la majeure partie de la nuit. Au matin, nous reprîmes là où nous nous étions arrêtés, mais au déjeuner, après que nous eûmes décrété une trêve, attablés dans un bon restaurant italien, Charlie céda.

– D'accord, nous resterons. Peut-être pourrons-nous ensuite partir skier quelques jours, profiter d'un peu de neige.

Nous nous organisâmes donc. Je proposai à mon frère John et à sa femme de venir passer Noël en famille avec nous à Los Angeles, au lieu d'aller dans le Vermont comme chaque année. Nous serions nombreux autour du sapin, mes nièces, Lindsay et Courtenay, mon frère John et sa femme Sandra, Zuleika, Katrina, Paul, Suzanne, Tony, Jason, Valentin, Charlie et moi – une fine équipe –, à ouvrir ensemble nos cadeaux. Je me sentais peut-être vidée de toutes mes forces après cette bagarre, mais en définitive, tout le monde semblait plutôt satisfait des nouvelles dispositions.

Cependant, je restais nerveuse, tendue et pleine de rancune. Je refusais de me sentir responsable de tous les changements qui survenaient dans notre vie. En même temps, je savais que ces changements n'étaient pas mauvais pour la famille. Après tout, le Vermont ne changerait pas de place en notre absence. Et puis nous pourrions nous y rendre l'an prochain, si j'étais toujours là. Pour cette seule pensée, je méritais une gifle. Il y avait trop longtemps que je me lamentais sur moi-même. Zut, qu'est-ce qui m'arrivait? Je ne pouvais fermer l'œil au cours des nuits. J'allais me coucher, dormais deux heures, et me réveillais pour ruminer d'interminables pensées.

Puis un matin – alors que je me préparais à me rendre chez Bernard – mon beau-frère Dempsey, qui est le bras droit de Charlie, vint m'annoncer que la batterie de la vieille Corvette était morte et que les feux arrière de la Jeep ne marchaient pas. Je ne pus contenir ma colère. Tout l'été, mes voitures avaient marché parfaitement. Pendant notre séjour à Santa Barbara, on les avait ramenées pour moi à Bel Air et maintenant, voilà! Je claquai la porte de la chambre, dévalai l'escalier et sortis en claquant encore plus fort la porte d'entrée, au risque de briser les vitraux. Je pris la Rolls-Royce. J'étais à bout. Tout me semblait injuste. Pendant notre dispute, Charlie avait dit qu'aller dans le Vermont était l'une de ses récompenses. Et moi, où étaient mes récompenses? Il avait ses sports d'hiver. Qu'est-ce que j'avais, moi? Je n'attendais rien, sinon qu'il ne se fâche pas contre moi. Je roulais en larmes sur l'autoroute. Parce que c'était la Rolls, je n'avais pas pu emmener Cassie. Charlie n'aimait pas avoir des poils de chien sur ses sièges. Elle me manquait beaucoup. Je me parlais à moi-même.

– J'en ai assez. Je dois être moi-même. Je ne vais pas rentrer de la journée. J'ai besoin de mon propre espace. Je veux vraiment la nouvelle maison pour moi toute seule.

Au fond, je savais que ce n'était pas vrai, que je ne voulais perdre ni Zuleika, ni Katrina, ni Charlie, mais sur le moment, il fallait que je continue de parler.

– Je dois me débarrasser d'un tas de choses. Je veux donner toutes mes affaires. Je vais trouver des grands cartons et je m'y mettrai. Je donnerai tout. Après, je me sentirai plus légère.

L'esprit encombré de pensées sinistres, je continuais de rouler en essayant de cesser de pleurer et en essuyant les larmes qui m'empêchaient de voir la route.

– Je veux être moi-même aujourd'hui. Je vais aller chez le coiffeur. Je me sens si grosse et si laide.

Les larmes redoublèrent.

– Mon sein me manque tellement. Je veux maigrir. Je veux donner tous mes vêtements. Je ne veux rien. Je veux vivre toute seule. Parce que Charlie est triste à l'idée d'annuler les vacances dans le Vermont, je fais des choses que je n'ai pas envie de faire, rien que pour qu'il ne soit plus triste. Je ne veux pas aller skier. Je veux qu'ils y aillent tous et qu'ils me laissent tranquille. J'ai l'impression de ne même pas diriger ma vie. Je n'ai pas le choix. Je me sens tellement isolée, mais si au moins on me laissait en paix. Je ne veux pas à la fois me sentir toute seule et être entourée de gens. Je me suis toujours efforcée d'agir au mieux avec tout le monde, et maintenant que j'ai besoin qu'on en fasse autant pour moi, c'est le désert.

Je me montrais injuste, car personne ne savait ce que je désirais. Mais je passais ma rage, cependant que le paysage défilait.

– Ils feront ce que je veux, mais seulement si je les y force, et cela ne me plaît pas. Je ne veux pas avoir à me battre sans arrêt pour vivre ma vie. Ma lutte essentielle est avant tout de rester en vie. Je ne peux me permettre de gaspiller mon énergie à quémander de la compassion ou de la compréhension. J'ai besoin qu'on me soutienne et qu'on me choye. Je ne veux pas me battre pour l'obtenir quand je vais mal, parce que c'est justement dans ces moments-là que j'en ai le plus besoin pour trouver la force de continuer. Je ne peux me permettre de gaspiller mon énergie. J'ai besoin d'amour, moi, dans ces moments-là.

Je pestai ainsi tout au long du chemin. Arrivée devant chez Bernard, je garai la voiture, essuyai mes yeux et entrai. Évitant toute conversation avec Betty, sa charmante réceptionniste, je passai droit devant elle et montai directement à l'étage m'allonger sur la table électromagnétique. Pendant une heure entière, je pleurai doucement dans mon coin.

Ma séance terminée, je m'enfuis sans dire au revoir à personne et entrai dans un restaurant végétarien. Je commandai mon repas puis appelai Charlie. Il devait être sous sa douche, car personne ne décrocha. J'appelai donc Dempsey pour qu'il le prévienne que je serais sortie toute la journée. Après déjeuner, je rappelai Charlie.

– Je suis vraiment contrariée, Charlie, très en colère. J'ai besoin d'être seule. Je vais passer la journée dehors. Je ne veux pas que tu t'inquiètes. C'est pour cela que j'appelle.

Charlie semblait blessé et ennuyé.

– Que vas-tu faire? Et qu'est-ce que tu veux dire par « je ne veux pas que tu t'inquiètes »?

– Peu m'importe que tu t'inquiètes ou non, alors sois tranquille. Fais ce que bon te semble. Mon cancer et moi, nous allons passer la journée dehors. Je te verrai au dîner.

Je réglai mon addition, repris le volant et me dirigeai vers Malibu. Je me sentais toujours malheureuse, révoltée, et pleurais par intervalles.

Je me rendis chez ma coiffeuse et lui demandai si elle pouvait me laver la tête et rafraîchir ma coupe. Comme elle ne pouvait s'occuper de moi avant un quart d'heure, j'appelai à nouveau Charlie. Pour une personne qui voulait être seule, je l'appelais bien souvent. J'essayai de lui expliquer ce que je ressentais.

– Pourquoi nous parlons-nous au téléphone? me répondit-il.

J'éclatai en sanglots. Incapable de parler davantage, je raccrochai. Ma coiffeuse me donna une tasse de camomille, ce qui me calma, puis elle me lava les cheveux et je rentrai à la maison, suffisamment apaisée pour ne plus me parler à moi-même en chemin.

Quand je trouvai Charlie assis en train de lire un scénario, ma mauvaise humeur refit surface. J'avais besoin de parler, alors je déversai sur lui tous mes malheurs. Et pleurai encore.

– C'est tellement dur, Charlie. Je m'inquiète continuellement. Je pense que je risque de mourir dans les deux années, ou peut-être les cinq qui viennent. J'ai tant perdu. Tous mes espoirs et tous mes rêves. Je déteste n'avoir qu'un sein et je m'attends à tout instant à ce qu'on m'enlève l'autre. J'ai la même sensation de brûlure dans le sein gauche que dans le sein droit avant la biopsie. Je crois que c'est un cancer. Je hais la prothèse. Ce n'est pas pour moi que je la porte, c'est pour que tout le monde se sente mieux en me regardant. De cette manière, ils ne sont pas obligés de se rappeler ce qui m'arrive chaque fois qu'ils me voient. Mais ça n'a pas le même effet sur moi. Au contraire, j'y pense encore plus. Et c'est tellement agaçant, ça glisse toujours, ça ne tient pas en place. Je déteste mes cheveux et je me déteste.

En plus, je pleurais comme une madeleine. Pauvre Charlie.

– Je t'en prie, viens ici. Laisse-moi te serrer dans mes bras.

J'étais furieuse.

– Non, je ne veux pas qu'on me touche. Je veux rester assise là à pleurer. Si tu me prends dans tes bras, je m'arrêterai. Tu vois! Ça y est, tu as réussi, rien qu'en en parlant.

Je m'étais laissé emporter et il était trop tard pour me reprendre. Pauvre Charlie. Rien de ce qu'il pouvait faire ce jour-là n'aurait su trouver grâce à mes yeux.

– Je n'ai pas besoin, que tu me prennes dans tes bras, continuai-je d'un ton cassant. Je veux seulement pleurer.

– Mais j'en ai besoin, moi, insista-t-il.

– D'accord, cédai-je avec mauvaise grâce.

Et je me dirigeai vers le gros fauteuil en cuir rouge dans lequel il s'asseyait toujours. Blottie sur ses genoux, je me sentis tout de suite mieux. Je pleurais encore, mais ce n'était plus de colère, et très vite, je me calmai. Charlie s'en rendit compte.

– Voudrais-tu un peu de thé?

Je me sentais vraiment beaucoup mieux. J'avais déversé toute ma bile.

Maintenant blottie confortablement dans mon propre fauteuil en cuir rouge, je buvais la meilleure tasse de thé que j'avais bue depuis longtemps. J'étais assoiffée, déshydratée tant j'avais pleuré. Une merveilleuse paix intérieure m'envahissait. J'aimais Charlie et le lui dis. Il me restait donc à passer le test d'allergie à la novocaïne, à voir le dentiste, à faire mon analyse de sang, à consulter le médecin pour qu'il me rassure sur mon sein gauche, à subir ma dernière chimiothérapie, et ensuite, je pourrais profiter de Noël.

34

Ma crise de folie passée, je consacrai les jours qui suivirent à ma liste de choses « à faire ». Je passai le test de novocaïne, qui m'apprit que je pouvais en prendre en toute sécurité. Le dentiste répara ma dent cassée. Je me présentai sans rendez-vous au cabinet de mon chirurgien. La salle d'attente était vide et lui absent. Mais le docteur Uyeda me reçut. Après m'avoir examinée avec soin, il m'annonça qu'il ne trouvait rien d'anormal.

– Je sais que je m'inquiète pour tout, lui dis-je. Mais je crois avoir raison de le faire. Je sais que je suis une patiente à haut risque, c'est pourquoi il me semble que je ne peux me permettre de négliger quoi que ce soit.

Il me regarda longuement dans les yeux avant de me dire :

– Je sais, mais tout va bien se passer. D'accord? Croyez-moi, je vous le garantis.

Il continua à me fixer sans rien ajouter. Je savais qu'il essayait de m'aider, alors je n'insistai pas. Je n'étais pas d'humeur à me battre ce jour-là.

Rentrée à la maison, je téléphonai à une scénariste de télévision avec qui je n'avais pas parlé depuis deux ans. Elle aussi avait un cancer, une leucémie contre laquelle elle luttait depuis sept ans. A sa voix, je crus qu'elle était enrhumée.

– Non, me dit-elle. C'est seulement que je me bats contre cette satanée leucémie.

Elle n'eut pas besoin d'ajouter qu'elle avait pleuré, mais quand elle reconnut ma voix, elle sembla aussitôt mieux. Elle était heureuse de me parler après si longtemps. Nous échangeâmes des nouvelles de nos vies. Puis, inévitablement, elle me demanda comment j'allais.

Je marquai un temps d'arrêt, et dis simplement :

– Eh bien, je viens d'avoir six mois de chimiothérapie.

Elle comprit tout de suite.

– Je suis navrée, Jill. Du fond du cœur.

– Mais je vais bien, Allison, vraiment. Il ne me reste qu'une séance. Je suis aussi un traitement holistique avec la méthode du docteur Carl Simonton.

– J'ai entendu parler de lui, me dit-elle.

– Et je vois un homéopathe chez qui je suis aussi des séances d'électromagnétisme.

C'est ainsi que je me retrouvai en train d'essayer de la convaincre d'aller voir Bernard Dowson. Je lui expliquai comment il procédait et les résultats qu'il obtenait.

– De toute façon, Ally, dis-je pour finir, je crois que si cela n'aide pas, en tout cas, ça ne peut faire aucun mal.

– Oh, tu penses exactement comme moi, me répondit-elle. C'est aussi mon avis.

Je lui promis de la rappeler bientôt et lui dis de m'appeler elle aussi, si elle avait besoin d'une bonne séance de lamentations ou qu'on lui remonte le moral. Nous étions d'accord pour reconnaître que c'était une chose que les maris ne supportaient pas trop souvent.

– S'il y a encore quelqu'un qui croit qu'une maladie grave est quelque chose de romantique, comme au cinéma, qu'il se détrompe, ajoutai-je. Une fois passé le premier choc, c'est de la routine. Pas vrai? La vie doit continuer. Au fond, est-ce que ce n'est pas de cela qu'il s'agit? Ne trouves-tu pas qu'au début on a tendance à se dire : « Mais comment peut-il, ou peuvent-ils me faire cela à moi? J'ai un cancer! » Alors qu'en fait, je crois que c'est de se comporter normalement qui nous fait nous accrocher.

– Oui, me répondit-elle. C'est une bonne chose d'établir un réseau d'amis avec lesquels on peut se laisser aller de temps en temps.

Elle me raconta que récemment, elle s'était sentie si démoralisée qu'elle était allée dans sa salle de bains, avait regardé tous les comprimés et pensé en terminer une fois pour toutes, puis elle s'était dit que ce serait « trop minable ».

Quel courage elle avait pour lutter depuis tant d'années. D'aussi longtemps que je la connaissais, je la voyais vivre avec cette épée au-dessus de la tête. Quand je raccrochai, je me sentais pleine de compassion et de compréhension.

Mon père et son indomptable volonté me manquaient soudain. Bien que, en raison de sa surdité et de son aphasie, toute conversation ait été virtuellement impossible, je composai le numéro de mes parents. A mon grand plaisir, ce fut mon père qui décrocha, me saluant à pleine voix d'une de ses chansons favorites – car, paradoxalement, il pouvait encore chanter.

Cela me bouleversa. Mon père, vieux malin, sait qu'il ne peut plus parler et ma mère lui a demandé de ne jamais répondre au téléphone en son absence. Cependant, il peut fredonner des airs, des chansons dont il se souvient, malgré l'attaque qui a détruit ses facultés de communication.

– Bonjour, papa. Comment vas-tu?

Mon père rit de bon cœur, heureux que ce soit moi, ce qui lui éviterait de se faire gronder. Puis il me chanta : *Le vent du nord souffle et nous aurons de la neige. Alors, que fera le pauvre, le malheureux Robin?*

Il marqua un temps d'arrêt et je répondis :

– *Il se réfugiera dans l'étable pour avoir bien chaud.*

Après quoi nous reprîmes à l'unisson :

– *Et cachera sa tête sous son aile, pauvre Robin.*

Et nous rîmes tous deux.

– Papa, dis-je ensuite. Tu n'es pas gentil. Tu sais que tu ne devrais pas répondre au téléphone. Mais je suis contente que tu l'aies fait. Comment te sens-tu?

– Ah, lo, lo, lo, me répondit une voix très sérieuse, d'un ton de plus en plus grave.

– Dis, papa, si tu t'inquiètes à mon sujet, il ne faut pas. Ce n'est pas si facile de se débarrasser d'une Ireland, tu sais.

– Ah, ah! approuva-t-il.

Puis je lui demandai s'il voulait bien chanter encore.

Sa voix s'éclaircit quand je me lançai dans : *Any time you're Lambeth way, any evening, any day, you'll find them all doing the Lambeth Walk.*

– *Oy!* répondit-il.

– Au revoir, papa.

Et il raccrocha. Il mettait souvent fin ainsi, abruptement, à ses conversations téléphoniques.

Je savais qu'il apprécierait la chanson. Il n'y avait pas plus de neuf mois que je l'avais emmené voir une reprise de la comédie musicale dont elle était extraite, *Me and My Girl*, et cela me rappela la suite de quiproquos tragi-comiques qui marquèrent mon dernier séjour londonien.

Nous étions descendus au Dorchester, où nous occupions une suite magnifique, la suite Oliver Messel. J'attendais la visite de mes parents qu'accompagnerait la sœur de ma mère, Edith. Il y avait des années que je n'avais pas vu ma tante Edie, et des mois s'étaient écoulés depuis ma dernière visite à mes parents. Ils devaient arriver à onze heures du matin. En jupe de soie rose et pull-over assorti, les cheveux propres, vraie petite fille modèle, je faisais le guet dans le hall de l'hôtel.

J'attendis jusqu'à midi. Puis, me sentant gênée et un peu découragée, j'allai acheter quelques fleurs pour ma mère et pour ma tante et remontai dans ma suite. Ils arrivèrent à midi et demi et attendirent, installés dans le hall pendant une demi-heure. Le concierge de l'hôtel leur avait dit à tort que j'étais sortie. Ils restèrent donc sagement assis à m'attendre jusqu'au moment où Zuleika descendit voir s'ils étaient arrivés. Elle les trouva au milieu d'un groupe de gens qui écoutaient tristement jouer un pianiste. Là-haut, j'étais nerveuse. Qu'avait-il pu se passer?

Soudain, on sonna à la porte. C'étaient eux. Ma tante et ma mère se dépêchèrent d'entrer.

J'entendis une grosse voix qui faisait : « Lo, lo, lo. »

Il était là, moustache et cheveux blancs, le visage en feu, les yeux brillants de joie de me revoir. Il portait une veste de tweed marron, une chemise bleue, une cravate de soie marron, un pantalon noir et des chaussures de sport noires à fermeture velcro. De sa main gauche, il tenait fermement un solide bâton de marche. Son bras droit pendait à son côté, paralysé. Peut-être ne pouvait-il plus parler, mais Dieu quelle prestance il avait.

Il me regarda, moi sa fille, m'interrogeant de son regard profond.

– Je vais bien, papa. Très bien. Et toi, comment vas-tu?

Il me répondit par un rire triomphal, la tête rejetée en arrière. C'était sa manière de défier les dieux. Ses yeux brillaient.

– Il se prépare à cette visite depuis le jour où il a appris que tu venais en Angleterre, me dit ma mère.

Il approuva, sans me quitter des yeux. Je l'aidai à s'asseoir dans l'un des gros fauteuils confortables de la suite. Zuleika et Katrina racontèrent à ma mère et à ma tante tout ce qu'elles avaient fait à Londres depuis notre arrivée.

– Je suis heureuse de te trouver en si bonne santé, me murmura tante Edie. Où est Charlie?

– Il travaille aujourd'hui. Il ne rentrera pas avant ce soir.

Mon père était tranquillement assis, patriarche rayonnant au milieu de ses femmes – fille, petites-filles, épouse et belle-sœur.

– Lo, lo, lo, me dit-il en me montrant sa veste.

– Elle est très chic, papa.

– John la lui a offerte l'été dernier, m'expliqua ma mère.

– Lo, lo, lo.

Cette fois, c'est la cravate qu'il agitait de sa main droite.

– Oui, papa. Je m'en souviens. C'est celle que t'avait offerte Charlie. Tu es très élégant et toujours très bel homme.

Il approuva encore.

Nous avions des places pour la matinée. La comédie musicale, dont la première remontait à 1937, commençait à quinze heures.

– Cela devrait vous plaire, lui dis-je. Papa, tu connais toutes les chansons.

Ma mère lança à mon père un regard sévère.

– Jack! Où est ton audiophone? lui demanda-t-elle soudain.

– Lo, lo, lo?

– Ton audiophone, répéta-t-elle plus fort. Oh, tu as oublié de le mettre. Tu ne vas rien entendre au théâtre.

– Ne t'inquiète pas, maman. J'ai pris des places tout devant. Il entendra et verra très bien. Commandons un déjeuner léger avant de partir.

Mais elle n'en avait pas fini avec lui.

– Jack! Où sont tes lunettes?

– Lo, lo?

Cette fois, la flamme de triomphe s'éteignit dans ses yeux. Il les avait aussi oubliées. Il était perdu : pas d'audiophone, pas de lunettes.

Bon, ce n'était pas si grave, puisque nous serions installés dans les premiers rangs. Nous nous entassâmes bientôt dans la limousine. Assis devant près du chauffeur, heureux, papa regardait défiler les monuments. Il était né et avait grandi à Londres. C'était sa ville. Il en connaissait le moindre recoin. Il ne tarda pas à indiquer au chauffeur quel raccourci prendre pour arriver plus vite au théâtre. Malgré cela, ou plutôt à cause de cela, nous arrivâmes à destination avec dix minutes d'avance seulement. J'entraînai ma petite troupe à l'intérieur. Le hall du théâtre était plein de vieilles gens, véritable mer de têtes neigeuses impatientes que le spectacle commence.

Une nouvelle catastrophe nous attendait. Il y avait eu une confusion avec mes billets. Aucune place ne m'était réservée pour la matinée. Quelqu'un d'autre occupait les six places au milieu du troisième rang. Je ne pouvais le croire. L'après-midi de fête de mes parents était gâché.

Furieuse, je détruisis mon image de douceur d'un « merde! » retentissant. Je demandai à voir le directeur. Il arriva, empreint d'une compréhension toute feinte. C'était une simple erreur et il n'y pouvait rien. Mes billets portaient la mention « matinée » comme je l'avais demandé, mais quelqu'un – et naturellement, personne ne savait qui – avait inscrit « soirée » dans le registre des locations. Envolées, mes places soigneusement choisies. Hors de moi, je regardai ma famille confuse, anxieuse et consciente de ma gêne. Ils avaient compris que quelque chose clochait. Mon « merde! » tonitruant avait résonné dans le hall. Finalement, on me présenta des excuses, m'offrit une boîte de chocolat et six places tout au fond de la salle, sur une aile. Papa ne voyait pas sans ses lunettes, n'entendait pas grand-chose sans son audiophone, mais au moins, à sa nouvelle place, il pouvait garder sa canne.

La comédie musicale commença. J'étais encore si fâchée que j'avais du mal à rester tranquillement assise. Papa bâilla une ou deux fois tandis que la pièce se déroulait pour lui dans le brouillard. Ma mère, bénie soit-elle, s'amusait follement entre les chocolats et les vieilles blagues qu'elle redécouvrait – en particulier l'accent cockney la faisait beaucoup rire –, mais que papa, lui, n'entendait pas.

Oh, papa, j'aurais tellement aimé que tu t'amuses, lui disais-je, communiquant avec lui par télépathie. J'étais encore trop vexée pour me détendre. J'avais les épaules raides et mal à la tête. Et soudain, on l'entendit. L'orchestre attaqua le *Lambeth Walk*, la chanson de la jeunesse de papa, la chanson de Londres. *Any time you're Lambeth way, any evening, any day, you'll find them all doing the Lambeth Walk. Oy!*

Papa se redressa dans son fauteuil, le corps tout entier en éveil.

L'orchestre jouait maintenant à plein. Déboulant du fond du théâtre, la troupe, portant des costumes de marchands des quatre-saisons, passa près de mon père en chantant à pleins poumons, *you'll find them all doing the Lambeth Walk*, et l'un des acteurs lui cria *Oy!*

Je regardais mon père. Des larmes jaillissaient de ses yeux, couraient le long de ses joues. Et il rendit à l'acteur son *Oy!* avant de reprendre dans un sanglot, *doing the Lambeth Walk*.

Mon cœur battait fort, j'avais la gorge serrée. J'essayais de chanter avec lui, mais chaque fois que je m'y risquais, je manquais pleurer. Un bras autour de ses épaules, je le tapotais en suivant le rythme. J'entendais ma mère et ma tante chanter sur ma droite. Mais j'étais bien plus proche de mon père. Ensemble, nous dansions le *Lambeth Walk*.

Merci, papa, pensai-je en regardant le téléphone. Tu m'as inspiré le courage de continuer. Je t'aime très fort.

Je pouvais presque entendre sa voix qui, quelque part en Angleterre, se joignait à la mienne, *doing the Lambeth Walk. Oy!*

35

Noël approchait à grands pas. Comme nous n'allions pas dans le Vermont et que j'avais prévenu tout le monde que je n'achèterais pas autant de cadeaux cette année, je me sentais plus détendue. Charlie s'était résigné et ne le regrettait pas. Je savais combien il attendait ses sports d'hiver, et j'étais triste de le priver d'un Noël enneigé. Il se rattraperait pendant notre séjour au Colorado.

Une nuit, alors que nous étions couchés, je lui demandai s'il n'avait jamais peur que je meure ou que j'aie un nouveau cancer.

– Bien sûr que si, me répondit-il. Mais je préfère être optimiste et confiant. Il ne se passe pratiquement pas de minute sans que je pense à toi et à ce qui t'arrive.

C'est étrange comme ces deux mots, « optimiste et confiant », touchèrent mes cordes sensibles, réveillant ma peur.

– Si je ne pensais pas que tu allais t'en sortir, comment pourrais-je vivre avec toi tous les jours? poursuivit-il. Cela reviendrait à attendre ta mort.

Dieu, j'étais bouleversée d'entendre Charlie parler ainsi. J'avais pensé que je voulais l'avoir à mes côtés tout au long de cette épreuve, à chaque coup que je recevrais, me prodiguant compassion et compréhension. Mais en fait, c'était le contraire. Je me rendais compte que je voulais que nos rapports restent les mêmes. Je ne voulais pas voir Charlie effrayé ou trop plein de compassion. Tout au fond de mon être, au plus profond de mes convictions, je savais que tant que mes rapports avec mon mari resteraient normaux, sans trop de compassion pour moi ou lui-même, je tiendrais bon. Quand Charlie commença à réagir comme je pensais le souhaiter – très *Tendres passions* ou *Love Story* –, et montra, même sans s'en rendre compte, ses craintes pour mon avenir, je pris peur. J'en tirai une leçon. Je voulais que Charlie me traite comme il l'avait toujours fait, qu'il crie quand j'étais en retard pour dîner, qu'il m'envoie sur les roses quand je me plaignais trop, qu'il se dispute avec moi, me critique, me bouscule parfois et, surtout, qu'il m'aime.

Charlie avait déclenché mon instinct de survie. Plus de monsieur Gentil, Charlie, je t'en prie! Je décidai de laisser mon mari livré à lui-même et de ne plus essayer de lui apprendre comment se comporter avec une femme qui a le cancer. Mon solitaire de mari aimant, dur, bourru et silencieux me montrait de tant de façons qu'il m'aimait. Pourquoi aurais-je eu besoin de scènes de démence où il se serait frappé la poitrine? En tout cas, je sais à présent que je ne les aurais pas supportées. J'étais un cactus en fleurs, pas une plante d'intérieur, après tout.

Les quelques jours qui suivirent, je traînai un mauvais rhume qui me bannit du reste de la famille, car je me tins retirée dans mon dressing, où je dormais et prenais mes repas, pour ne pas contaminer le reste de la maison. Je restai trois jours cloîtrée, à écrire, lire et méditer, ce qui était plutôt agréable. Le quatrième jour, j'allai mieux. Je ne reniflais plus, ne me mouchais pratiquement plus. Je me dis que je pouvais me lever, mais j'étais encore faible. Aussi, je me contentai de ranger mon lit à colonnes anglais et me recouchai avec une tasse de camomille. Je glissai une cassette de Jackie Wilson dans le magnétophone, *You'd better stop yeah-eh-eh-eh-eh leading me around*, et l'accompagnai tout en buvant ma tisane à petites gorgées, et en regardant mon agréable dressing.

Je l'avais arrangé pour m'en faire un havre, un endroit où venir rêver et m'inventer des personnages romanesques. Lorsque j'étais démoralisée, je me voyais en robe du soir haute couture, couverte de bijoux et me déplaçant dans un nuage de parfum de luxe. Mais aujourd'hui, alors qu'assise en vieille chemise de flanelle, je détaillais la pièce, j'avais l'impression qu'elle appartenait à quelqu'un d'autre. J'étudiais les nombreux objets qu'elle renfermait et ne pouvais croire qu'ils m'appartenaient. Dans le miroir, sur le mur d'en face, je n'avais rien de romantique.

Je regardais tous les artifices qui m'aidaient à créer des illusions. L'écharpe scintillante de paillettes, drapée autour de ma perruque blonde sur une commode ancienne longue et étroite. La perruque et l'écharpe évoquaient parfaitement l'image d'une nuit romantique faite de danse, de musique, de vin et de rires, de conversations pleines d'esprit et de flirt avec des gentlemen élégants; ou peut-être une balade en voiture décapotable blanche, avec des sièges profonds fleurant bon le cuir neuf, l'écharpe pailletée flottant dans la nuit...

C'était bien une pièce qui portait au rêve. Un ruban bleu de compétition équestre pendait, accroché à un vieux sac de soirée en maille argentée. Deux rêves, cette fois. Une journée couronnée de succès au concours hippique, suivie d'une soirée de bal. Il y avait aussi six minuscules portraits de dames en perruque poudrée et robe du soir. Ils étaient très anciens et très joliment encadrés. Je les avais achetés à Madrid de nombreuses années auparavant. Ils s'alignaient aujourd'hui au-dessus de la cheminée, comme s'il se fût agi de mes ancêtres. J'avais réussi à créer ici une ambiance, la pièce sentait l'argent dépensé avec goût, en toute liberté – pour moi seule –, afin de créer l'illusion qu'une princesse de conte de fées était sur le point de partir au bal.

Bien, bien, bien, pensais-je en regardant autour de moi. Tu as tout eu. Ce qui est ici le prouve, exposé, ou caché dans tes tiroirs, oublié dans tes armoires. Dans le même temps je me demandais ce que j'allais faire de tout cela, et de tous les bijoux, colifichets, bracelets, perles... Je ne pensais plus vouloir faire illusion ou, pour être plus honnête, j'avais reçu un coup plus terrible que je ne l'avais d'abord admis.

Il était difficile de donner corps à un rêve qui se tienne, avec une femme qui n'a plus qu'un sein. J'avais essayé. La superbe blonde à l'ossature délicate, aux longues jambes et à la taille fine dansait au clair de lune dans un chatoiement de mousseline blanche, un parfum de camélia accroché à ses cheveux. La robe flottait autour d'elle entraînée par ses mouvements, son cavalier la tenait serrée contre lui, sentant la chaleur de son corps. Comme ils dansaient au son de la musique, il lui murmurait :

– Je vous aime, très chère. Voulez-vous être mienne?

Elle pressait sa prothèse contre lui.

– Oh, oui, Duc, oui, répondait-elle dans un souffle.

Douteux.

Et si j'essayais plutôt la femme mûre et sensuelle? Pleine de charme, elle entre dans la pièce, femme au corps de déesse, à la peau douce et parfumée, drapée de soie ondoyant au rythme parfait de ses hanches, dessinant sa poitrine et sa prothèse bien ajustée...

On frappa à la porte. Le déjeuner vint interrompre mes pensées et ce, juste à temps. Je m'aimais comme j'étais, débarrassée de toute illusion. Tous ces trucs accumulés dans la pièce, ces trucs dont on fait les rêves, je n'en avais plus besoin.

36

J'appelai Willie Gayle, cette jeune femme cancéreuse mariée à l'acteur avec qui Alan avait lié amitié sur le tournage en Nouvelle-Angleterre. Willie se trouvait à l'hôpital où elle venait de subir une nouvelle opération. Elle me dit que ses amis étaient venus lui rendre visite, que son mari lui avait amené le bébé et que tous l'avaient énormément entourée avant l'opération. Elle avait vraiment pensé ne pas en réchapper. Mais quand elle était sortie du bloc opératoire, le chirurgien était très heureux, car il avait pu retirer le plus gros de la tumeur. Ce n'était pas le premier cancer qui avait causé la nouvelle tumeur. C'était une toute nouvelle tumeur de la taille d'un cantaloup qu'il avait réussi à retirer, à l'exception de quelques petits nodules qui avaient pénétré son utérus et en nécessiteraient l'ablation.

Je parlai à Willie de Carl Simonton et lui demandai de se procurer une copie de *Getting well again* pour enregistrer les méditations. Je lui suggérai d'acheter aussi le livre de Dennis Jaffe, *Healing from within*. Quand je sentis la fatigue gagner sa voix, je lui dis de m'appeler quand elle le voulait. Accroche-toi, petite Willie. Ne relâche pas tes efforts.

Comme moi, Willie avait de la chance. Sa sœur, infirmière, avait accouru pour s'occuper du bébé. De plus, elle avait de nombreux amis qui la soutenaient. Il y avait un lit de camp dans sa chambre d'hôpital, ce qui permettait à sa famille de se relayer à son chevet. J'en étais heureuse pour elle. Je savais à quel point ce genre de soutien était essentiel en période de crise. Je savais que j'avais eu tort d'attendre de Charlie qu'il me porte à bout de bras, alors qu'il titubait encore sous le choc de ma maladie. Je savais que le mari de Willie devait éprouver le même sentiment, et j'étais heureuse qu'elle ait d'autres amis sur qui compter et qui l'aidaient elle autant que lui.

Le lendemain, j'allai voir Michael pour mon analyse de sang.

Cette fois, au lieu de la piqûre d'épingle habituelle, il me préleva une quantité de sang considérable afin de procéder à des examens plus poussés. Il m'expliqua qu'il lui fallait une numération globulaire complète pour contrôler s'il n'y avait aucune malignité dans mon organisme. On m'avait fait la même analyse avant l'opération et elle n'avait rien donné. Toutes les tumeurs ne pouvaient donc être détectées à partir du sang. Néanmoins, mieux valait que l'analyse se révèle négative plutôt que positive, c'était certain. Michael contrôlerait également le taux de cholestérol, le taux de glycémie, le fonctionnement du foie et des reins.

La chimiothérapie, bouée de sauvetage. Je me sentais reconnaissante envers la médecine de l'avoir découverte à temps pour moi. J'aimais ma vie, en dépit de tout ce qui m'était arrivé. Je voulais vivre. J'avais l'impression d'avoir plongé pieds en avant dans un puits noir et profond, jusqu'au moment où j'avais touché le fond. Alors, d'une impulsion, j'avais recommencé le voyage en sens inverse, remontant progressivement. J'étais certaine d'atteindre la surface pas longtemps après ma dernière chimiothérapie.

Je trouvais que mon corps ne s'en sortait pas trop mal. Depuis environ deux semaines, la phlébite avait disparu. Bien que je n'aie pas repris d'exercice, de crainte que la thrombose que j'avais provoquée en forçant sur la plage ne se reproduise, je me sentais plus forte et plus solide. Après la dernière chimiothérapie, j'avais l'intention de reprendre mon programme d'exercices en commençant par des marches que je changerais petit à petit en joggings, en ajoutant du stretching, et peut-être que je retournerais au cours d'aérobic de Jane Fonda. Mais tout cela n'était pas pour demain. Pour le moment, il me fallait régler beaucoup de détails.

King Zimmerman, l'ami de Alan, vint décorer la maison pour Noël à ma place. Quel homme adorable il était. Même Cassie fut forcée de lui accorder quelque affection. King couvrit littéralement les murs de couronnes et de guirlandes qu'il agrémentait de vrais fruits et de rubans de soie. La maison embaumait le pin. Charlie avait été chargé d'acheter le sapin. C'était toujours lui qui s'en occupait. Dans le Vermont, il prenait la motoneige pour aller abattre un arbre et le tirer jusqu'au chalet. Cette année, il en acheta un magnifique de trois mètres cinquante de haut. Sur fond de chants de Noël, il accrochait joyeusement les lumières et les boules, tandis que j'empaquetais quelques cadeaux de dernière minute, et que King décorait les couronnes. Charlie était tellement heureux. Il aimait vraiment Noël.

Enfant, le seul cadeau qu'il ait jamais reçu était un bol à popcorn enveloppé dans du papier cellophane que le magasin de la compagnie minière de la ville offrait à chaque enfant dans toutes les familles. Ces bols étaient accrochés dans les arbres de Noël familiaux. Peut-être était-ce pourquoi notre arbre de Noël procurait chaque année un tel plaisir à Charlie. Je le regardai grimper à l'échelle, enrouler avec soin des guirlandes argentées tout autour de l'arbre, complètement absorbé par sa tâche, chantant de temps en temps de sa drôle de voix légèrement fausse. Charlie Buchinsky, le petit garçon qui autrefois avait cru si fort au Père Noël qu'il avait accroché sa petite chaussette noire dans une maison trop pauvre pour la remplir, ou pour seulement remarquer qu'il l'avait accrochée. Au matin, quand il avait couru voir ce que le Père Noël lui avait apporté, elle était toujours vide. Quand Charlie m'avait raconté cette histoire, il y avait de nombreuses années, j'en avais été très touchée. Elle m'avait aidée à mieux connaître l'homme auquel j'étais mariée, l'homme qui avait du mal à accorder sa confiance ou à croire autrui. La seule personne en qui il avait pleinement confiance, c'était lui-même. Je m'imagine à quel point cela avait dû bouleverser ses convictions que sa femme soit atteinte d'un cancer, juste au moment où tout semblait aller si bien dans sa vie. J'étais assise à envelopper un des cristaux que j'offrais à mon fils Valentin, et je contemplais Charlie, en repensant à tous nos Noëls. Surtout à un Noël en particulier, dans le Vermont. Les enfants étaient allés se coucher, je remplissais les bas tout en buvant une coupe de champagne avec Charlie dans la cuisine douillette, et je regardais tomber les plus gros flocons que j'aie vus de ma vie. Il avait neigé doucement toute la nuit. Une parfaite carte postale de Noël, avec les chandelles de glace qui pendaient lourdement des branches des sapins qui entouraient le chalet. Le lendemain, les enfants avaient fait un énorme bonhomme de neige devant chez nous, avec une écharpe rouge autour de son cou et un des bonnets de ski de Charlie sur la tête. Zuleika ne devait pas avoir plus de trois ans. Tout le monde tournait autour de la maison en motoneige. Elle voulut elle aussi être de la partie et Charlie avait attaché sa petite luge derrière sa motoneige, puis l'avait tirée, allongée sur le ventre, le visage rougi de froid, mais se tenant fermement tandis qu'ils prenaient la queue de la joyeuse procession de traîneaux motorisés.

Mais de tous mes souvenirs, celui que je savourais le plus, ce soir, remontait à l'un des premiers Noëls de notre mariage. J'avais rempli une des chaussettes noires de Charlie avec, soigneusement enveloppés, un couteau suisse, des bonbons, une bouteille de son eau de Cologne préférée, un sac de pièces en chocolat, une petite lampe de poche, une pomme d'amour, des boutons de manchettes en or et saphir, cinq stylos à bille et diverses autres choses que l'enfant en Charlie apprécierait certainement, et j'avais accroché le tout à la cheminée de notre chambre pour qu'il le trouve à son réveil. J'avais ajouté ce mot : « A Charlie Buchinsky, de la part du Père Noël. Désolé pour l'année où je t'ai oublié. » Le lendemain, Charlie ne montra aucune émotion particulière. Il décrocha sa chaussette, mais attendit la fin de la journée, bien après que tous les autres cadeaux déposés sous le sapin eurent été distribués et défaits, pour la vider de son contenu. Les garçons étaient encore jeunes et en ce matin de Noël, le chalet était assurément bruyant et plein d'activité. Les garçons et Suzanne avaient tous trouvé leur bas au pied de leur lit et nous passâmes la journée à marcher dans du papier d'emballage et des rubans au milieu des cris d'enfants.

Dans le silence de la soirée, enfoncé dans son fauteuil rouge, seul et presque en secret, Charlie ouvrit sa chaussette, sans rien dire, et à l'abri des regards. Charlie Buchinsky avait enfin eu son Noël.

Je me demandais quel Noël aurait été celui-ci si je n'étais pas allée passer ma visite médicale au mois de juin. Il était fort probable que je n'aurais pas été là pour le partager avec les miens. J'avais du mal à y croire.

Le sapin se transformait en œuvre d'art. Je passai une bonne soirée, avec un verre de vin rouge, un sentiment de chaleur et un peu de nostalgie. La chimiothérapie du lendemain m'était sortie de l'esprit alors que je regardais Charlie et King complètement absorbés par leur travail. Cette nuit-là, je me sentais immortelle.

37

Jeudi 13 décembre. Sur le chemin du cabinet de Michael, je ne me sentais pas particulièrement différente et n'exultais en tout cas pas à l'idée de me rendre à ma dernière chimiothérapie. J'étais plongée dans une sorte de torpeur. Peut-être était-ce à cause du vin de la veille.

Michael entra avec les résultats de l'examen sanguin.

– Tout va bien, Jill. Le dépistage de cancer est négatif. Même si certains cancers ne sécrètent rien dans le sang et ne sont, par conséquent, pas détectables, ce test n'est pas inutile. Nous ne cherchons pas la cause primaire de votre cancer, mais une poussée secondaire éventuelle, et il semble bien que vous n'en ayez aucune. Votre taux de glycémie est bon, celui de cholestérol aussi, votre foie et vos reins fonctionnent parfaitement.

– Eh bien, que de bonnes nouvelles, un très beau cadeau de Noël, en vérité. Merci, Michael.

Le traitement démarra assez mal. Michelle ne trouvait pas de veine, l'aiguille ressortait sans arrêt. Je finis par lui suggérer de piquer une veine plus petite. Cela marcha.

A un moment donné, alors que je pleurnichais et gémissais, la main droite sur les yeux pour ne pas voir l'injection redoutée, je lâchai d'une voix hésitante :

– Michelle, vous avez probablement remarqué que j'ai une imagination très, très... pénétrante.

Ce qui eut pour résultat de provoquer les éclats de rire de mes deux compères.

Michael m'annonça qu'il me reverrait dans deux mois. Je pris donc rendez-vous, puis souhaitai aux filles du cabinet un joyeux Noël et de bonnes vacances, envoyai un baiser à Michael, et Charlie et moi rentrâmes à la maison.

Je ne puis dire si le dernier traitement était pire que les sept autres. Mais il était, de manière significative, le tout dernier.

De fort bonne humeur, je me joignis à King et à Sue, ma secrétaire, qui prenaient un verre dans la cuisine en bavardant amicalement. Jusque-là, tout allait bien. Toujours pas de nausée. Je me sentais juste un peu comme une éponge à l'intérieur. Plus tard, cette nuit-là, les nausées arrivèrent quand même, et je retournai dormir dans le dressing. De cette manière, je pouvais me lever et bouger librement sans déranger Charlie. Je ne voulais plus ennuyer personne avec mes problèmes.

Le lendemain, décidément mal fichue, je restais au lit à écrire des cartes de vœux et des étiquettes pour les cadeaux, Polar, mon petit siamois hautain, ronronnant à mes pieds. Je vomis toute la journée, puis vers le soir, la nausée passa, me laissant épuisée et vaguement inquiète.

J'avais encore du mal à croire que je venais de subir six mois de chimiothérapie. Car, contre toute attente, à aucun moment je n'avais perdu mon appétit. En fait, au cours des deux derniers mois, j'avais mangé davantage que je ne le faisais pendant ma dernière grossesse. On m'avait prévenue qu'il n'est pas rare de trouver un bel appétit chez des gens placés sous chimiothérapie et que la plupart des patients, hommes et femmes, prennent en moyenne cinq kilos. Deux mythes populaires étaient brisés. Le premier, qu'on devient tragiquement maigre pendant une chimiothérapie. Le second, que son mari et sa famille vous tirent d'affaire. Ils vous soutiendront, mais cela ne suffira pas. Un réseau d'amis fidèles est indispensable pour passer les mauvais jours.

Il est trop dangereux de soumettre ses proches à ses moindres émotions, trop effrayant. Un soutien extérieur aide à préserver les liens personnels et à soulager les siens d'une part de la terrible tension qu'ils doivent supporter. Il est difficile de regarder quelqu'un que l'on aime souffrir et pénible de compter un à un les mauvais coups du sort. Cela peut avoir un effet corrosif. Du moment qu'il est possible de chasser de son esprit l'énergie toxique, c'est tout ce qui importe. Quel dommage qu'on ne puisse se contenter de parler aux murs. Mais il faut un récepteur. Il faut que vous exprimiez ce que vous ressentez de plus horrible et il faut que quelqu'un écoute, ou du moins fasse semblant. Le bon thérapeute ou l'ami bien choisi sont vitaux.

Je ne veux pas sous-estimer tout l'amour ni le soutien que j'ai reçus de mon mari et de mes enfants, mais je demandais bien davantage, plus qu'ils ne pouvaient me donner. Au point qu'il m'arrivait d'éprouver un manque terrible. Il faut apprendre à vivre avec soi-même, sans attendre de l'être le plus aimé qu'il vous comprenne.

La chimiothérapie terminée, il me fallait reprendre ma vie en main – plus d'excuses, plus de visite hebdomadaire au médecin. J'étais livrée à moi-même avec ce qui me restait, ce que j'avais perdu et ce que j'avais gagné. Je continuais d'aller voir Sue Collin, encore que plus irrégulièrement pendant les vacances. Je n'avais plus de hauts et de bas. A un rendez-vous en particulier, où je me sentais calme et réfléchie, je lui dis que j'avais l'impression d'être immergée dans une eau limpide et pure. Tout allait bien.

J'allai voir Bernard Dowson et le trouvai dans un état de grande agitation. Il venait d'inventer un nouveau pistolet électromagnétique. Il m'expliqua qu'il m'enverrait dans le corps une décharge magnétique de forte intensité, similaire à celle de la table, mais beaucoup, beaucoup plus puissante. Il me le passa sur le corps, en insistant par moments sur le foie, qu'il voulait purifier en même temps qu'il chassait de mon organisme toutes les cellules mortes. Durant cette séance, je me sentis plus détendue que jamais.

Ensuite, j'appelai Zoren, mon coiffeur, qui ne s'était pas occupé de mes cheveux depuis plus de six mois. Il vint à la maison arranger solennellement mes boucles de deux centimètres et demi. Le seul fait d'avoir à nouveau Zoren dans ma vie était excellent pour mon moral. Je redevenais moi-même. Le matin suivant, installée dans mon dressing, je me déshabillai entièrement, ne gardant que mon slip bikini, et me regardai faire des exercices d'un œil critique. Je ne me trouvais pas si mal. Mon sein unique était plutôt joli ; quant à l'autre côté, il me rappelait le temps où, enfant, je n'avais pas encore de poitrine. Je sentais les côtes sous mes doigts, là où je ne les avais plus senties depuis longtemps. Après quelques abdominaux et des étirements, je me sentais beaucoup mieux. Tandis que je me regardais dans la glace, je décidai d'être plus gentille avec mon corps, moins exigeante. J'allais retrouver ma forme, mais doucement.

Depuis ma maladie, je n'étais plus en compétition avec rien ni personne. Je ferais avec ce que j'avais, et non avec ce que j'avais eu, ou que j'essaierais d'obtenir. Je me savais gré de l'expérience que je venais de vivre. Dieu sait que je ne voudrais à aucun prix la revivre, mais je ne la regrettais pas, en dépit de tout. J'étais effrayée, malade, à la pensée de devoir peut-être un jour subir une nouvelle opération. Mais en même temps, j'étais étonnée de constater que ça n'avait pas été si affreux. J'avais tant reçu au cours des six derniers mois que cela en valait la peine, vraiment. La douleur, la peur, les pertes de tous ordres contribuaient à exacerber la conscience de soi. J'avais tant appris, de ces choses que je n'aurais jamais comprises autrement. Je voyais tout d'un œil tellement différent maintenant. J'acceptais même ma cicatrice avec reconnaissance. Je me regardais faire travailler mon corps, l'étudiais en pensant aux six mois écoulés, et à l'avenir aussi.

Ce n'est pas si mal, Jill, me dis-je à moi-même. Je suis fière et reconnaissante. Ce n'est vraiment pas si mal. Tu as réussi. Tu as tenu pendant ces six mois. Bravo.

38

Le lendemain, je reçus une visite surprise. Paul me téléphona pour me dire que son père était de passage à Los Angeles et qu'il aimerait me rendre visite avant de repartir, le surlendemain, à New York.

– Bien sûr, répondis-je. J'en serais ravie. Invite-le à dîner.

Charlie, prévenu, proposa qu'il se joigne à la partie de golf qu'il avait prévue le lendemain avec Valentin. David, excellent golfeur, accepta. Charlie ne pratiquait ce sport que depuis peu mais y prenait beaucoup de plaisir. Ainsi David, Valentin, Paul et Charlie feraient un golf dans l'après-midi. Ensuite, nous dînerions tous ensemble à la maison. J'invitai King Zimmerman et mon amie Susan Dotan, qui m'avait confié avoir toujours eu un béguin pour David dans son rôle de *L'homme invisible.* J'ouvris une bouteille de Marqués de Riscal, en songeant que David et moi avions été pratiquement les premiers en Californie à le découvrir, puis j'élaborai un menu qu'il ne manquerait pas d'apprécier.

En blue-jean, pull-over angora rose pâle, mes éternelles ballerines noires en guise de chaussons d'intérieur – habitude tenace de l'époque ou je dansais –, j'étais assise en compagnie de King, Susie et Charlie dans le grand salon à poutres apparentes. Charlie était en train de me raconter combien David et lui avaient pris plaisir à leur parcours de golf, quand la porte d'entrée s'ouvrit, livrant le passage à deux silhouettes. Reconnaissant David et Valentin, je me précipitai à leur rencontre. David m'ouvrit les bras en souriant. Nous restâmes longtemps serrés l'un contre l'autre. Il y avait près de quatre ans que je ne l'avais pas vu. Reculant d'un pas, il regarda mes pieds.

– Toujours les mêmes chaussures. Charlie n'a donc pas les moyens de t'en offrir d'autres?

Je ris, heureuse qu'il n'ait pas oublié

– Comment vas-tu, David? Tu n'as pas changé.

– Oh, je me porte comme un charme. Mais toi, comment vas-tu?

– J'ai passé un dur moment, c'est vrai. Mais je vais très bien à présent.

Nous entrâmes dans le salon, son bras toujours autour de ma taille.

– Je sens tes côtes, me dit-il.

– Ah bon? Cela se peut. Pourtant, j'engraisse ces temps-ci.

Je lui présentai King et Susie. Puis, tandis que nous prenions l'apéritif, je vis avec bonheur mon passé et mon présent s'apprécier mutuellement en parlant de leur après-midi de golf.

David raconta comment la jeune fille qui vendait des balles de golf au club l'avait reconnu et lui avait fait remarquer sur le ton de l'anecdote gentille :

– Dites donc, c'est bien Charles Bronson là-bas? Est-ce que vous n'étiez pas marié avec sa femme?

– En effet, lui avait-il répondu sèchement.

David sentit une odeur familière de curry venir de la cuisine. Se tournant vers King, la tête penchée de côté, il lui dit avec un de ses sourires de connivence :

– Quand nous avons divorcé, la seule chose que cette dame a exigée de moi, c'était les enfants et ma recette de curry.

– David, ce n'est pas vrai, me défendis-je. J'ai toujours voulu conserver ton amitié et cela fait des années que j'ai quelque chose pour toi.

J'allai à la table prendre un lourd plateau de service en argent que je laissai tomber sur ses genoux.

– Mon plateau en argent, s'exclama-t-il en le reconnaissant.

Il expliqua à l'assemblée qu'à l'époque où nous étions sous contrat à la Rank Organization, à chaque Noël, tous les acteurs recevaient un cadeau.

– Nous venions juste de nous marier, l'interrompis-je. Et nous vivions dans un appartement presque vide. Nous possédions si peu de chose, un lit et une chaise, et encore. A Noël, la compagnie nous offrit à chacun un plateau. Nous hésitions entre nous en servir comme luges ou les vendre. Et voici le tien, David.

– Merci. J'espère qu'il rentrera dans ma valise.

Le dîner servi, nous passâmes dans la salle à manger. Charlie était assis en tête de table. Quant à moi, pour adoucir l'étiquette, j'avais pris place à sa gauche.

– Excusez-moi, demanda David à King qui était assis à la droite de Charlie, me permettez-vous de m'asseoir à votre place, que je puisse parler à cette dame? J'en ai si rarement l'occasion.

Il s'assit donc à la place de King, face à moi. Zuleika, Valentin, Katrina, Paul, Jason et Susie se répartirent autour de la table dressée avec soin. Je m'amusais beaucoup, brillant dans la conversation et flirtant, oubliant les mois pénibles qui venaient de s'écouler. J'étais très heureuse de revoir David. Heureuse de voir ma famille et mes amis réunis. La soirée passa vite. J'avais remarqué que Zuleika et Katrina étaient fascinées par mon premier mari. Et Susie me confia qu'elle le trouvait encore très charmant et fort séduisant. A l'évidence, Charlie appréciait sa compagnie. Quant à moi, je retrouvais un être cher, quelqu'un qui parlait la même langue que moi avec le même accent. C'était si bon de le revoir. Beaucoup d'eau avait coulé sous les ponts, emportant toute trace d'amertume. Nous étions enfin libres de toute blessure. Seuls demeuraient notre amour et notre amitié.

Après dîner, au moment de partir, David me serra à nouveau dans ses bras et je sentis alors que le cercle s'était refermé. Il avait fallu vingt années, mais nous avions retrouvé une tendre et pure amitié qui, je le savais, durerait jusqu'à la fin de nos vies. J'étais émue et heureuse d'avoir vécu pour connaître cette étreinte apaisante. Quelles merveilleuses récompenses le temps apporte.

Quelques jours plus tard, John et les siens arrivèrent. Mon grand bel homme de frère avec son esprit vif et sa générosité, sa femme, Sandra, ravissante et élégante, et mes deux nièces, Lindsay, qui avait quinze ans, et Courtenay, dix. La douce et tendre Lindsay qui a hérité le côté terre-à-terre de sa mère et le sens de l'humour de son père. Et la blonde coquine de Courtenay que je soupçonne d'avoir hérité de l'intelligence et du sens des affaires de son père, avec en plus une sorte de vitalité toute féminine. Une enfant qui suscite l'affection.

J'étais à mon bureau en haut de l'escalier quand ils arrivèrent. J'entendis d'abord les cris, les rires aigus et les exclamations des quatre filles heureuses de se retrouver. Puis, en contrepoint à ce brouhaha, les voix masculines de Valentin et de John qui se saluaient et échangeaient les formules rituelles de bienvenue. Noël était bien revenu. Une autre année avait passé et nous serions cette fois encore nombreux autour du sapin. Le clan se réunissait sous le toit hospitalier de la maison de Bel Air.

Les vacances étaient commencées. Il n'y avait pas trente minutes que John avait posé le pied dans la maison que Charlie l'accaparait pour une expédition dans les magasins. Sandra et moi savions que nous les avions perdus pour le reste de la journée. Résignées, nous décidâmes de prendre un thé. On sonna à la porte. C'était King Zimmerman.

– Entre, King. Nous sommes en train de préparer un thé à la mangue. Installe-toi dans le salon, admire notre sapin et raconte-nous quelque chose.

Nouveau coup de sonnette à la porte. C'était mon ami Mark avec un beau et jeune Italien nommé Ciro. Mark avait apporté les meilleurs sablés que personne ait jamais goûtés. Il les avait faits en même temps qu'un gros gâteau au café, qu'il avait aussi apporté. Voilà qui complétait parfaitement notre thé.

Les enfants vinrent rôder dans la pièce tout en nous écoutant. J'étais heureuse de me trouver là, si bien entourée de chaleur et de bonheur.

Ciro me fit des compliments sur ma coiffure, auxquels je répondis d'un sourire en me disant, émue, que c'était le premier compliment que l'on me faisait depuis le 2 juin au moins. Mon premier cadeau de Noël, de la bouche d'un jeune Italien, et sur mes cheveux, qui plus est.

L'après-midi passa très vite. Quand John et Charlie rentrèrent, je rajoutai de l'eau dans la théière. Puis ils entamèrent leur traditionnelle partie de billard dans la pièce attenante au salon. J'entendais le claquement des boules, les cris et les gloussements des deux joueurs, auxquels ne tardèrent pas à se joindre ceux de Valentin, de Jason et de Tony. C'était une atmosphère agréable. Rien ne pouvait plus m'arriver, pas tant que je serais entourée de la chaleur d'une famille heureuse.

Le lendemain, j'emmenai John consulter Bernard. Je voulais qu'il utilise sur mon frère son pistolet électromagnétique pour voir s'il agirait favorablement sur la tumeur qu'il avait à l'oreille. Bernard utilisa d'abord le pistolet sur moi. Ensuite, ce fut le tour de John, dont la séance dura longtemps. Je voulais que le traitement évite à John de se faire opérer. Fait intéressant, je me retrouvais dans la même situation qu'Alan, plaçant toute ma confiance en Bernard et en son traitement, persuadée que si John coopérait, tout se passerait bien. Je croyais davantage encore en Bernard pour mon frère que pour moi-même.

John redescendit, l'air détendu. Bernard lui avait remis trois pleins flacons compte-gouttes d'eau électrisée. Je lui pris trois rendez-vous pour la semaine suivante. Je crois que la philosophie de John se résumait à : « Cela ne peut pas faire de mal et ça m'aidera probablement. » Je remarquai qu'il commença aussitôt à prendre ses gouttes. Il y croyait davantage qu'il ne voulait bien le dire. Ne serait-ce pas fantastique si de retour à Toronto, les médecins lui annonçaient que la tumeur se résorbait?

Le jour suivant, profitant de ce que Paul emmenait les filles au parc de loisirs de la Montagne Magique, dans la vallée de Santa Clarita, à quelque cinquante kilomètres de la maison, John, Charlie, Sandra et moi sortîmes déjeuner joyeusement au Hamburger Hamlet.

– Si vous tous saviez à quoi je pense, nous dit Charlie entre deux rires, vous seriez morts.

– Façon de parler, s'empressa d'ajouter mon frère. Et à quoi penses-tu?

– Je ne peux pas vous le dire.

– Oh, s'il te plaît, dis-le-nous, supplia Sandra.

– Non, vous n'êtes pas assez armés pour le supporter. John, peut-être. Mais toi et Jill, certainement pas.

Il nous fit languir encore un petit moment avant d'accepter de s'expliquer.

– Vous rendez-vous compte que tous les membres des familles Bronson et Ireland se trouveront à bord du même avion pour Aspen, le 29 décembre? Un seul d'entre nous ne sera pas du voyage et c'est Jason. (La main cassée, il ne pouvait skier.) Eh bien, vous savez quoi? Si l'avion s'écrase, il héritera de tout.

Nous partîmes tous d'un grand éclat de rire.

– Oh, mon Dieu. Et c'est pour cela que tu faisais tant de mystère? demandai-je.

– Jason et la mère de Sandra hériteront de tout, insista-t-il avec un regard malicieux à John, qui éclata à nouveau de rire.

De même que Sandra.

– Ma mère et Jason. Quelle drôle d'idée.

Je n'étais pas vraiment sûre d'apprécier la tournure que prenait la conversation.

– Si cela ne vous fait rien, je crois que je vais rester à la maison avec Jason pour hériter, annonçai-je.

Sur ces paroles, nous nous séparâmes. Sandra et moi embrassâmes nos époux qui repartaient courir les boutiques, puis nous reprîmes gaiement la voiture – et en route pour Neiman-Marcus, le grand magasin.

C'était une journée bien remplie pour moi, la plus longue depuis que j'étais tombée malade, mais je débordais d'énergie et je m'amusais. Notre mission était d'acheter des cadeaux de dernière minute pour nos invités de Noël, King, mes amis Marcia Borie, Kathie Kuzner et Sue Overholt. Tous les autres convives seraient des membres de la famille.

Il ne restait que deux jours avant Noël. Sandra et moi rentrâmes juste à temps pour le dîner. L'arrière de la petite voiture de sport regorgeait de paquets et de sacs en papier. Il y avait une veste en cuir pour Zuleika – qui ne figurait pas sur ma liste d'achat, mais à laquelle je n'avais pu résister –, une grosse bouteille de parfum de chez Cartier pour Jason, des sels de bain et du parfum de chez Giorgio pour Suzanne.

Tout ce dont j'avais envie pour Noël, c'était d'une boîte de chocolats Godiva, de deux ou trois bons romans, des lectures faciles pour changer, et d'un flacon de parfum – de quoi satisfaire tous mes sens. Je nagerais dans la félicité la plus complète. Je savais que je ne devais pas manger de chocolat et chaque fois que je prononçais le mot tabou, Charlie me reprenait d'un ton de reproche.

Malgré tout, j'espérais bien que quelqu'un craquerait et m'en offrirait.

39

Le 23 décembre, j'attrapai un gros rhume de cerveau. La course dans les magasins et les exercices matinaux en petite tenue avaient eu raison de mes forces. J'avais eu beau sentir que je me fatiguais, j'étais tellement heureuse de bouger que j'avais continué. Maintenant, je le payais. Tandis que Charlie, John et Sandra allaient encore courir les boutiques, je passai l'avant-veille de Noël couchée dans mon dressing, résignée. J'avais préparé quatre grands bas, un pour chacune des filles, et je les avais remplis au fil des semaines de petites choses achetées çà et là, si bien qu'ils s'étaient progressivement transformés en véritables cornes d'abondance. J'y avais mis des sacs à main, des parfums, des chocolats et des bijoux – de ces bijoux fantaisie complètement fous dont toutes les filles raffolent –, des bracelets, des colliers et des boucles d'oreilles. Et aussi de magnifiques cristaux que j'avais trouvés au cours de ces quatre derniers mois, des cristaux bruts, et d'autres montés en pendentifs. Chacune des filles aurait le sien que je lui avais choisi tout particulièrement.

Pour Lindsay, il s'agissait d'une améthyste scintillante montée en pendentif, précisément ce qu'il lui fallait. Zuleika aurait une améthyste, tout comme Katrina, dont la pierre était rehaussée d'une perle. Courtenay aussi recevrait une améthyste. Toutes étaient de forme inhabituelle et assez exceptionnelle. Dans nos achats de dernière minute, j'avais trouvé la veste en jean dont rêvait Courtenay – Sandra en avait parlé incidemment. Elle n'avait demandé que deux choses pour son Noël : une montre Swatch, que Charlie et moi avions déjà trouvée, empaquetée et glissée au fond de son bas, et la fameuse veste en jean. Courtenay serait contente. Zuleika n'avait rien demandé si ce n'est un cahier de texte rose fluo pour l'école, que je lui avais, bien entendu, acheté. Néanmoins, elle allait se retrouver avec une montagne d'autres choses dont elle ne voulait peut-être pas, mais que j'avais envie de lui offrir. Et auxquelles s'ajoutait maintenant la veste en cuir. Charlie et moi aimions tellement notre fille que rien n'était jamais ni trop beau ni trop bon pour elle. Zuleika ne s'en comportait pas pour autant comme une enfant gâtée ou capricieuse. En fait, c'était même le contraire. Elle ne demandait jamais rien, ne convoitait jamais rien. Je pouvais l'emmener dans n'importe quel magasin sans qu'elle demande quoi que ce soit. S'il lui arrivait d'avoir envie de quelque chose et que je le lui refuse, elle acceptait ma décision sans bouder. Peut-être était-ce qu'il y avait eu tellement de oui dans sa vie qu'elle acceptait volontiers les non. Le résultat était un être détendu, heureux. Zuleika était pour nous une source de bonheur immense.

Les bas des filles étaient une réussite. Tous les quatre rayés rouge, vert et blanc, ils attendaient debout dans l'armoire où étaient rangés mes manteaux de fourrure. De temps en temps, j'ouvrais l'armoire pour ajouter un paquet, suivie de près par Polar, qui faisait son possible pour se laisser enfermer. Et plus tard dans la journée, passant à proximité de l'armoire, j'entendais un miaulement étouffé et devais la libérer. Polar semblait penser que quelque chose d'important se préparait et elle voulait être de la partie.

Tandis que John et Charlie jouaient au billard, la voix de Placido Domingo s'élevait dans le salon, chantant des chants de Noël. Sandra et moi filâmes au premier dans mon dressing pour l'essayage de quelques-unes de mes robes du soir et de cocktail. Je m'asseyai au bout de mon lit, mes cheveux en brosse dressés sur ma tête dès que je passais la main dedans, mes chaussettes de laine apparaissant sous ma robe de chambre. Alors que Sandra se glissait dans ma splendide robe de bal en taffetas vert, se parait de mes clips et de mon collier d'émeraudes, j'avais l'air d'une Cendrillon qui n'aurait pas eu le droit de se trouver là. Sandra était sensationnelle. Nous nous précipitâmes en bas pour que John la voie ainsi et la prenne en photo devant l'arbre de Noël. Ce soir-là, Sandra jouait le rôle de ma poupée Barbie. Je prenais presque autant de plaisir à la regarder dans mes toilettes que j'en avais pris autrefois à les porter. Le dressing ne tarda pas à se remplir d'un bruissement de soie, de mousseline et de taffetas. Des modèles uniques de grands couturiers furent sortis des armoires et dûment photographiés sur Sandra devant l'arbre de Noël.

Lindsay, Courtenay, Zuleika et Katrina entrèrent à leur tour. Lindsay et Courtenay adoraient voir leur mère en robe du soir. Je lui prêtai les quatre robes qui lui allaient le mieux pour qu'elle les porte quelque temps de retour à Toronto.

– Porte-les. Profites-en au moins jusqu'à ce que mes cheveux aient repoussé, l'encourageai-je. Personnellement, je ne les porterai pas avant un bon moment.

Ma coupe en brosse n'allait pas avec certaines de ces soies et de ces mousselines vaporeuses et féminines. Viendrais-je à accepter quelque invitation officielle, je porterais mon smoking noir de chez Saint-Laurent.

L'heure sonna bientôt pour les filles, qui campaient dans la chambre de Zuleika, d'aller se coucher. Lovées dans leurs sacs de couchage, elles n'arrêtèrent pas de rire, de bavarder et de glousser jusqu'à une heure du matin. John s'inquiétait de les savoir éveillées aussi tard, mais je savais que nous n'y pouvions rien. L'excitation montait dans la maison. Demain, ce serait la veille de Noël.

Mon satané rhume ayant empiré, je passais une autre nuit dans le dressing et ne me levais pas de la journée suivante. Pendant ce temps, le croiriez-vous, John et Sandra sortaient encore faire des achats. Quant à Charlie, il s'absenta pour « passer prendre quelques trucs », selon ses propres mots. Dans la soirée, je me sentais suffisamment bien pour descendre dîner.

Jason, qui avait eu une dispute avec sa petite amie, était triste, ce qui me navrait. Il avait acheté pour elle un superbe cadeau de Noël, une veste de cachemire noire, pour laquelle il s'était pratiquement ruiné, et à présent, elle ne voulait ni le voir ni accepter le cadeau.

Pauvre Jason. Quand il s'effondrait, c'était pour de bon. Depuis son enfance, il lui arrivait de tomber passionnément amoureux. Il avait toujours été l'homme d'une seule femme. Je me souvenais d'une époque éloignée, alors que nous nous trouvions en Turquie, où Charlie tournait un film avec Tony Curtis, dont le titre original, *Des patriotes douteux*, devint plus tard *On ne gagne pas à tous les coups*. Jason, alors âgé de sept ans, tomba follement amoureux de la femme de Tony, Leslie. Comme il voulait passer un peu de temps seul avec elle, il avait rouvert un vieux bobo qu'il avait au genou puis était allé frapper à sa porte. Il lui avait raconté qu'il venait de tomber et qu'il avait besoin de soins. Leslie l'avait tendrement pris dans ses bras, lui avait nettoyé le genou et l'avait gavé de biscuits. Il lui était resté fidèle jusqu'au jour où il avait connu Jo Ann Pflug, une grande et belle actrice. Il avait huit ans quand il tomba amoureux d'elle, et il lui préparait des sandwiches au beurre de cacahuètes et à la confiture. Jo Ann, qui l'appelait son amoureux, l'emmenait faire des promenades. Il fallait les voir partir ensemble, main dans la main, la grande belle brune élancée et le petit garçon tout fluet. Jason a toujours été adorable. Je détestais le voir triste.

Mais Valentin qui, en mal de pitreries, dansait autour du salon en se tenant les côtes, réussit à le dérider. Paul était arrivé, lui aussi d'humeur joyeuse. J'avais un cadeau spécial pour Paul, un cadeau en avant-première pour le remercier de tout ce qu'il avait fait pour moi. Je lui avais écrit une lettre pour lui dire combien ces six derniers mois avaient été à la fois terrifiants, révélateurs, frustrants et douloureux, mais que d'un bout à l'autre de cette épreuve, il y avait eu une constante, quelqu'un sur qui j'avais pu toujours compter, et c'était lui. J'avais toujours su qu'il serait là pour moi, et je voulais l'en remercier. Je lui avais acheté une grosse chaîne en or ouvré, quelque chose qu'il puisse conserver à jamais. Je la lui offris avec mes remerciements et mon amour. Il la passa aussitôt à son cou.

Tony arriva à son tour dans un élégant costume sombre. Il allait à la messe de minuit, et demanda si quelqu'un voulait l'accompagner.

– Sandra, avançai-je non sans malice. Veux-tu y aller?

Elle le voulait l'année précédente, dans le Vermont.

– Eh bien, en une autre occasion, peut-être, répondit-elle embarrassée.

– Une autre occasion ne ferait pas l'affaire, Sandra. C'est à une messe de Noël que tu voulais assister, insistai-je.

– Eh bien...

Elle était confortablement assise par terre, un verre de vin à la main.

– Tu n'es pas obligée d'y aller, la rassurai-je en riant.

Pour finir, elle réussit à se dérober et Tony partit assister à ladite messe avec son ami Gary.

– L'an dernier, tu voulais y aller et il faisait moins vingt dehors, la taquinai-je après leur départ. Cette année, tu avais l'occasion rêvée. Le temps est clément et Tony se proposait de t'emmener.

– Je sais, admit-elle en riant. Je suis comme cela.

Pavarotti chantait. Quelle voix merveilleuse! J'adore les veillées de Noël. Les lampes clignotaient dans le sapin. Tout était si parfait. Bon, j'étais un peu affaiblie, des gouttes de sueur perlaient sur mon front, la tête me tournait, mais cela ne m'empêchait pas de me sentir heureuse. Bientôt, les filles vinrent en chœur nous dire bonne nuit. Comme tous les enfants la veille de Noël, elles ne firent aucune difficulté pour monter se coucher. Une fois encore, les sacs de couchage s'entassèrent dans la chambre de Zuleika.

Sandra et moi nous fîmes un devoir de remplir les petites chaussettes qu'elles avaient suspendues à la cheminée de menus présents : un taille-crayon, une gomme, des crayons, du sucre candy et une poupée en porcelaine pour chacune. Nous les accrochâmes ensuite aux bas. C'était très réussi. L'excitation générale me gagnait à mon tour. A cause de mon rhume, je passai une nouvelle nuit dans le dressing. Je n'avais pas envie de dormir seule la nuit de Noël, mais je ne voulais pas non plus que Charlie attrape mon rhume. Avec le voyage à Aspen si proche et qu'il attendait si impatiemment, je ne pouvais lui faire courir se risque. Mais mon rhume ne semblait pas vouloir s'améliorer, même si j'affirmais le contraire à la famille anxieuse de me savoir souffrante. En outre, j'allais devoir attendre encore un peu d'avoir repris des forces pour me remettre à mes exercices. Après nous être souhaité un joyeux Noël, nous allâmes tous nous coucher.

Aussi énervée qu'un enfant, j'eus du mal à m'endormir. De plus, toujours à cause de mon rhume, j'étais parcourue de frissons. Assise dans mon lit, je passai en revue les choses que j'avais choisies en me demandant comment chacun les recevrait. J'étais impatiente que le matin arrive pour voir toute la famille défaire les paquets. Je n'avais pas encore enveloppé les cadeaux de Charlie, mais j'avais mis de côté pour lui le plus beau des papiers cadeaux de Noël. Il était rouge avec des houx verts, et sur chaque paquet, j'ajouterais un gros nœud rouge avec une clochette en argent. J'enveloppai joyeusement les cassettes de Pavarotti, le long chausse-pied fantaisie, un pull-over en cachemire bleu sarcelle et un sachet à herbes médicinales indien rempli de cristaux de quartz de couleurs différentes. Son plus gros cadeau était une paire de skis Head Gold, autour desquels je nouai un gros ruban avant d'aller doucement les déposer en bas, sous le sapin.

Peut-être m'étais-je moins inquiétée cette année, mais en définitive, j'en avais fait autant qu'avant. Je m'endormis vers deux heures du matin pour me réveiller en sursaut à quatre heures et demie, en me souvenant que j'avais oublié de faire un paquet cadeau, celui de Suzanne. Il s'agissait d'un bijou, qui se trouvait toujours dans mon coffret à bijoux. Je sortis le dernier morceau de papier qui me restait, le ruban adhésif, une étiquette cadeau et le ruban. Puis je descendis poser ce dernier cadeau sous le sapin. Toute la famille dormait. Il faisait froid dans la maison et je ne m'attardai pas. Je retournai dans mon lit douillet, avec Polar, et ne tardai pas à me rendormir.

40

Le Jour de Noël.

Le bruit des enfants qui galopaient dans la maison et dévalaient les escaliers me réveilla. Aussitôt, je bondis hors du lit, enfilai mon peignoir et me précipitai en bas. Les filles étaient plantées devant la cheminée, en admiration devant leurs énormes bas.

– Oh, mon Dieu, maman, s'exclama Zuleika. Ils sont tellement gros. Cela a dû te donner tellement de travail pour les remplir. Oh, mon Dieu, maman.

Elles étaient toutes impatientes de commencer à déballer leurs cadeaux.

– Donnez-moi le temps de me laver le visage et d'avaler une tasse de thé, leur demandai-je. Ensuite, nous nous assiérons tous et nous commencerons.

Toute la maison se trouva bientôt réunie autour du sapin. Les quatre parents et les quatre enfants. Nous allions les regarder vider leurs bas avant l'arrivée du reste de la famille.

Les filles respectaient un cérémonial bien à elles. Elles s'asseyaient, prenaient les paquets un à un et se regardaient mutuellement les ouvrir. Cela prenait du temps, mais elles n'en appréciaient que davantage le moindre cadeau et j'avais le plaisir de les voir toutes quatre défaire les paquets que j'avais pris tant de soin à faire, puis à glisser dans les bas. Tout leur plut. John prit des photos d'elles se couvrant de bijoux. C'était à celle qui afficherait le plus de couleurs. Katrina, chapeau angora rouge, écharpe turquoise, boucles d'oreilles et colliers brillants, menaçait de mettre des socquettes jaune fluo; Courtenay portait jusqu'aux coudes des bracelets en plastique étincelants; Zuleika avait enfilé des gants en dentelle noire et mis des boucles d'oreilles et un collier scintillants; Lindsay, bonnet de ski sur la tête, bracelet et boucles d'oreilles flamboyants assortis à son collier de pierreries, s'était drapée dans un châle aux couleurs vives. Toutes mastiquaient des bonbons au chocolat.

J'observai Charlie. Devant cette scène si typiquement féminine, il arborait son plus merveilleux sourire. A un moment donné, en me retournant vers le canapé dans un coin de la pièce, je remarquai un petit bas vert.

– Oh, regarde, Charlie. Il y a un autre bas là-bas.

– Pour qui est-il? me demanda-t-il.

– Je ne sais pas, mais il y a une carte dessus.

La carte disait *Pour Jill.*

– C'est pour moi, annonçai-je. Il y a un bas pour moi!

Tout le monde voulait savoir de qui était la carte. Je l'ouvris. Le texte imprimé était un vieux dicton de Noël :

Puisse votre sapin être éternellement vert
Puissent vos Noëls être éternellement gais
Puissent vos joies être éternelles

Puis, écrit au stylo :

Et puisses-tu être toujours mienne.
Je t'aime, Jill.
Charlie.

C'était un bas en soie verte avec un revers rouge, un ruban de velours rouge, des clochettes et une pomme de pin accrochée avec un fil de soie doré. Il était magnifique.

Je le serrai contre moi.

– Je vais l'ouvrir plus tard. Je veux le garder le plus longtemps possible. Il est tellement beau.

Le reste de la famille se rassemblait. Suzanne arriva, puis ce fut le tour de Tony, de Paul, de Jason et de Valentin. La douce et généreuse Suzanne arriva avec une invitée inattendue, son professeur de musique. Ayant appris qu'elle passerait Noël seule, elle avait décidé de l'emmener pour qu'elle le passe avec nous, en famille. Tony et moi nous départîmes chacun discrètement d'un de nos cadeaux pour que l'amie de Suzanne ne reste pas les mains vides ce Noël. Tout le monde prit place en attendant que les adultes commencent à ouvrir leurs paquets. Je voyais déjà que cela prendrait du temps. Il y avait des jours qu'on déposait des cadeaux sous le sapin. Tout autour de l'arbre, la famille avait empilé les paquets en mordant de plus en plus sur la pièce. Là aussi, il y avait tout un cérémonial. Charlie passait les paquets à Courtenay, qui les remettait à leurs destinataires.

Assise sur le divan avec mon bas, je suivais avidement la scène, ce qui se révélait difficile avec autant de monde réuni et autant de paquets ouverts à la fois. Boîtes, papier cadeau, nœuds et rubans s'entassaient autour de moi. Mon Dieu, je recevais tellement de cadeaux ce Noël. Et tellement de la part de Charlie.

Charlie qui était comme le Père Noël en personne, qui ne s'asseyait pas, n'ouvrait pas ses propres cadeaux. J'étais émue. Des parcelles du Vermont dans un papier d'emballage familier – un manche à air fauve et bleu de Zuleika Farm que m'envoyait une des filles qui s'occupaient des chevaux là-bas; un anorak en nylon blanc pour le jogging que m'envoyait mon amie et maître d'écurie, Jane Ashley. Et, plus près de moi, de la part de John et de Sandra, une chemise en daim jaune pâle; des pull-overs d'un rose et d'un jaune fluo agressifs, de la part de Zuleika et de Katrina. Les cadeaux continuaient d'affluer : un peignoir en soie blanc, de Paul; un bracelet excentrique mais beau fait de pierres aux couleurs vives ornées d'un perroquet, de Valentin; de Jason, un immense sweat-shirt avec de larges épaulettes rembourrées – qui, à entendre leurs exclamations, plut beaucoup aux filles. Une très belle bible en cuir avec mon nom estampé en lettres d'or, cadeau de Tony. De Suzanne, un pull-over rose avec un chaton blanc brodé sur le devant. Dino, notre fidèle et bien-aimé domestique depuis dix Noëls, m'offrit un flacon d'eau bénite rapportée de Lourdes et une écharpe blanche. James, notre cuisinier, arriva en courant, pareil au Père Noël, avec un flacon de Joy pour moi. Les présents avaient tous été choisis avec tant d'amour. J'avais gardé ceux de Charlie pour la fin.

Il m'offrait trois romans, de vrais pavés. Comme James m'avait offert un flacon de Joy, deux de mes sens se trouvaient satisfaits. Ensuite, toujours de Charlie, je découvrais une grosse boîte de chocolats, des Godiva. Oh, fantastique, formidable! J'ouvris une très grosse boîte, elle contenait une grosse boule en quartz rose. C'était encore Charlie. Je la pris dans mes mains. Elle dégageait une chaleur, une énergie merveilleuses.

Je commençai à défaire lentement mon bas, savourant le moment. Véritable corne d'abondance, il était plein à craquer de trésors féminins : des boucles d'oreilles incrustées de perles, un petit lion en peluche à la crinière et à la queue en fourrure. Il me rappelait la poupée que Zuleika m'avait offerte pour mon anniversaire l'année précédente, et que j'avais emportée à l'hôpital et gardée tout le temps sur mon oreiller. Je sortis encore des choses aux pouvoirs magiques : un petit œuf en cristal transparent, aussi transparent que mon esprit à ma dernière visite chez Sue Colin; un petit œuf en quartz rose; puis, tout au bout du pied, une petite boîte noire, que j'ouvris.

Je ne pus cacher ma stupéfaction et mon émerveillement. Elle contenait une bague avec une émeraude de forme carrée sertie de diamants.

– Oh, mon Dieu, Charlie, mais tu n'aurais pas dû. Elle est tellement belle.

Ce cadeau extravagant me stupéfiait. Elle était parfaite. Charlie m'avait gâtée. Tout le monde m'avait gâtée. Je me sentais tellement aimée.

A son tour, Charlie ouvrit ses cadeaux. Le pull en cachemire lui plut beaucoup. Il dit qu'il irait parfaitement avec son blue-jean. Le sachet indien rempli de pierres le fit rire. Quant au chausse-pied, il déclara que c'était précisément ce dont il avait besoin. Il paraissait heureux et satisfait. Puis, je lui offris ses skis, que j'avais cachés derrière les tentures du salon, et dont il sembla vraiment enchanté.

Sa carte, *Et puisses-tu être toujours mienne*, me disait avec éloquence que son plus beau cadeau était de me voir là, avec lui.

Les amis arrivèrent : Sue Overholt, Kathy, King et Marcia.

De nouveaux cadeaux furent échangés, après quoi nous ne tardâmes pas à passer dans la salle à manger pour le festin. Notre premier repas de Noël à Bel Air, en dix ans, et notre dernier. Ce fut un merveilleux Noël. Un instant, j'éprouvai de grands élans de gratitude. Grâce au ciel, j'étais allée consulter Mitchell Karlan, et il avait découvert ma tumeur à temps. J'avais la chance de me trouver encore au milieu de ma famille et de mes amis. Puis je chassai la maladie de mon esprit, et n'y pensai plus de toute la journée.

Je finissais par penser si peu au cancer que j'avais de la peine à croire que j'avais été malade. Rien ne m'était jamais arrivé. Était-ce sain de réagir ainsi? Comme si cela ne m'arriverait plus jamais? C'était comme si j'avais été lavée de la maladie et de toutes les pensées qui s'y rapportaient. Même intellectuellement, je ne parvenais pas à m'imaginer avec un cancer. Après tout, peut-être était-ce là mon cadeau de Noël le plus original.

Nous sortîmes de table. Assis tranquillement au salon, nous bavardions, heureux d'être ensemble, des cadeaux que nous avions reçus. Plus tard, nous avons échangé une fois de plus des « Joyeux Noël! », des remerciements, puis nous sommes montés nous coucher. J'ai serré Charlie très fort dans mes bras. La voix enrouée, je l'ai remercié de tout, de ses cadeaux, de la bague et du bas, de tout ce qu'il avait si amoureusement choisi pour faire de ce Noël un moment essentiel de notre vie. Avant de me coucher, j'ai attaché mon bas à la tête du lit, le petit lion glissé dedans, la tête dehors.

Ce Noël 1984 touchait à sa fin. Et avec lui, une année que je n'oublierais certainement jamais. Elle m'avait appris à apprécier davantage encore la vie. Tout me semblait insupportablement attirant. Je ne voulais pas en perdre une miette, pas de longtemps. Je me mouchai une bonne dernière fois, caressai mon bas, et me laissai glisser doucement dans un profond sommeil sans rêve.

41

Le lendemain de Noël, qu'en Angleterre nous appelons Boxing Day, Sandra et John coururent les soldes. Pendant ce temps, Charlie et moi allions inspecter une dernière fois la nouvelle maison avant de conclure l'achat. Je m'y sentais heureuse. Elle était magnifique et, pour la première fois, Charlie se détendit et sut en profiter lui aussi. Il sourit même à l'idée d'y emménager. Nous voyions déjà où placer nos bureaux et à quels endroits les tableaux seraient le mieux en valeur. Je portais mon émeraude, et tout me semblait nouveau et spécial, très lendemain de Noël. La maison et son cadre étaient parfaits. Tout était parfait. Cela m'effrayait. J'avais l'impression que jamais de ma vie je n'avais connu endroit plus parfait que celui-ci.

J'ai tout, me dis-je à moi-même en regardant ma bague.

Que cette émeraude était vieille. Elle était là bien avant moi, et le serait bien après. Cela m'angoissait. Elle était si belle que, d'une certaine façon, elle semblait me narguer en me montrant mon impuissance.

Je suppose que mon malaise traduisait seulement mon propre désir de vivre longtemps et de profiter de toutes les choses merveilleuses que la vie peut offrir. Chez moi, je me sentais bien, en sécurité, mais dehors – ne serait-ce que pour visiter cette maison –, je prenais vite peur. Je me ressaisis néanmoins sur le chemin du retour, consciente de la beauté du site, et à quel point la vie pouvait être merveilleuse près de la mer. J'imaginais des promenades paisibles et tranquilles, par les petites routes qui menaient au haras. J'entrevoyais la vie que j'aimerais : simple, dans une maison plus petite, avec moins d'objets, un mode de vie qui nous conviendrait parfaitement, à Charlie et à moi. Tout ce qu'il me restait à faire à présent, c'était de retrouver ma santé, et de la conserver afin que nous puissions profiter de cette nouvelle vie.

Le surlendemain de Noël, mon rhume s'aggrava. J'avais passé

une mauvaise nuit et me sentais fatiguée. Je m'occupai de ma correspondance au lit, puis méditai, envoyant des globules blancs à ma gorge, à mon nez et à mes yeux, qui étaient particulièrement irrités. J'avais négligé la méditation pendant Noël. Il fallait que je reprenne mes habitudes. Tout en me concentrant sur mes globules blancs qui affluaient vers ma gorge, j'espérais que cela marcherait.

La veille du jour fixé pour notre envol vers Aspen, j'avais une forte fièvre et une toux rauque. Ma voix était enrouée. J'appelai Ray Weston, qui me demanda de prendre ma température.

Je lui dis que j'avais presque quarante.

– Si elle monte un tant soit peu aujourd'hui, me dit-il, je ne crois pas que vous devriez prendre cet avion.

Il savait combien j'étais décidée à faire ce voyage. Toute la famille, excepté Jason, partirait. Pour Charlie et moi, ces vacances étaient très importantes, car elles compenseraient en partie celles que nous n'avions pas prises dans le Vermont. Mais quel que soit mon choix, je savais qu'il serait mauvais : si je décidais de prendre cet avion en étant malade, je serais un fardeau pour tout le monde. Si je ne le prenais pas, ils s'inquiéteraient, ce qui gâcherait de toute façon leur voyage. J'avais vraiment envie de partir avec eux. Ce serait la première fois que j'essaierais mes ailes depuis l'opération.

Bien que Charlie ne voulût pas me voir hors du lit, je sortis pour me rendre chez Bernard. J'avais une telle foi en lui que je voulais m'allonger sur sa table pour qu'il me passe tout le corps au pistolet électromagnétique.

John avait rendez-vous à midi, moi à midi et demi. Pendant que l'un était vu par Bernard, l'autre faisait une séance d'électromagnétisme.

Je demandai à Bernard où en était mon frère. Il me dit qu'il était en mauvais état et qu'en arrivant, il ne fonctionnait qu'à trente pour cent de ses capacités. A présent, après cinq séances, il fonctionnait à cinquante pour cent. Bernard me rappela d'expédier nos bouteilles d'eau électrisée dans nos valises, et surtout de ne pas les prendre dans nos bagages à main, car les machines à rayons-X annuleraient la charge électrique. Il suggéra que John change sa façon de vivre et trouve un moyen de faire face à la tension professionnelle sans se ruiner la santé. Il connaissait de nombreux hommes d'affaires qui ne succombaient pas au stress. En ce qui le concerne, Bernard ne croit pas au stress, seulement à des situations et à la façon qu'ont les gens de réagir quand ils y sont confrontés. On n'est pas obligé de s'angoisser devant de mauvaises nouvelles ou une tension croissante. Chacun doit trouver une façon de surmonter les tensions sans s'angoisser. Je comprenais ce qu'il voulait dire, mais je savais que ce ne serait pas le cas de John. Bernard m'expliqua que s'il ne trouvait pas un moyen d'éviter le stress, sa santé en pâtirait et il souffrirait d'une grave maladie.

– Ce qui se résume à cette question, conclut-il. Aime-t-il davantage la puissance de ses affaires ou sa santé?

D'après Bernard, je n'avais pas attrapé de virus. Il pensait que ma fièvre et les symptômes de rhume venaient du foie, que j'avais mangé quelque chose qui m'avait rendue malade. Il me conseilla d'arrêter de manger des produits laitiers. Il m'avait déjà avertie que j'étais allergique au lait et au fromage, mais il savait que j'en avais mangé récemment.

– Tant que vous serez malade, pas de produits laitiers, pas d'amidon ni de sucre. Contentez-vous de boire des jus de fruits frais.

Si j'avais envie de fruits et de légumes, je devais les prendre séparément, à deux heures d'intervalle. Le menu idéal pour une journée : au lever, un grand verre d'eau et si je voulais des fruits ou un petit verre de jus d'orange. Puis, environ deux heures plus tard, vers le milieu de la matinée, un jus de carotte ou une salade et au dîner, encore des fruits. Il ajouta que je ne devrais pas prendre la tétracycline, parce que mon foie avait déjà supporté suffisamment de drogues au cours de la chimiothérapie, sans compter qu'on l'avait bombardé de produits chimiques pendant l'opération. Il voulait remettre mon foie en état.

– Chaque fois que vous prenez quelque chose comme de la tétracycline, votre foie pâtit des effets secondaires, poursuivit-il avant de préciser qu'en m'en tenant deux ou trois jours aux jus de fruits, aux légumes cuits à la vapeur et aux salades, je devrais être sur pieds assez rapidement.

Puis il me passa le corps au pistolet électromagnétique en insistant sur le foie, le sommet du crâne et la base de la colonne vertébrale. Son pistolet, un objet enveloppé dans de la gaze de la taille de deux briques à peu près, était fixé au bout d'un bâton de soixante centimètres environ. Quand il s'en servait, il le tenait par le bâton. A l'instant même où il l'enclenchait, je me détendais complètement. Je me demandais en me souriant à moi-même ce que mes médecins penseraient s'il leur était donné d'assister à cette scène digne de la science-fiction. Cependant, je me concentrais entièrement sur ce qui se passait et, au bout d'une demi-heure, je me sentais mieux. Je restai une demi-heure de plus sur la table, couchée en chien de fusil. Mon manteau jeté sur moi, je m'endormis.

Quand je me réveillai, je fis une promenade dans le parc avec John et Cassie, tout heureuse de ne plus être enfermée dans la voiture. Je répétai à John ce que Bernard m'avait dit à son sujet.

– John, ajoutai-je. J'aimerais que tu trouves à Toronto un thérapeute qui exerce la médecine holistique. Il t'aiderait à supporter les tensions.

Il me laissa parler. Sandra m'avait dit qu'il ne voudrait jamais croire à ce genre de traitement, mais moi j'espérais que si. J'adore mon frère et je voulais qu'il tire profit de mon expérience. Je ne voulais pas qu'il attende de tomber gravement malade pour apprendre par lui-même.

Sur le chemin de la maison, je me sentais parfaitement bien. Une fois rentrée, je pris un jus de carotte et commençai à faire les valises pour Aspen. J'étais sûre de me sentir suffisamment bien pour entreprendre le voyage. Cependant, au bout d'une heure, j'eus la nausée. Je repris ma température. Elle avait monté. Je me recouchai. Il semblait bien que je ne pourrais pas partir avant lundi, soit le jour de la Saint-Sylvestre. Je regardai les flacons d'Actifed, de tétracyclines et d'Ornade que Ray Weston m'avait prescrits et je me dis que mon foie pourrait en supporter encore un peu plus. J'avalai deux tétracyclines et un Actifed, ce que j'aurais probablement dû faire plus tôt dans la journée, car à l'heure qu'il était, je me serais peut-être sentie mieux. Je continuais à m'accrocher à tout espoir. Je savais que Bernard m'aidait, mais il y avait des années que je faisais aussi confiance à Ray Weston et à sa tétracycline. C'était le seul antibiotique que je supportais. J'étais allergique à tous les autres. Il était important que ce rhume ne descende pas dans mes poumons, car cela nécessiterait des antibiotiques plus puissants, que je ne supporterais pas.

Charlie était inquiet.

– Pourquoi ne restes-tu pas ici? Tu nous rejoindras lundi.

– Je veux vraiment partir avec vous. Tout le monde est tellement content. Je me sens mise à l'écart.

– Les enfants sont contents parce que ce voyage fait partie de leurs vacances de Noël. Sandra n'est pas si contente. Elle est terrifiée à l'idée de prendre le télésiège. Elle a proposé de rester avec toi et que vous nous rejoigniez ensemble.

Pauvre Sandra. Elle avait peur de l'altitude.

Néanmoins, je décidais de m'entêter. J'irais.

– Je viens, insistai-je. Moi et ce qui restera de ma grippe ou de mon rhume ou de mon foie malade, peu importe, nous allons nous lever et partir à Aspen. Je veux passer le réveillon du Nouvel An avec les miens. Je veux regarder la nouvelle année droit dans les yeux du plus haut sommet d'une montagne. Ce crampon de rhume a affaire à moi, Jill Ireland Bronson. J'ai eu raison de problèmes plus graves qu'un simple rhume. Je vais méditer et alors, quoi que ce soit qui ne fonctionne pas en moi, j'en viendrai à bout.

Je préparai soigneusement mes vêtements pour le lendemain matin. Du bout du lit, Polar m'observait avec des yeux de hibou. Je sortis mon blue-jean, des bottes en caoutchouc, une paire de grosses chaussettes grises en laine et un gros pull-over. Tout était prêt. Je m'envolerai pour Aspen au matin.

42

Le lendemain, j'étais aphone. Il ne s'échappait de ma gorge que des croassements ou des murmures. J'étais secouée de quintes de toux et j'avais un affreux mal de tête. Charlie entra au beau milieu d'une quinte de toux.

Levant la tête du lavabo au-dessus duquel j'étais penchée, je dis :

– Je peux venir, Charlie. C'est seulement ma voix. Pour le reste, je me sens nettement mieux.

Charlie me sourit avec tendresse.

– Non, chérie. Tu restes au lit et tu nous rejoins dans deux ou trois jours. Tout est arrangé. Tu as un billet pour lundi. D'ici là, tu seras en état de voyager. Tu ne manqueras pas grand-chose, juste deux ou trois jours.

Je me dis que mes « pas grand-chose » s'accumulaient, mais je savais pourquoi, alors je croassais un au revoir à toute la famille. La longue limousine noire suivie par un gros camion blanc chargé de sacs, de skis et d'anoraks s'ébranla lentement dans l'allée avant de disparaître. « Au revoir, au revoir. Ne faites pas les fous sur les pistes. Au revoir, à lundi. »

Je rentrai dans la maison silencieuse et regagnai mon dressing. Ma valise Vuitton était posée par terre au milieu de la pièce, Polar assise dessus.

– Miaou, me fit-elle. Heureuse de te voir.

Je me recouchai. Le lit était chaud et douillet. Dieu que j'étais fatiguée. J'allais suivre les instructions de Bernard. Pendant les quelques jours à venir, je ne mangerais que des légumes et ne boirais que des jus de fruits. Pas de produits laitiers, pas d'amidon, pas de viande, pas de sucre.

Malgré tout, j'avais bien des raisons de me satisfaire de mon état. Cela faisait maintenant deux semaines et deux jours que ma dernière chimiothérapie avait eu lieu. Normalement, j'aurais dû en subir une autre dans cinq jours. J'avais du mal à me convaincre que c'était fini. Chaque fois que je me le disais, je touchais du bois. Pourtant, j'allais beaucoup mieux, à tous les points de vue, Bernard me l'avait confirmé. Il se souvenait de ma première visite à son cabinet. J'avais tellement peur de tout que si une mouche se posait sur moi, je sursautais de frayeur. A l'époque, j'étais littéralement terrifiée. La moindre petite chose me semblait une menace, un attentat sournois à ma vie. A présent, cela allait mieux.

Je n'avais à venir à bout que d'un rhume doublé d'une laryngite. Les oreilles me sonnaient, de manière que je me sentais enveloppée dans un cocon frileux. Dino m'apporta du thé et un jus de fruits. Assise dans mon lit, j'écoutais la maison. J'entendis Jason dans l'escalier. Il était en train de parler à ma chatte.

– Salut, Polar. Comment vas-tu? lui demandait-il.

J'essayai de l'appeler, mais sans voix, impossible. Je téléphonai donc à la cuisine pour que Dino me le passe.

– Bonjour. Qui est à l'appareil?

– C'est maman, mon chéri, articulai-je dans un souffle.

– Maman? Tu n'es pas partie?

– Non. Je suis malade.

– C'est une bonne chose qu'avec ma main cassée, je ne sois pas parti non plus. Comme cela, je resterai un moment avec toi. Ils passent un vieux Jack Benny à la télévision, si tu veux le regarder. Voudrais-tu que j'aille chez Nate and Al te chercher un peu de soupe?

– Non merci, chéri. Tu es adorable.

Sûre d'être dorlotée pendant les quelques jours à venir, je ravalais ma déception et décidais de consacrer toute mon énergie à reprendre suffisamment de forces pour pouvoir partir lundi. J'avais le samedi et le dimanche entiers devant moi, autant dire largement le temps. Pelotonnée sous mes couvertures, je battais le rappel de mes globules blancs.

Le lendemain matin au réveil, je me sentais mieux. C'était une journée ensoleillée, dont je profitais pour m'asseoir quarante minutes dans le jardin.

– Tel que cela se présente, confiai-je à Cassie, je crois que je vais bien prendre cet avion demain matin.

Je passai l'après-midi à écouter *Les quatre saisons* de Vivaldi. Je me sentais mieux d'heure en heure. Je me demandai si je pouvais prendre le risque de me laver la tête. Finalement, je décidai qu'il valait mieux ne pas jouer avec le feu. Je verrais bien comment je me sentirais au moment de me coucher.

La maison vivait, vibrait au son de Vivaldi. Polar, qui n'avait de cesse de monter et de descendre les escaliers, d'entrer et de sortir en trombe du salon, contribuait à ma bonne humeur. Depuis trois jours qu'elle ne me quittait pas, elle avait de l'énergie à revendre. Je me sentais tellement exaltée que je dansais à travers la maison, emportée par les envolées des violons de Vivaldi qui proclamaient le printemps. Et je me sentais revivre, en vérité. J'exultais. Il n'y avait plus de doute possible, je prendrais bien cet avion demain.

Finalement, à bout de souffle, je m'effondrai dans un canapé d'où je regardai le sapin de Noël une dernière fois. Je savais qu'à mon retour d'Aspen, Antonio l'aurait déjà enlevé. Toutes les décorations seraient rangées jusqu'à l'an prochain. Je respirais l'odeur agréable des aiguilles de pin en me remémorant la peine que s'était donné Charlie pour décorer l'arbre. En chaussons et chemise de nuit, j'avais dansé autour avec autant de bonheur qu'une petite fille la veille de Noël, sauf que nous étions à l'avant-veille du Nouvel An.

Ray appela. Il avait une voix fatiguée.

– Comment allez-vous aujourd'hui, mon enfant?

– Oh, Ray, infiniment mieux. Je crois que je vais pouvoir partir demain. Je me sens en pleine forme. Je suis en train d'écouter Vivaldi.

– Quelle bonne nouvelle.

– Et vous, Ray. Comment allez-vous? Vous avez l'air fatigué.

– Eh bien, j'ai passé la nuit à l'hôpital. Un de mes patients passait en salle d'opération, mais nous l'avons sauvé. C'est l'essentiel.

J'eus un pincement de culpabilité de me sentir si bien alors que mon médecin me parlait d'une voix éreintée.

– Prenez bien soin de vous, Ray, je vous en prie. Nous vous aimons tous et nous avons tant besoin de vous.

Nous nous souhaitâmes mutuellement une bonne année.

– Prenez un Sudafed dès le réveil et un Actifed au moment de monter dans l'avion, me dit-il juste avant de raccrocher.

Je lui promis de le faire.

J'étais plus fatiguée à présent. J'avais trop dansé et caracolé à travers la maison. Quelle merveille que tant d'années après sa mort, un rouquin d'Italien plein de fougue nommé Antonio Vivaldi possédât encore le pouvoir de me remonter le moral et de me rassembler tout entière. La vie avait tant de belles choses à offrir. C'était comme de se promener dans la caverne d'Ali Baba. Il n'y manquait rien, toutes les richesses y étaient. Tout ce que j'avais à faire, c'était de tendre la main pour les toucher. Je ne vivrais jamais assez longtemps pour profiter de ce qu'elle déposait à mes pieds, mais j'allais faire mon possible.

Ma résolution de Nouvel An : profiter de la vie au maximum, me remplir les sens de tous les sons et lumières. Coûte que coûte. J'allais écouter tous mes disques, regarder tous les tableaux, visiter des musées, profiter du soleil, profiter de la pluie. Je possède tant de choses; j'ai tellement de chance. Mon cœur débordait de gratitude. Comme c'était merveilleux d'être en vie. Comme c'était merveilleux d'avoir la chance de vivre.

Polar arriva dans le salon comme une furie, le poil hérissé, les yeux exorbités.

– Fiche le camp, Polar, dis-je en la chassant du coussin sur lequel elle avait atterri.

Vexée, elle détala, ce qui eut le don de me faire rire aux éclats. Elle revint aussitôt courir à travers toute la pièce. L'espace d'un instant, je craignis de la voir grimper au sapin.

– Ne t'avise pas d'essayer, Polar!

Elle détala de nouveau au galop.

Bonne année, chère maison. J'étais heureuse maintenant de n'avoir pu partir avec le reste de la famille.

Saint-Sylvestre. Je me réveillai tôt avec la sensation d'être pratiquement guérie, parfaitement capable de m'envoler pour Aspen. Je m'habillai rapidement, souhaitai une bonne année à Polar et ouvris les fenêtres du balcon pour crier à Cassie une bonne année et que je l'aimais très fort. Après quoi, je partis.

Bien que ce fût le 31 décembre, ni l'autoroute ni l'aéroport n'étaient encombrés. J'arrivai en avance et passai une demi-heure à observer la foule. L'atmosphère était toute à la joie et à l'excitation des fêtes de fin d'année. Les gens arboraient fièrement leurs cadeaux de Noël : nouveaux porte-documents, nouveaux pull-overs, nouvelles boucles scintillantes aux oreilles des adolescentes qui me rappelaient Zuleika, Katrina et mes nièces. L'avion était presque vide, à croire que tout le monde était déjà à destination pour le réveillon.

Charlie m'avait appelée la veille au soir. Leur première journée de ski avait été une catastrophe. Des hordes de gens assiégeaient les téléskis; dans les restaurants, on ne pouvait manger que debout et il était impossible de circuler dans le village. Cela m'avait tout l'air d'une joyeuse maison de fous. L'avion roula sur la piste. Je n'avais pas peur, ne ressentais aucune claustrophobie. Je revenais de loin. Je n'aurais jamais pris d'avion en juin, ni même en août, tellement la seule idée de voler me paniquait. J'aurais commencé à trembler dès le verrouillage des portes, terrifiée de me retrouver enfermée avec mon monstre. A présent, je me sentais redevenue moi-même, peut-être mieux encore. La dernière fois que j'avais pris l'avion remontait à mon voyage en Europe, en février. J'avais déjà le cancer, mais je ne le savais pas. Je savais seulement que j'étais continuellement fatiguée. L'attente à l'aéroport s'était transformée en test d'endurance. Même les tâches les plus simples m'éprouvaient. Oui, j'étais forte maintenant. Peut-être que Alan avait raison. J'allais me sentir mieux que je ne m'étais sentie depuis une éternité. Le monstre qui m'avait épuisée était extirpé. J'avais gagné au change; l'amputation de mon sein allait non seulement me sauver mais m'apporter une meilleure qualité de vie. Je bouclai ma ceinture. L'avion décolla en douceur. J'étais partie. Vive moi!

Nonobstant les adorables cadeaux de Noël, tout ce que je voulais vraiment, c'était rester en bonne santé et en pleine forme, pouvoir retrouver les activités physiques qui autrefois me procuraient tant de joie. En apercevant par le hublot les sommets enneigés de la Sierra Nevada, je sentis une bouffée de confiance et de bonheur m'envahir. J'étirai mes jambes. J'étais persuadée que le cancer était loin derrière moi, qu'il disparaissait avec cette année 1984.

Le gentil steward veillait au moindre confort de son unique passagère. Comme il semblait s'intéresser à moi, j'en conclus que je devais avoir l'air entière et en bonne santé. Nous survolâmes le barrage de Boulder et le lac Mead. Puis je me retrouvais en train de regarder le Grand Canyon, les larmes aux yeux. Quelle journée éclatante, lumineuse, majestueuse. Fantastique. Merci, mon Dieu. Merci de m'avoir permis de revoir ces choses. Comme c'est merveilleux de se trouver ici sur terre. Je ne sais pas ce qui m'attend, mais ce sera difficilement mieux qu'en cet instant. J'étais remplie de joie, heureuse d'être assise toute seule. Le front contre le hublot, je pouvais laisser mes larmes rouler sur mes joues. Je ne m'étais jamais sentie aussi pleinement vivante.

L'avion amorça sa descente sur Denver à travers les nuages blancs. Le ciel était bleu et loin sur ma droite, je remarquai la demi-lune. Nous avions du retard. Je devrais me presser pour attraper le petit avion qui faisait la navette entre la capitale et Aspen. Denver était toute brune, sans neige. L'avion atterrit en douceur. Je me pressai à travers l'aéroport, tendant l'oreille pour entendre les annonces. Je marchai longtemps. L'aéroport était en rénovation. J'entrais et sortais des bâtiments, empruntant des tunnels en bois provisoires et traversant des pistes. Arrivée à destination, j'avais le bras et l'épaule gauche ankylosés à force de porter mon sac de voyage. Il y avait longtemps que je n'avais pas marché aussi longtemps et, en tout cas, aussi rapidement.

Il n'y avait qu'une poignée de gens à attendre l'avion, un groupe très civilisé qui semblait prendre ce vol régulièrement. A côté de moi, dans la salle d'attente, était assise une jeune blonde en pantalon et veste de velours côtelé qui portait des chaussures de ski. Son parfum entêtant me fit éternuer, ce qui me dégagea les sinus et me décompressa les oreilles. Elle mise à part, les autres passagers n'avaient pas l'air de vacanciers. Ils attendaient patiemment, sagement assis. Je me demandais ce qu'ils feraient tous ce soir. La blonde avait indubitablement des projets. Quand elle ne s'éventait pas nerveusement avec sa carte d'envol, elle pianotait impatiemment dessus, du bout de ses ongles longs. L'avion avait du retard. Après ma course marathon, j'avais chaud et besoin d'air. Me convainquant que c'était sans importance, je me détendis et laissai errer mes pensées.

Je pensai à Alan, à son immense gentillesse. J'espérais qu'il prenait bien soin de lui en Nouvelle-Angleterre.

Puis je pensai à Charlie, pour qui il s'était révélé extrêmement difficile d'accepter ma maladie. Il lui était arrivé par moments de nier son existence et de continuer son bonhomme de chemin. En revanche, à d'autres moments, sa rage et sa frustration s'étaient tellement accumulées qu'il lui fallait exploser. Alors, nous nous disputions et nous déchirions dans un effort désespéré pour adoucir notre peine. Habitué à maîtriser les choses et à protéger sa famille,

Charlie avait dû se sentir particulièrement impuissant. Il ne pouvait que rester stoïquement à mes côtés; et c'est ce qu'il avait fait effectivement, me regardant parfois d'un air désemparé tandis que je me débattais et luttais comme un animal sauvage pris au piège. Néanmoins, avec le temps, et à mesure que je retrouvais confiance, il avait fini par accepter mon état et par trouver un moyen de vivre avec.

Son cadeau le plus important, il me l'avait fait juste avant Noël.

Je lui avais servi un long discours.

« Charlie, c'est si horrible parfois. Je me sens si désespérément terrifiée. Je m'assois et je me dis que ce n'est pas simplement d'attraper froid ou de me casser une jambe que j'ai peur. C'est bien plus grave. C'est d'un cancer qu'il s'agit. Où va-t-il encore frapper? Malgré moi, je vois défiler des images de mutilations, je pense qu'un cancer de la gorge va me ronger les cordes vocales. J'essaie de ne pas penser à ces choses-là, Charlie. Je m'efforce tellement de prendre confiance, de croire que je vais guérir, complètement, mais mon Dieu, parfois, c'est si difficile. L'autre nuit, après une journée merveilleuse, je me suis levée pour aller aux toilettes et la peur m'est tombée dessus de nulle part comme ça, la peur, la réalité : j'ai eu un cancer! Je pourrais en attraper un autre. Je pourrais mourir dans un hôpital, reliée à toutes sortes de machines, abrutie de drogues et de douleur, dépouillée de toute dignité, et dans les odeurs affreuses des hôpitaux. Oh, mon Dieu, et puis on pourrait m'ouvrir encore. Toutes ces choses ne m'ont pas traversé l'esprit une à une, Charlie. Elles se tiennent tellement que je peux les penser et les sentir toutes simultanément quand un grand coup de cafard me prend. J'ai même prié la nuit dernière. Je répétais sans arrêt, " Je vous en prie, mon Dieu ", " Je vous en prie, mon Dieu ". »

Charlie me tenait simplement la main en silence. Il était avec moi par la pensée. Il n'avait pas essayé de s'en tirer par des paroles chaleureuses de soutien ou de dénégation. Il avait écouté simplement, était resté près de moi. Puis, au bout d'un moment, quand il avait senti que c'était passé et que j'avais bien dit tout ce que j'avais sur le cœur, il avait dit :

– Je suppose que c'est pire la nuit.

C'était sa manière à lui de me dire que je pouvais ressentir tout ce que je ressentais, et me soulager en lui en parlant.

– Oui et non, avais-je répondu. Ça peut être aussi pénible à tout moment. Mais la nuit, comme il n'y a pas de distractions, c'est plus difficile de s'en débarrasser. On est plus isolé.

Alors il m'avait dit qu'il m'aimait. Il acceptait tout et, d'une certaine manière, je ne me sentais plus aussi seule. Il avait traversé avec moi la vallée de la peur, sans protester, se contentant de marcher à mes côtés. C'était un énorme cadeau.

Vivre avec quelqu'un qui passait par autant de changements, de hauts et de bas devait, à n'en pas douter, être infernal. C'était un test d'endurance pour Charlie et il tenait bon, toujours présent et aimant. Il me faisait comprendre également que peu lui importait que je n'aie plus qu'un sein.

– Ce n'est qu'une cicatrice. Je n'y attache aucune importance, m'assurait-il. Et cela ne change rien à nos relations.

Je n'en avais jamais douté.

Dernièrement, depuis que j'allais bien, il semblait s'intéresser davantage à ma santé qu'il ne l'avait fait quand j'allais si mal. Il s'inquiétait plus ouvertement de mon rhume qu'il n'avait jamais semblé le faire de mon cancer. Peut-être pouvait-il, maintenant seulement, se laisser aller à exprimer ses craintes, et uniquement pour quelque chose d'aussi guérissable qu'un rhume.

J'espérais qu'il profitait de la neige. Je savais qu'il avait besoin de détente. Je voulais guérir, retrouver ma silhouette et ma vitalité, autant pour lui que pour moi, pour lui rendre sa femme et chasser la tristesse que je lisais dans ses yeux quand je le surprenais à me regarder. J'avais hâte de le revoir. En fait, c'était plutôt romantique, de survoler des montagnes pour se retrouver. Je sortis mon poudrier pour vérifier mon maquillage. Oui, tout avait l'air parfait. Je mis un peu d'Opium sur mes poignets, dans le creux de ma gorge, puis me donnai un coup de peigne. J'étais prête à affronter 1985.

Enfin, l'avion arriva et nous embarquâmes. Traînant mon manteau et mon bagage à main, je montai les marches métalliques de la passerelle et, arrivée en haut, donnai une tape amicale à la carlingue. J'étais impatiente. L'avion, tremblant et vibrant, décolla dans un grondement. C'était un vol court puis, après trente minutes environ, nous atterrîmes en cahotant sur une piste glacée, et les moteurs rugirent quand le pilote, inversant les gaz, arrêta l'appareil. Je rassemblai mes affaires et sortis dans la neige étincelante et intacte qui crissait sous les pas. Le temps que je parcoure le macadam qui menait au petit terminal, le froid m'avait asséché les narines.

Je regardai autour de moi. Il était là, adossé à un poteau. Avec son vieux blouson rouge, le visage empourpré par les morsures du vent, il souriait de ce sourire qui me disait combien il était heureux de me voir. Il m'embrassa puis me serra longuement dans ses bras.

– Tu as l'air en forme, chérie, vraiment.

C'était comme si nous ne nous étions pas vus depuis une éternité, et peut-être était-ce vrai. Après deux jours seulement, nous nous retrouvions pour repartir de zéro. Nous restâmes un long moment à nous dévisager.

– J'ai réussi, Charlie. J'ai gagné.

– Certainement. Bonne année, chérie.

– Bonne année, Charlie.

Épilogue

Mai 1986
Los Angeles, Californie

Le mois dernier, j'ai fêté mon anniversaire et, comme tout un chacun en pareille occasion, j'ai repensé non seulement aux dix dernières années de ma vie mais, plus spécifiquement, à celles qui venaient juste de s'écouler.

Peu de temps après la fin de ma chimiothérapie, alors que les médecins m'avaient recommandé d'éviter toute tension, j'assistai à la bataille de deux mois que dut mener mon fils Jason contre une grave hépatite, dont il réchappa heureusement.

Je dus dire adieu à deux amis : mon beau-frère, Dempsey Buchinsky, qui mourut brusquement des suites d'une opération de la cornée, nous laissant tous atterrés; et mon cher ami, allié et confident Alan Marshall qui, au terme d'un long et valeureux combat, succomba, victime du syndrome immuno-déficitaire acquis. Il reste irremplaçable.

Je suis triste de dire que je n'ai jamais rencontré mon amie Willie, avec qui j'avais des conversations téléphoniques réconfortantes. Elle aussi est partie.

J'ai également perdu mon chien Friday, mort d'un cancer, et ma douce petite Polar, emportée par un virus de leucémie féline.

Il y a quelque temps, plus personnellement, j'ai connu une grande frayeur. Le médecin m'avait découvert à nouveau une grosseur au sein gauche, qu'il s'empressa, bien entendu, d'opérer. Je savais, toutefois, en écoutant ma conviction intime et à mon grand soulagement, qu'elle n'était pas maligne. Après l'opération, je fis une broncho-pneumonie aggravée d'une mauvaise infection virale de l'oreille gauche qui durèrent cinq semaines. Ensuite seulement, j'en ai eu fini avec les maladies graves.

En dépit de tout cela, pareille à la mauvaise herbe, je me suis épanouie. Je n'ai pas eu recours à la chirurgie reconstructive. D'ailleurs, mon sein droit ne me manque plus. En 1985, j'ai coproduit un film, *La loi de Murphy*. Et en ce moment, en 1986, j'ai le plaisir de partager avec Charlie la vedette d'un film dans lequel je tiens le rôle de la première dame des États-Unis, la femme du Président, Charlie tenant le rôle d'un homme des services secrets.

Reconnaissante à jamais à l'été 1984, j'ai appris qu'il était possible de survivre à une grande tension nerveuse. L'important, l'essentiel, étant la manière de l'affronter.

Entourée de ma famille et d'amis fidèles, je chéris ma vie, prenant bien garde de ne jamais me laisser surprendre. Il faut continuer de lutter.

J. I.

Achevé d'imprimer
le 4.12.89
par Printer Industria
Gráfica S.A.
08620 Sant Vicenç dels Horts 1989
Depósito Legal B. 29145-1989
Pour le compte de
France Loisirs
123, Boulevard de Grenelle,
Paris

Numéro d'éditeur : 16082
Dépôt légal : décembre 1989
Imprimé en Espagne